戚继光·1935

山盟海誓图·1935

抗美援朝战争画卷（局部）·1958

山村新貌（局部）·1961

好春·20世纪60年代

蜂恋花·20世纪60年代

樱花珍禽·1972

长寿红叶·1974

红梅墨竹·1976

三雏·20世纪80年代

黄山飞鹰·20世纪80年代

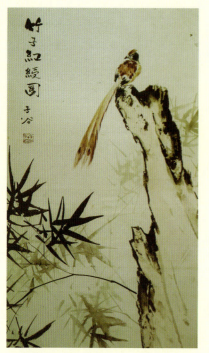

竹子红绶图·20世纪80年代

春回大地·1980

黄山云海·1982

咏叹与孤独

画家

柳子谷传

柳剑祥 著

团结出版社

图书在版编目（CIP）数据

咏叹与孤独：画家柳子谷传 / 柳剑祥著. -- 北京：
团结出版社，2019.3
ISBN 978-7-5126-6813-3

Ⅰ. ①咏… Ⅱ. ①柳… Ⅲ. ①柳子谷（1901-1986）
—传记 Ⅳ. ①K825.72

中国版本图书馆 CIP 数据核字(2018)第 284288 号

出　版：团结出版社
　　　　（北京市东城区东皇城根南街 84 号　邮编：100006）
电　话：(010) 65228880　65244790　（出版社）
　　　　(010) 65238766　85113874　65133603（发行部）
　　　　(010) 65133603（邮购）
网　址：http://www.tjpress.com
E-mail：zb65244790@vip.163.com
　　　　fx65133603@163.com（发行部邮购）
经　销：全国新华书店
印　装：三河腾飞印务有限公司

开　本：170mm×240mm　　16 开
印　张：18.75
字　数：348 千字
印　数：4045
版　次：2019 年 3 月　第 1 版
印　次：2019 年 3 月　第 1 次印刷

书　号：978-7-5126-6813-3
定　价：58.00 元

彩笔昔曾干气象　白头吟望苦低垂

——为柳子谷先生诞辰一百周年作
（代　序）

冯 其 庸

　　老画家柳子谷先生的大名，我是很晚才知道的，他的画册更是近时才拜读。拜读柳老画册的第一个感觉，就像我当年错过拜识白石老人机缘的那种懊恨心情。

　　我认真读了柳老的书画和题诗，也读了一些有关的资料，深深感到柳老是一位满腔爱国热情的志士，他热爱祖国，热爱人民，热心于社会公益事业，执着于友情，执着于事业，于绘画更是全身心的投入。终身执着的投入，所以他才会在绘画艺术上达到如此高的造诣。他是当世第一流的大画家，这是当之无愧的。

　　柳老从青年时期起，就是一位积极入世者，忧国忧民，爱国爱民。他26岁时就参加了北伐革命战争，画出了《雪中从军图》，并自题诗云：

北风瑟瑟透征衣，号角声声催战骈
料得将军传檄日，血花并作雪花飞

此画和题诗，得到林伯渠的赏识，并为题诗：

万里长征人，怀才意不薄
于斯风雪中，合赋从军乐

　　20世纪30年代，他已蜚声画坛，与徐悲鸿、张书旂并称"金陵三杰"。这时"九一八"事变爆发，他积极宣传抗战，画出了《还我河山》《闸北劫后》《木兰从军图》《民族英雄戚继光》等重要作品。他在《民族英雄戚继光》画上，题王昌龄诗云：

秦时明月汉时关，万里长征人未还
但使龙城飞将在，不教胡马度阴山

戚继光是抗倭名将，画家借用此诗来表达画面的抗日主题是十分明显有力的。

1933年，苏北发生大水灾，柳老创作了《灾民图》《流民图》《水灾图》等纪实的作品。他在《水灾图》上题诗说：

斯岁辛劳一次空，浮沉泪海任西东
伤心瑟瑟秋声里，忍听哀鸿泣晚风

从诗和画面上，深切地反映了柳老对灾民同胞的一片真情。当时的报刊评论说："最足引人注意者为《灾民图》《流民图》《木兰从军图》《不爱江山爱美人图》，或为时事，或为史实，或为寓意，殊有价值。其他临古之作，亦多酷肖，可以乱真。人物如《民族英雄戚继光》，仕女如《琴心幽思》等，花鸟如《春江水明》等，兰竹如《雪生》《幽香向谁吐》等，均足使人敬佩，叹为观止。""昨日为柳子谷画展最后一日，参观者仍多，蔡元培、何应钦、罗家伦、孔祥熙等莅临参观……并预购画品，孔部长除私人定购外，并商得柳君同意，将非卖品之《灾民图》购去，以为全国赈灾之用。"

20世纪40年代，他在湘西当县长，论者以为有板桥之风。他在自己画的《墨竹》上，题板桥诗云：

衙斋卧听萧萧竹，疑是民间疾苦声
些小吾曹州县吏，一枝一叶总关情

他身为县令，用板桥当县令时所作题画诗题画，足见其襟怀相同，他也以板桥自励亦自况。

20世纪40年代末，家乡玉山县解放。他作《雨竹图》，题句云：

百年干旱降霖雨，喜得苍生热泪流

家乡的解放，他如久旱逢雨，高兴得热泪横流，这就是他以满腔热情迎接解放的真诚的政治态度。所以到20世纪50年代抗美援朝战争爆发，柳老即积极投入，与参加抗美援朝二次战争归来的满健同志以3年的精力，创作了伟大的史诗式长卷《抗美援朝战争画卷》。此画全长27米，为古今稀有的长卷。柳老还在画卷上题诗云：

正义战争全无敌，画卷长存此理真

弱能胜强小胜大，中朝血肉万年春

　　这首诗，再次真诚地表达了柳老积极的政治热情，表达了他对新社会的无限热爱。

　　纵观柳老的一生，他是一位积极的入世者，是一位肝胆相照，襟怀磊落，以天下为己任，对社会和民族抱有强烈的责任感，也是具有浓烈忧患意识的爱国志士。这种爱国爱民、忧国忧民的忧患意识，是中国知识分子的优良传统，是长期的历史文化所形成的，只有深深地热爱祖国，对民族的传统文化有很深的接受和很深的热爱，才可能自觉地形成这种对天下、对社会的责任感。在时世艰难、社会贫乏的时候，他可以全身心地关心人民的疾苦，投身于人民灾难的解脱。由于这种责任感，当外敌入侵、强敌压境的时候，他可以挺身而出，投笔从戎，献身于保卫国家、保卫民族的伟大斗争。柳老的入世精神，就是上述这种内涵的入世精神，而绝不是那种庸俗的入世当官、争权夺利的内涵。实质上后者就根本不是什么"入世精神"，其内涵不过是"贪欲"二字而已。所以柳老的"入世精神"，与后者是根本对立，是冰炭不相同的。

　　柳老分明是一个忧国忧民的积极入世者，然而柳老一生的遭遇却是坎坷不平、险难丛生的。实际上，柳老在年轻的时候一踏上社会，就没有得到有权力者的认识。柳老33岁时的题画诗说：

潇洒清真今古闻，临池墨浪动风云

无人识有匡时略，只把能书看右军

　　后两句分明是自况，明明是有"匡时略"的一位志士，世人却只把他看作是一个只会写字的人。当时民国二十二年（1933年），国民党时期，柳老已经深感匡时有策而报国无门了。36岁时他的另一首题画诗说：

扪虱当时颇自奇，功名远付十年期

酒浇不下胸中恨，吐向青天未必知

　　这首诗，更加明显地表达了他忧国忧民的心情。扪虱而谈天下事，是南北朝时前秦王猛的故事，此处显示了柳老的抱负与清高。"酒浇不下胸中恨，吐向青天未必知"是对国民党统治时期的不满和不平，是一个爱国志士忧国忧民的心理写照。可见他在国民党时代，虽然有二三画友知己，但却从未能有施展抱负的机会。

以上这些诗，可以看作他在解放以前民国时期的内心写照。

到了1956年，柳老56岁时，又有题画句云：

千载积污冲刷尽，万方欢颂好洪流

这是中华人民共和国成立初期，国民党的污浊社会刚刚被解放的洪流痛加冲刷，画家情见乎辞，画了一幅有巨大瀑布奔腾席卷的山水，对新社会表达了衷心的欢悦和歌颂。

正当柳老以热情奔放、真怀坦诚地欢迎新社会的时候，想不到新社会却对他投以不信任的目光。

大家知道，解放初期是一个特殊的社会历史阶段。一方面是美帝国主义发动侵朝战争，妄图扼杀刚刚建立的新中国；另方面国民党在台湾叫嚣反攻大陆，配合潜伏在大陆的特务进行破坏，所以社会特别复杂。针对以上种种情况的运动也特别多，加上一些人宁"左"勿"右"的思想，所以在相当大的范围内扩大了怀疑面甚至打击面。这种情况，当然是当时特殊的复杂环境造成的。所以从20世纪50年代起，柳老就被一些莫须有的"问题"无形或有形地捆绑住了。以他当时的艺术造诣和才华，何至局促于一隅而不得大展其才，正是"却将万字平戎策，换得东家种树书"。人生最痛苦的是有才不得施展，有志向不得报国。柳老分明是追风逐电的千里驹，却只能局促于辕下；柳老分明是有志报国，却横生猜忌，叫人欲诉无门，欲哭无泪。对柳老这种坎坷抑郁的遭遇，我不禁慨然有怀，为之题诗云：

绝世才华绝世愁，有怀不得到壶头
英雄困死名驹老，一代奇才付沉浮

然而，最难得的是柳老虽然身受抑郁，但却处之泰然，依旧为国家、为社会、为人民作画不辍，而且都是写实的精品，将政治与艺术融于一体，达到水乳交融，不可分离的至高境界。例如他的《抗美援朝战争画卷》就是一件划时代的杰作，论思想内容，当然是歌颂中国人民志愿军赴朝作战，保家卫国的爱国主义主题；论艺术，则更是一件绝世的杰作，抗美援朝战争过去已经半个世纪了，我们至今未能看到有与它同样恢宏气势的作品，无论是中国画还是油画。所以这件作品，作为一个时代的象征，作为中国人民顶天立地英雄气概的写照，作为抗美援朝英明决策的形象记录，这件作品应该是万世长存的，应该把它与其他国宝同样的对待。

从艺术上看，这幅长卷画家把古典山水画的画法与最新最现实的生活融合在一起，达到如此和谐一致、水乳交融的境界，实在是令人匪夷所思。我们不得不钦佩柳老写生的绝顶高超水平，更不得不钦佩柳老镕古入新、镕新入古的长才绝学。我曾看过不少画家画的反映现实的山水画，往往使你感到是在古典山水画上加一两栋洋楼，或有几间厂房，有几支大烟囱在冒烟，再或就是有几辆汽车，或者水面上有一艘轮船等，总使你感到是加法，是两个不相干的东西用加法加在一起的。总之，是生硬，不协调。然而在柳老的长卷里，却是把一切现代的事物，如飞机、大炮、装甲车、运输车；铁路桥、公路桥、黑夜的照明；炸弹的爆炸、大火的燃烧，部队的抢修，后方医院，以及部队的调度，急行军，后方的支前，物资的运输等，所有朝鲜战场上现代化战争的种种，几乎一幕幕地都出现了。昔人论东坡的诗说，东坡于齿牙间自有一副炉锤，能镕铸万物，化为自己的诗语。我觉得柳老的艺术语言也同样如此，世界一切事物一到他的笔下，就自然妥帖，各自有序，而且就像真实生活那么自然。让你见到此画卷，就像亲临前线，亲冒炮火一样的逼真自然。这是多么伟大的艺术镕铸力啊！

以前看《清明上河图》，总感叹那画里的生活真实和艺术真实的和谐统一，然而那是一个古老的社会，其间并没有急剧的新旧交叉，无论是衣冠文物、市井建筑，都是天然一色的中世纪原始风味，画家在镕铸过程中并不会遇到特殊的新与旧的强烈反差和不可组合的难题。可柳老遇到的难题太大了，反差太强烈了，但现实就是如此，这就是真实！柳老利用他北宋山水的高深功力，加以漫天的冰雪，然后将以上种种崭新的洋事物、土事物用高超的艺术手段把他们镕铸在一起，其中当然有满健同志的不可缺少的作用。柳老在镕铸这数不清的新旧事物入画时，显示了他深广精湛的艺术修养和功力。例如他在这幅巨制中描写了数以千计的人物，这是古今所无的创举！而许多人物放在这冰天雪地的北宋山水同时也是写真的山水里，却显得非常协调自然，我觉得这里边柳老是运用了北宋燕文贵的细笔人物山水的画法，而且加以大大地发展创新了，画中的舟、车、驴马等，也是北派山水里常见的事物。但无论是燕文贵也好，北宋山水也好，其中的人物、舟、车、驴、马，都只是点景，只是偶尔一现，而这些戴着军帽，披着披风，背着武器的千军万马，才是画卷的主题，是全画的灵魂，由此也使柳老的画富于我们时代的特征。从这幅长卷中，不仅看到了柳老深厚的传统画功力，也更令人感佩他的盘盘大才，甚至可以说是天才。要设计驾驭这样大的画幅，叙事性的、行进性的画幅，没有精密的构思和高超的艺术境界，没有真正的艺术感受（这当然是满健同志的重要作用)，是不可能完成这种构思的。但还有重要的一点，是柳老独特的绝妙的造型才华。画中所有一切，到了柳老笔下，都显得那么妥帖自然，各种形象的姿态，都可以达到栩栩如生，将生活的真实和艺术的真实十分和谐自然地统一在一起，这是多么大的本领啊！

我对这件绝世杰作的复印件，低徊观摩了好多天，真正是感佩无已。可惜不能起柳老于地下而拜之，因此题诗一首，以志倾倒：

敬题柳子谷《抗美援朝战争画卷》长卷

万水千山笔墨精，中华儿女作天兵
凭公经代无双笔，留得千秋万世名

柳老还有一件题为《山村新貌》的长卷，是1959年到1961年完成的，全长7.5米，也是一幅超长度的长卷。如果说《抗美援朝战争画卷》是一首正义战争的颂歌和史诗的话，那么这幅《山村新貌》长卷就是一首和平建设的赞歌。前者的背景是朝鲜的崇山峻岭和冰天雪地，画家所作山石用笔峻险，多用大小斧劈皴，结构也显得特别紧密、紧凑，以显示出战斗环境的特殊气氛。而这幅《山村新貌》用笔舒缓，画面开阔平坦，虽然也不时出现山头，但作者却把它推到远处作为远景衬托，画面上偶然出现一点山石和小丘，已是大山的余势，显得是一片依山傍水的山村。画面上占主要地位的是建设山村新貌的农民，于是农村建设的一切新面貌便在画卷中次第出现。例如拖拉机、联合收割机、卡车、手推车，正在地里耕作的农民，牲口饲养棚，建筑测量队、俱乐部、文化宫、养猪场，牛马畜牧，群众的集体活动，俱乐部前的群众舞蹈，妇女们在河边洗衣，河里及岸边则鸡鸭成群，有的农民在套车驾车，有的则骑在自行车上，有的则在交谈，总之一派山村欣欣向荣、忙忙碌碌的新气象。而参差错落的房屋，生机勃发的树木和槎桠的老树，各色服装的大大小小男男女女的人群，则分布在各种不同的场景，显得正在各自忙碌而井然有序。这是与《抗美援朝战争画卷》完全不同内容的一个长卷，然而柳老却画得同样逼真，一种真实的生活气息只要稍一展卷就会扑面而来，令人如同亲自到了这个充满生机的新山村。这一长卷，再次展现了柳老镕铸生活素材使它转化为艺术杰作的一种卓越的创造力。

以上两个长卷，柳老的绘画奇才，与古为新的镕铸生活的巨大才能，足以令人惊叹不已。柳老的这种卓越技能是与他深厚的传统功力学养密不可分的。柳老早在二十世纪三四十年代作的传统山水画已经震惊画坛，深感他的功力深厚了。例如他33岁作的山水人物，34岁时作的《溪山暮雪》，自题拟宋人法，还有《春水行舟》《逆水行舟》图，35岁时作的《松涛图》，36岁时作的《独酌》《拟夏珪风雨水阁图》，40岁作的《山居图》，42岁作的《冰溪小景》等等，都显示了他传统画的极深功力，其主要风貌是宋画风格，也有清初四王参酌其间，但主要功力和风格还是宋画的风格，而且达到了神韵相生的程度。50岁以后的作品，则在传统画的基础上吸收了一些近代画法，画风略有变化。配置在上述这些宋画风格中的人物和亭台楼阁界面，也谨守宋人法度，用笔无一丝随意。他所作的仕女，论者以为近于费晓楼，而他在墨竹墨兰，世人都以板桥目之。他有一部分墨竹，逼近板桥。如1983年画的那幅墨竹，自题云：

> 板桥画竹人如竹，劲节坚贞抗岁寒
> 为活饥民宁忤上，乌纱掷去不为官
> 甲子初冬师板桥画竹，并师其人，八三老人柳子谷

这幅画确是逼真的郑板桥。但是除此类画外，实际上他还参以石涛、文同等人画竹的笔意。晚期，还参用一些近人画竹的笔意。总之，他的墨竹墨兰也达到了极高的境界，而且前后也有变化，并不是板桥一人所能范围住的。

柳老所作的翎毛花卉，逼近张书旂。张书旂是他的好友，友朋间互相笔墨浸润，这是常事，但柳老的笔墨竟能与张书旂神交，其用笔的潇洒飘逸、书卷气，丝毫不让张书旂。例如他的《秋谷幽禽》《白头长春》《桐叶白头》《荷叶翠鸟》《海棠花》《樱花珍禽》《红枫白绶》《八哥红枫》《红叶小鸟》等作品，就是置之张书旂的作品中，亦是绝顶上乘之作。柳老的月季、牡丹、紫藤之类，则又可与半丁老人相伯仲，而他的草虫，如《纺织娘》《天牛》等，也是传神妙品，虽然在画册中不多，却也是精能之作。

总之，我反复拜读柳老的画册，不胜倾倒之至。我认为柳老是一位难得的画界全才，无论是山水、人物、翎毛、花卉、草虫、走兽、界画，都能出色当行，都能臻于上乘，这是非常难得的。尤其是柳老高尚的人品，更可以照耀当代和流传画史。柳老自己的座右铭说：

> 寻理应求水落石
> 争鸣不虑火烧身

上句表示柳老追求真理而一丝不苟的精神和勇气，下句表示了他的直言坦荡、虚怀若谷。柳老80岁时，有《感怀诗》云：

> 坎坷艺涯实难平，犹有歪风时袭倾
> 愧我无能说鬼话，羡君有骨发金声

> 诗人不计眼前利，志士应求永世名
> 报国满腔愁日短，请缨无路乏门行

这首诗可以看作是他自己的抒怀和写照。他为家乡玉山县题县志云：

> 如玉之洁，如山之高
> 山青水秀，地灵人豪

这四句话，正好用来作为我们对柳老的赞辞。

从柳老一生的遭遇来说，可以说是不幸的。因为他虽然青年到中年时期已经峥嵘头角，已经是当时画界的一流人物，他的画已经誉满全国，但终究他的长才绝学，未得大展，他的杰作完成后，又未得广为世人所赏，连同他自身，一直被封闭，被投闲置散，甚至被侧目，在坎坷和寂寞中度过了一生。这是他的真正的不幸。但是，个人的生命毕竟是短暂的，即使百年，也只是一瞬。所幸柳老的画，终究保存下来了，终究愈来愈为人们所认识了，而且必将永远被人们所认识、所珍爱，永远流传下去。柳老的名字，也必将在画史上占有光辉灿烂的一页。柳老的作品，也必将藏之金匮石室，永为国家之宝，尤其是他的《抗美援朝战争画卷》等，必将万世长存。从这一点来说，柳老又是幸运的！昔杜甫称颂李白说："千秋万世名，寂寞身后事。"杜甫在当时就看到了李白必然会享有千秋万岁的大名，这是杜甫的识力，也是杜甫的感叹。可惜杜甫当年的这种感叹，至今仍不能免，如今我们又要用这两句话来称颂柳老，感叹柳老了！历史为什么总喜欢这样循环呢？这种循环怎么又偏偏落到柳老的身上呢？这不能不让我们发出更为深长的叹息！

然而，从根本上说，柳老毕竟还是幸运的，因为他终于必将享有"千秋万世名"了！

2001年10月16日夜11时于京东且住草堂

冯其庸（1924～2017），著名红学家、史学家、书画家，历任中国人民大学教授、中国艺术研究院副院长、中国红学会会长、中国汉画学会会长、《红楼梦学刊》主编、中国文史馆馆员。本文最初发表于《传记文学》2001年第12期（中国艺术研究院主办），后被作者辑入自选文集《墨缘集》（青岛出版社，2014年出版）。

目　　录

题 记

在 20 世纪 30 年代，以及 90 年代以后的美术界，只要谈及他的画品和人品，人们往往都爱冠以"伟大"二字。

他，不愧为 20 世纪中国士子精神的最后守望者。

第一章

起步于穷乡僻壤

1. "收田租的"

在江西省玉山县的东部，有一个名不见经传的小山村，叫柳村塘尾。

这村名有点怪：前两个字倒不难理解，因为村里人家基本都姓柳；第三个字也还讲得过去，因为村前有一口占地四十来亩的大池塘；可最后这个"尾"字却不免让人费解了，莫非是指村子所处的地理位置在池塘的尾巴方向？可池塘又不比江河，哪来的头尾之分？就算有，这四个字似乎也不应该这样排列组合。当初柳家祖宗为什么取了这样一个村名，已是很难查考了。好在村名只不过是村庄的一个符号，仅供称呼使用，实在没有必要过于认真追根溯源。就这样，在世人的称呼里，柳村塘尾穿越时空一路向前，不知不觉到了清朝光绪年间。

村子坐北朝南，村后和左右两侧都是连绵的山峦，林木茂密，山色如黛。值得一提的是后山脚下那18棵成排连片的百年巨枫，棵棵树干胸径粗大，需要两三个高大汉子伸长手臂才合抱得过来；树梢高耸入云，浓密的枝叶连理交织，遮天蔽日。每当时令过了秋分，枫叶便开始渐渐转红。临近霜降，18棵枫树就成了18支参天的火炬，在把一方天地映得红彤彤的同时，也把后山装点成了一幅色彩斑斓的立体画卷，成为一年中最醉人的风景。这些枫叶的红法似乎颇有讲究，显得极有分寸——别看它红得势不可当，却又似乎很懂得为人处事之道，一点也不浮躁，不张狂，不盛气凌人；它并非一味傻红到底，而是恰到好处地张弛有度，深浅有致，既有引领色调主旋律的火红，也有似藏还露的暗红、谨小慎微的金红、羞羞答答的胭红，甚至还有夹着尾巴做人的淡淡的浅红……大自然神明，慷慨地把世界上各种各样的红色几乎全给了这18棵枫树，但却没有纵容它们与周围的绿色格格不入，而是使之十分合群地融入其中，与其他植被一道各司其职，共同履行着丰富这片山林色彩的职责。于是，闹烈与冷清、澎湃与平静，在这里得到了最完美的和谐与统一。

山峦从三面将村子紧紧环抱，整个形状就像一把太师椅。太师椅的正面，不偏不倚地对着村前的大池塘。塘里栽着莲藕，每年差不多有半年满塘都是如伞的荷叶，当然也少不了或红或粉，或含苞或怒放的荷花。那立在上面许久一动不动的小小尤物，是细长腿的蜻蜓。池塘四周杨柳成行，更有西南岸边的几株参天香樟，盘根错节，树冠如盖，成为孩童们攀爬、游戏的美妙去处，又是大人们劳务之余歇息、聊天的极好所在。这等景致，活脱脱一轴巨幅的泼墨丹青！

村里有个半路出家的地理先生（其他地方称作风水先生），对村子的地形地貌做了这样的总结：看似普通的三面山峦，其实后面形同太师椅靠背的是全村百姓稳固的靠山，左边扶手是横卧的青龙，右边扶手是端坐的白虎，都在兢兢业业地守护着村子的安宁；正前方的大池塘分明是一汪润泽之水，村子的繁衍生息、兴旺发达，少不了它的滋润。村子的地形又像一个硕大的畚斗，极具聚集和收纳功能，既可揽天地之灵气，又可蓄八方之能量，实乃可遇不可求的风水宝地！他由此断言，柳村塘尾早晚要出非凡之人。村人问什么样的人算是"非凡之人"？此人却也解释不清，只说反正不是像我们这样在土里刨食的人就是了。然而，由于这位地理先生家境平平，遇到灾害之年还得靠借贷度日，所以他的话说过也就过去了，大家只当是茶余饭后的谈资，没有谁会当真，所谓人微言轻是也。

这年隆冬的一天，细雨蒙蒙。吃过晚饭，人们为了节省灯油，也为了抵御寒冷，大都早早上床钻被窝去了。整个村子灰暗混沌，一片死气沉沉，只有间或响起的几声犬吠，才显示出一丝生气。独有村子东面柳含春家，倒是灯火大亮，男男女女跑进跑出，一片忙乱。原来，柳含春的二儿媳妇柳李氏要临盆了！

柳含春家在村里是颇有威望的大户人家。这不单单因为柳含春薄有田产，雇有两个佃户，更是因为他有齐刷刷的4个儿子，且个个都和他自己一样通晓文墨，其中老二和老三还分别中过文、武秀才。这在方圆十里八村不说绝无仅有，也当属凤毛麟角。

也不知柳含春当初是怎么预测到自己日后儿子的数量正好是四个，要不，怎么能够将"荣、华、富、贵"这四个字，不多不少正好分别嵌入四个儿子的名字？他们便是柳长荣、柳长华、柳长富、柳世贵（只因在柳世贵出生前，村里已经有人捷足先登，取名柳长贵了，为了避免重名，便把本归四儿子属有的"长"字换成了"世"字）。费尽心思为四个儿子取的名字，无疑寄托着柳含春对柳氏家族兴旺发达的殷切期望。

柳长华，排行老二，即将临盆的柳李氏便是他的妻子。家中又要添人进口，自然是件大喜事，做丈夫的少不得里外忙碌。但因为那时四兄弟尚未分家另立门户，家中这类事情自有长辈做主操持，无须柳长华费什么心思。母亲打发人提着灯笼去请接生婆，又安排人去做烧水之类的杂事。柳长华就像两年前大儿子出生时一样，落得清闲自在，在堂前椅子上坐下来，单等喜事来临。

柳长华这个文秀才，不仅从小就熟读四书五经，能诗善画，还自学医道，成年之后成了乡间郎中，是村里为数不多有资格穿长衫的人。不过行医只是他的副业，正业是私塾先生，开了个私馆教授本村和邻村的孩童读书识字，有学生十余人。私馆就设在柳氏宗祠里面，与村前的大池塘仅一路之隔，在斜对祖宗牌位的侧厅里摆着高高低低的十多张条桌，便是课堂了。

接生婆请来了。她颤颤巍巍地颠着三寸金莲进了房间，在里面叮里哐当地忙碌了大约半个时辰，一声响亮的婴儿啼哭划破了寂静的夜空。接生婆那太阳穴上贴着小膏药的脑袋探出房门，喜形于色地大声报告：

"恭喜恭喜，是个收田租的！"

当地对男孩有两种特殊的称呼方式，针对不同的家境而各有所指。一种是"驮大桶的"，一种是"收田租的"。大桶，是一种割稻子时用来在现场脱粒的农具，别的地方叫"禾斛"。是用厚厚的硬木板制成的四方体无盖容器，硕大而笨重。到了收割季节，多由身强力壮的青皮后生负责驮去田畈并驮回家中。"驮大桶的"，成了对男性纯体力劳动者的一种泛指，同时也表达了一般庄户人家对子孙后代拥有强健体魄的一种希冀。而"收田租的"，则无须这般出力流汗，只需一把算盘一支笔，自然指的就是像柳含春这样有田地出租家族的男丁。比照"驮大桶的"而言，似乎要高出一个"档次"。然而，此刻出于接生婆之口的"收田租的"，与其说是区别于普通庄稼人的一种指代，还不如说是一种奉承。当时柳含春家里虽有田地出租，那也只是因为家里有人不善农事，比如柳长华只顾埋头开馆讲学和把脉开方，家中部分田地只好请人代耕。用后来流行的话说，属于"社会分工不同"，并没有富到需要设立专人收租的地步。

今天这个呱呱坠地的男丁不是别人，就是本书的主人公，名习斌，号子谷（习斌这个名字，基本上都是在村里时使用，十八岁离开故乡之后就用得极少了，大都用的是"柳子谷"。至于"怀玉山人"和"双翔阁主"，那是别号和堂号，是出道以后自己取的）。

至于柳子谷出生的具体时间，从他的档案履历到现今几乎所有的文字资料，都是1901年12月7日。而《柳氏家谱》（民国版）中的记载，却是光绪辛丑年十二月初七戌时。此为最原始的书面资料，断然不会有错。换算成公历，这天是1902年元月16日，不仅比后来所有的记载晚了整整40天，还跨了年度。何以出现这种情况？稍一分析也就不难明白：十有八九是因为旧时乡间习惯使用农历计时，成年以后参加工作填写履历表，那可是要按规定使用公历的，而公、农历换算有点麻烦，于是柳子谷贪图省事，就直接把农历的"十二月初七"代替公历的

"12月7日"填了上去；以致后来自己和用人单位都"以讹传讹"，使他不经意间在书面资料中"早产"了一个多月。

至于柳子谷将来是不是要被安排去收田租，柳长华并没有想得那么遥远，但有一点莫容置疑，那就是不论儿子将来做什么营生，书是一定要读的。他打算就像当年父亲对他一样，待儿子稍谙世事，就要开始教他《百家姓》《三字经》。

祖父柳含春却是早早对孙子寄予了莫大的希望，希望儿子辈止于秀才的科举之路，能由第三代得以延伸，走得更远。"十年寒窗苦读，一举天下闻名"，为柳家光宗耀祖。

2. 与画结缘的童年

柳子谷生性聪慧，从小就深得长辈疼爱。尤其是祖母，"隔代亲"现象尤为突出，将这个小孙子视为掌上明珠，真是搂在怀里怕捂着，顶在头上怕摔着。

天有不测风云，就在柳子谷四岁（虚岁，下同）那年，生母柳李氏因一场大病去世。当地有句俗话："死得当官的爸，死不得讨饭的娘。"其中意思哪个都懂。果然，柳长华后来的续弦柳刘氏，对幼小的继子柳子谷横看竖看都不顺眼，可以说是穷尽虐待之能事。虽然其他长辈对小子谷疼爱有加，祖母还亲自担当起监护之重任，把他带在身边，不离左右，但是母爱的缺失却是任何东西都无法弥补的，这无疑成了柳子谷永远的痛。

父亲柳长华对现任妻子的不贤行为虽多有不满并屡加规劝，但却只治标不治本，并不见其有实质性改变。这个私塾先生兼乡间郎中能想的办法都想过了，剩下的只有无可奈何。他知道这比不得教授学生，打几回手心戒尺便有可能使顽童改邪归正；也比不得悬壶诊病，几帖药下去也许就能让病人康复回春。作为没有办法的办法，他把还差三年才到读书年龄的儿子每天带到私馆里去，让他跟班读书。自然，为的不是要他提前发蒙，而是为了尽量减少他和继母的直接接触——惹不起，还能躲不起？

就这样，柳子谷成了编外学童，进了柳氏宗祠，随其他身高比他超出一大截的孩子一道诵读"人之初，性本善……"，摇头晃脑，十分投入，暂且忘了继母的白眼、毒舌以及体罚训诫，倒也自得其乐。

新打茅坑三天香，没多日，柳长华就发现儿子的新鲜劲过了，上课时心不在焉，东张西望，却似乎对祠堂房梁和屋柱上的雕刻图案产生了浓厚的兴趣。

矗立在大池塘对面的柳氏宗祠，是村里一栋很不一般的建筑，其气势不是一般民居可以比拟的。四周的屋墙一色青砖到顶，麻石门框高大气派，黑铁门环大如莲碗，青石板天井宽阔敞亮，房梁屋柱粗大非常，就连屋柱下的石磉也很是了得，足有箩筐大小，一副"泰山石敢当"的模样。更值得一提的是抬头可见的雕梁画栋，那些出自民间雕匠之手的花鸟鱼虫、飞禽走兽，还有那历史故事中的人物，或浮雕，或镂空雕，无不栩栩如生，呼之欲出，仿佛随时可能飘落下来。

有一天，柳长华看到其他孩童都在专心致志地温习功课，只有宝贝儿子一会儿抬头望一眼屋柱顶上，一会儿低头在纸上画着什么。由于专注，连父亲走到身后都没发现。柳长华一看，原来儿子是在照着屋柱上的"牛腿"（镶嵌在屋柱上端的装饰性建筑构件，由整块樟木雕刻而成，外形轮廓酷似牛的后腿）画画，画的是"鲤鱼跃龙门"。做父亲的知道这小子酷爱绘画，一有时间就在毛边纸上，甚至在家里的墙壁上涂涂抹抹，但一直只当是小孩子闹着玩的，所以也就没怎么往心里去，不曾认真看过。这回还是第一次近距离观看儿子绘画，仔细一看，还别说，那高高跃起的鲤鱼，和牛腿上的镂空雕还真有几分相像。本来，柳长华把幼小的儿子带来馆里，就没指望他能够像其他学龄孩童一样认真读书，心想在这个年龄段只要把人圈住了就行，待到了学龄时期再按规矩调教不迟。于是，对他这种"不务正业"的行为也就没有多说什么，随他去了。

谁知儿子竟然变本加厉，越发由着自己的性子胡来。上课时不仅自己画画，还自鸣得意地把画作向旁边的同学显摆，无疑妨碍了他人的学习。

柳长华板起面孔训了儿子一顿，骂得小子谷低头垂手，一声不吭。可是很快就发现儿子并没有把他的话当回事，一两天后便又情形照旧。于是，只有再次训斥。

此类训斥后来还发生过好些回，但每回的效果都差不多，如同郎中用药产生了耐药性，都是过不了多久便又旧病复发。柳长华总算明白过来，孩子毕竟太小，自我约束力差，再怎么责骂也是起不了多大作用的。这个问题到底应该如何解决，却是很难抉择：放任自流显然不行，硬性禁止却也似乎不妥。可以想象，若是强行不让他画画，他一旦失去了感兴趣的事情，一天到晚无所事事，那断然在私馆里是待不住的，跑到外面乱疯一气说不定还会生出麻烦事情。思来想去，似乎最好的办法还是实行隔离政策，把他的座位调到最后一排，并把他的课桌位置后移，与其他孩童保持较远距离，任他一个人去折腾好了。

小子谷倒也没认为这有什么不好，反而觉得清静，更好画画。

光阴似箭，懵懂涂鸦的日子转眼就过去了3年，满了7岁，到了可以正式入学的年龄。

祖父和父亲经过商议，一致认为从此之后再不能让他这样一味荒废下去，应该正正经经发蒙读书。于是，决定在入学前夕由两人共同对小子谷进行一次郑重其事的集体告诫，类似上峰对新任官员就职前的训勉谈话。谈话一开始，先是由祖父柳含春采用7岁孩童所能理解的语言，耐心地把大小道理掰开来又揉碎去，深入浅出地反复讲述，嘱咐他从现在起一定要发奋苦读，不可懈怠。也许是命运有意要和祖父过不去，在孙子刚刚换下开裆裤子没多长时间的1905年，中国最后一批进士考试过后，延续了一千三百年的科举制度便宣告寿终正寝。当时消息传来，祖父一连好些日子没睡好觉，他哀叹孙子生不逢时，为柳家痛失一条博取功名的希望之路而扼腕叹息。遗憾归遗憾，却仍然从心底里认为，虽然科举制度已经废除，但"万般皆下品，唯有读书高"的古训应该还是亘古不变的定律，坚信"书中自有黄金屋，书中自有颜如玉"，因而还是一心希望孙子能通过读书，为自己赚得一个大好前程，也为家族赢得一个光鲜脸面。

比较起来，父亲柳长华对儿子的期望显然要理性一些，但也认为不管怎么说，用功读书总是不会错的，因而也就求同存异，极力赞同祖父的主张，把祖父的教诲不厌其烦地又向小子谷细细地解读了一番。

时间长达一炷香的谈话，小子谷自始至终都在频频点头，一副言听计从的乖乖宝模样。

然而没过几天，祖父和父亲就发现小家伙完全是阳奉阴违，他仍然一切照旧，一门心思沉浸在他的绘画世界里；功课虽然谈不上差，甚至在同学里有时还能排名靠前，但离光宗耀祖的高标准要求，无疑还有不小的差距。看来，两代人定下的"既定目标"尽管十分诱人，但实现起来却太过渺茫。

祖父仍然不肯死心。有一天吃过晚饭，家人都已散去，他秉着"小树不修难长直"的古训，叫孙子坐在八仙桌前不要走，苦口婆心的语言教诲加上毫不留情的戒尺抽打，直把小子谷教训得悲悲戚戚，抽泣不止。可是看到孙子这个可怜样子又不免有了几分不忍，便不再说什么，踱步进了房间，把他一人晾下，意在让他自省一番。谁知转眼之间，便没听见孙子的呜咽了。出房间一看，只见他用手指头当笔，蘸着自己滴在桌面上的泪水当墨，把桌面当纸，正在画一只小鸟。小脸蛋上的表情十分专注，撮起的小嘴巴似乎在帮着手指头使劲，随着手势不停地一歪一扭，分明已经把刚才挨训的事情忘了个精光，完全进入了一个美妙的幻化世界。

见此情景，祖父又好气又好笑，连连摇头叹息。心想，这个"取债鬼"已经完全钻进了画里，怕是上了瘾，看来已经很难把他拉得回头了。

柳长华听说了这个情况，也只有表示无奈。但又转念一想，既然儿子对绘画有这么大的兴趣，强行干涉看来不妥，不妨还是先顺其自然好了，至于其他更遥远的事情也就暂时不去管它。

只有祖母出于对小孙子的百般疼爱，很是支持他画画，她说："小孩子自己喜欢的事情，硬要拦他做什么？儿孙自有儿孙福，一棵草总会有一滴露水润它。说不定，他以后画画出息了，成了一个画得一手好嫁妆的油漆师傅也是说不定的！"

在当地，油漆匠往往兼职画匠，要在上过油漆的家具和嫁妆上面，根据东家的喜好用七彩油漆绘上一些色彩鲜艳的图画。在祖母的心目中，油漆匠这门手艺不仅吃东家的饭食，还赚东家的铜板，有吃有拿，自然算得上莫大的出息了。

柳长华早年也学过一段时间绘画，看法自然与母亲不尽相同，他没有想过要把儿子培养成一名油漆匠。面对眼前的现实情况，他想道，"打铁没样，边打边像"，还是不妨先暂时顺着儿子，以后视具体情况再作长远打算。于是，他找出自己曾经研习过的《芥子园画谱》，后又专程去玉山县城买来《醉墨轩》和《点墨斋》画谱，指导儿子自学画画。同时没忘了告诫道，画画归画画，读书习字也是切不可荒废的。并且说，即使是画画，如果没有高深的学问，那画到一定的程度也是很难再提高的，无论做什么事情，学问都是基础啊！

小子谷见自己的行为得到了"御批"，画画一下子有了"合法"的地位，自然喜出望外，对父亲的叮嘱还没听清楚是怎么回事就忙不迭地点头应允。

他把画谱当成了宝贝，只要一有时间就翻开来临摹，几乎到了废寝忘食的地步，连睡觉也把它压在枕头下面。

除了临摹，他还经常去野外写生（当时他脑子里还没有"写生"这个词，管这叫"画风景"）。村子周围风景如画，随便走到哪里都能坐下来画上半天。写生用的本子，是祖母用草纸帮他装订的，与书本一样大小，便于携带。继母看他没几天就用完一本，过不了几天又是一本，不禁嘴巴噘得老高，嘟嘟囔囔，说这个家早晚要被他败光的。这种"败家"行为因为有祖母撑腰，柳刘氏也只有过一下嘴巴瘾，发一些虽然烦人但却不起实际作用的牢骚而已。

祖母为了支持他学画，还从箱底翻出了当年娘家陪嫁的两幅祖传古画，供做摹本。这份嫁妆，祖母只知道它很珍贵，但怎么个珍贵法却不甚了了，所以几十年来都是像老鼠藏铁钉一样，也不管东西压在箱底有什么实际意义，反正一直坚定地深藏不露，从未示人。现在看到孙子学画，突然想到也许到了让它发挥作用的时候。

这两幅古画，一幅是郑板桥的墨竹，一幅是蒋予俭的兰花。对郑板桥，柳子谷仰慕已久，特别喜欢他画的竹子。如今终于得见真迹，如获至宝，爱不释手。对蒋予俭，当时还觉陌生，不知道他是画兰的大师级名家。但当画轴打开，看到一蓬兰草从岩缝间长出，叶片层次分明，形态各异，有的坚韧犀利，有的软弹婉转，和村子周边山上看到的兰花简直就是一个样子，不由得连声叫绝！他马上开始了对这两幅古画的临摹，不分昼夜反复研习琢磨。一段时日过后，他把临摹的画和原作摆在一起，喊父亲来看。父亲看了十分欣喜，嘴上却说得平平淡淡："唔，还像个样子。"他没有夸奖儿子，怕他因此翘尾巴。

这样一画就是几年。

柳子谷到了十来岁，柳长华心想，就凭他自己这样一味瞎画哪里行，身边要有个懂行的先生指点才好。自己虽然早年也曾涉猎丹青，但那点功底看来已经教不了儿子。在穷乡僻壤的小山村，到哪里寻得到合适的教画画的先生？

倒是祖母出了个主意，她说："哪里寻不到？我看毛宅的油漆陈，就再合适不过了！"

毛宅是五里外的一个大村镇，镇里有个姓陈的油漆匠，人称油漆陈，专业从事家具和嫁妆的油漆业务，当然也包括在上面画七彩的图画。此人跟柳家还牵着一丝亲戚关系，不过需要八竿子才能够得上。祖母之所以推荐他，不仅是因为他的油漆手艺在周边村子算得上有点名气，更是因为他画出来的东西实在好看。据说他笔下的生蛋母鸡，比没阉过的大公鸡都要漂亮，身上的羽毛什么颜色都有，如同凤凰一般。自己的孙子若是跟着这样的师傅学徒，不仅"专业对口"，而且"名师出高徒"，长进定然很快，日后的饭碗肯定是不用愁了。

对于书画，柳长华毕竟不是门外汉，自然明白儿子要学的东西与乡间油漆匠画在嫁妆上的应该不是一回事。当然，他不否认民间也有高手，但是他从来不曾注意过油漆陈的作品，只是听过一些婆婆妈妈们闲聊时叽叽喳喳的夸赞，纯属间接资料，一时无法判断这个油漆陈到底适不适合做儿子的老师。但无奈架不住母亲的一味推崇和催促，加上妻子柳刘氏先后生下两个儿子，有了"嫡系"，就更是把"旁系"的柳子谷看成眼中钉肉中刺，经常对他旁敲侧击，指桑骂槐，甚至时不时还会往他脑壳上敲一个"螺蛳"（曲拢的指关节），于是心想把这对冤家对头分开也好，便同意了母亲的提议。

祖父柳含春对该决策也投了赞成票，因为老头子对这个孙子已经不抱什么光耀门庭的指望了，便退而求其次，让他实实在在学一门糊口的手艺。

一天，柳长华换了件浆洗干净的阴丹士林长衫，提了两包用硬壳草纸包得棱角分明的糕点，专程去了一趟毛宅油漆陈家里，交涉儿子拜师学艺事宜。这油漆陈虽然与柳长华有着一丝亲戚关系，但一个是长年浑身不离桐油味的油漆匠，一个是上过科举考场且中得秀才的读书人，在乡人眼中似乎不是一条路上的人，事实上两人平日也是难得往来。今天油漆陈见柳家老二郑重其事亲自登门，虽然还没弄清楚事情的原委，却似乎已经有点受宠若惊了，忙不迭地让座倒水。听柳长华说过今日前来为的何事，开始还有点意外，说你柳家的人怎么会学起这个来？应该发奋读书才是道理。柳长华没有过多解释，只是说小孩自己喜欢这门手艺，就只好由着他了。油漆陈听罢，陡然间生出一种近乎神圣的使命感，爽快地应承道：

"既然这样，那没问题！反正都是自己人，我肯定会把我所有的看家功夫，一点一滴全部传教给他的！"

至于学徒时间的长短、学费的多少等细节事宜，在手艺行当里一般都有约定俗成的规矩，无须特别商讨，只需按惯例操作即可。

柳长华回到家里，儿子早已经等得不耐烦了，忙问师傅答应了没有。当得到肯定的回答时，乐得咧嘴笑了。十来岁孩子的想法很单纯，总认为家里给自己找了个专业师傅教画画，禁不住满心欢喜，立马高高兴兴地自己动手收拾好换洗衣服，第二天就由一名佃户送去油漆陈家里，当起了"寄宿生"。

柳子谷到了师傅家，原以为从此可以一天到晚学画画了，哪晓得自己竟然成了师傅家里的半个长工。一连好些天，打猪草、放鸭子、到菜地里捉油虫（一种蔬菜害虫）、帮师傅的小儿子揩屁股，没完没了的杂事干个不停，"画画"二字师傅根本就没提起过。原来，这个油漆陈的油漆营生并非全天候，平时有一大半时间是在家里务农，要来了"业务"才会提起家什出门去做营生。这下柳子谷不高兴了，一天在村镇街道上碰到本家一个亲戚来赶集，便托他捎话，告诉了这里的情况，表示不愿意在这里待了，要家里来人接他回去。

父亲得到消息，说："这小子，还以为天下的事情都很容易！他不知道有多少人为了学一门手艺，要先给师娘倒三年的马桶哩！"于是给儿子捎去口信，叫他断了回家的念头，安心学艺。

小子谷还是很懂事很听话的，为了学艺，只好耐着性子待下去，并且能够自觉地要求自己尽快适应当前的环境。他还这样说服自己：师傅总有出去给东家画画的时候，到那时我就攒劲地学，早点学会，就可以早点离开这里了。

机会总算来了！一天，邻村有一大户人家要嫁女，打了一套家具当嫁妆，足有48条腿，外加圆木器具，大大小小二十来件，要请油漆陈上门去施展手艺。见终于来了生意，柳子谷简直比师傅还高兴，跟在师傅屁股后面蹦蹦跳跳地去了。

第一天，给家具打磨，刮灰（填腻子）；第二天，再次打磨，补灰；第三天，又是打磨，然后刷上用米汤和蛋清调制好的大红底色；第四天，往干透的底色上涂刷熬制好的桐油漆。漆刷过处，立刻发出红彤彤的亮光来，照得见人影，很是好看。但柳子谷对这些都不感兴趣。终于盼到了第六天，等第三遍桐油漆干透，画画的时候到了！

柳子谷激动得头天晚上几乎没怎么合眼。他暗暗打定主意，这天一定要紧紧地跟在师傅身边，盯牢他的一招一式；并且千万不能喝水，免得撒尿去了错过重要的学习内容……

可是，等到这天下午过后，师傅把这套家具该画画的地方全部画完了，柳子谷满腔的希望也跟着完了……

他已经顾不了父亲那"断了回家的念头"的告诫，从东家那里直接跑回了家。不敢去见父亲，就对奶奶说他再也不去跟那个师傅学画画了。父亲当时还在柳氏宗祠里教授学生认字，闻讯赶回家来，问儿子怎么回事？

小子谷躲在奶奶身后说："师傅他自己，也是画不来画的，我不要这样的老师……"

小孩子嘴里出来的话柳长华哪里肯信，说："小小年纪不要乱说，大家都说他画得好哩！"

儿子嘀咕道："他不管画什么，不把所有的颜料用上一遍不歇手，一朵花有几个花瓣就要涂上几种不同的颜色，一个花瓣一种色，天底下哪里有这样的花？"

私塾先生听了儿子的描述，对油漆陈的绘画水平也就有了一个大致的判断。其实，当时乡间的油漆师傅又有几个不是这样的？热闹喜庆的大红大绿，向来是偏远、闭塞乡村的审美标准。他还没想好怎么处理这事，母亲发话了：

"小孩子自己不愿意的事情，要强迫他做什么？回来就回来好了。我孙子聪明，不用跟师傅学，以后自己也能当油漆师傅的！"

就这样，柳子谷的短暂学徒生涯无疾而终，又回到柳氏宗祠里去坐板凳了。

3. 锋芒初露

柳子谷13岁的时候，家里盖新房子。

房子的规模在村里算是比较大的，前后两进，中间一个天井；各种用途的房间大大小小有上十间，大门、后门、侧门一应俱全；四周屋墙一色青砖，很有气派。

盖房子是人生旅途的一件大事，木匠、泥瓦匠连师傅带徒弟共有七八个，帮忙做粗活的自家亲戚也来了好几个，一家人都围着他们团团转，灶里不断火，路上不脱人，一派喜气忙碌景象。柳子谷因为年纪小，没他什么事。但他也不肯闲着，一有空就跟在师傅们的屁股后面转来转去看热闹。

房子的主体立起来了，外墙也砌好了。在拆掉毛竹搭建的脚手架之前，外部工程还有最后一道至关重要的工序，那就是给外墙的上端画装饰性图画。这道工序类似现今的产品包装，作用在于通过美化视觉形象来提高房屋的档次，因而建房人家一般都会比较重视。在画画之前，还有一些基础性的工作：先在四周屋墙上端边沿一尺左右的地方做好记号，再用墨斗弹出线条将记号连接起来，然后用精心调制好的石灰膏在线条以上部分粉上不厚不薄的一层，这样四周墙头就出现了一圈白色的镶边。权当这白边是画纸，待石灰膏干透以后，便可用墨笔在上面作画了。画的内容，一般都是一些简单的图案和花鸟鱼虫。该画种按照分类，应该属于单色壁画，只不过那年月在这一带乡间根本没有壁画这一说法。工匠中也没有专职画这种画的人，都是由泥瓦匠兼职——墙是你砌的，石灰膏是你粉的，你不画叫谁去画？所以，当时在每支相对固定搭档的泥瓦匠队伍中，都会专门配备一个善于画这种画的人。术业有专攻，对于这类人的泥瓦匠技艺水平如何，人们似乎不大在乎，因为他们吃的主要是绘画这碗饭。人们对其称呼也就有别于其他泥瓦匠师傅，特地在"师傅"前面加上"画"字作为前缀，叫"画师傅"，听来似乎要高雅许多。据说这次柳长华请来的这伙泥瓦匠，其中的画师傅水平特高。在乡人眼里，画师傅与油漆陈虽然分属两个完全不同的行业，但技艺水平都是同样让人竖大拇指的。

柳子谷最感兴趣的工序莫过于此。开始绘画的这天，他跟着画师傅攀上了高高的脚手架。画师傅看到一个小屁孩跟在后面，生怕出个什么安全事故，几次要赶他下去。怎奈他嬉皮笑脸，软泡硬磨，就是不肯离开。画师傅见他如此执着，只好作罢，便叫他扶牢脚手架栏杆，千万小心。他自然连连答应，并主动帮画师傅递支墨笔拿块汗巾，拍起马屁来。这个画师傅平时绘画难得有这样死心塌地的观众，不禁有些沾沾自喜，一边画一边向这个唯一的观众炫耀起来：

"你们家要鱼，得花铜板去买；你看我，只要一支笔就有得了！"说着，不无显摆地在石灰膏的粉刷层上画起鱼来。

柳子谷目睹了这条鱼诞生的全过程。

画师傅画完最后一片鱼鳞，收起笔歇口气，装上一袋烟丝，一边用火镰打火，一边洋洋自得道："看看，我没骗你吧？你看这条鱼，多大多肥，你说，要是到集上去买，要花费多少铜板？……"

连问几句没听见人搭理，回头一看，原来小屁孩已经离开了。

柳子谷爬下脚手架，去找父亲。

"爸爸，那墙上的画，不要画师傅画了，我来画。"他说。

柳长华正忙着帮木匠师傅的墨斗里加墨水，没工夫理会儿子。

儿子又说了一句："我比他画得好。"

柳长华这才顾得上和他说话："你个'取债鬼'胡说什么？你会画得比画师傅好？"

儿子胸有成竹："肯定的！"

对儿子的绘画水平，做父亲的心里不会没有一点底，他有理由相信儿子的话。但是，想到他一直都是在纸上作画，并没有在石灰墙上画过，墙不比纸，纸会渗水，画笔一上去墨色就会自然散开，变得浓淡自如，显出层次感来，而石灰墙是不具有这种性能的。而且在纸上画错了最多浪费一张纸就是了，而在墙上画错了就得把粉好的石灰膏铲掉重新粉刷，既费工时又费材料，因而心里不大有把握，便认真问儿子道：

"你说，你能好在什么地方？"

"画师傅画的鱼是死的，"儿子脱口而出，"我画的鱼是活的！"

柳长华吃了一惊，环顾左右，幸好旁边没人，喝道："小孩子胡说个什么！画上的鱼又不是真正水里的鱼，还能活得了？"

儿子认真解释说："虽然画上的鱼不是真鱼，但应该把它画活了才好。你去看看，画师傅画的那鱼，每一片鱼鳞都画得清清楚楚，不是死的，怎么会直挺挺地躺在那里让人来画？我画鱼，就不把鱼鳞画全……"

柳长华忍不住笑起来，故意说："一条鱼有的地方长鳞，有的地方又没长，天下哪里有这样的鱼？那不成瘌痢头了？"

儿子自有他的道理："你去看看在水里游的鱼，你能看得见它身上全部的鳞不？"

柳长华还要说些什么，儿子"咚咚咚"地跑去取了几张他平时画在毛边纸上的鱼，拿给爸爸看：

"你看，这是不是好像活的？哪里会是瘌痢头？"

柳长华一张张仔细看过，从心底里认同儿子的话，但还有点不放心，提醒说：

"你只在纸上画过，没在墙上画过。墙上没有纸上好画，这个你想过没有？"

儿子有话在这里等着："这哪个会不知道？这不用你管，我心里有数的。"

柳长华想了想，又说："画师傅是我们请来的，现在突然不让人家画是不好的。要不这样吧，反正要画的地方有那么多，就从中留出一段来让你画，行得不？"

只要有得画，少点就少点，儿子说："行！"

柳长华去跟画师傅交涉，在西墙靠南的地方留下半丈来长的一段。之所以留下这个地方，是因为这里正对着一条村道，来来往往的路人容易看到；柳长华有意要让儿子的这点能耐在这里公之于众，接受父老乡亲的"检阅"。

画师傅根本就不相信在周边一带村子，还有谁能画出比他更好的画来，何况跟他叫板的还是一个乳臭未干的小屁孩。他对东家笑笑，来了一句半通不通的文辞：

"那就请贵公子留下墨宝在此……"

柳子谷终于有了一次显露身手的机会，也就管不了许多，拿起笔来，上去就画……

画师傅一直站在旁边看着，就像之前柳子谷看他画鱼一样，现在他倒要看看这个不知天高地厚的小屁孩到底有些什么本事。

不一会儿工夫，他却见证了柳子谷的几条鱼是怎么游到墙上来的。应该说，这画师傅虽然自己画出来的鱼是死的，但判别一幅画水平高低的能力还是绝对具备的。他看着这些出自一个13

祈福图（局部）·1914（时年13岁）

岁孩童之手的游鱼图（后人将这幅画称为《祈福图》），好半天说不出话来。直到下了脚手架，见了东家，才连声说道：

"了不起，了不起，你这儿子，以后肯定会名扬四海！"

村人听到消息，也都从四下围过来仰起脖子观看。乡野村民，不知道什么是艺术，更不懂得怎样去欣赏艺术，但他们却有着自己独有的观赏角度：

"怪了怪了，那鱼好像是在动哩！"

"什么好像，就是在动嘛，刚才要在那边一点，现在游过来了一些哩——不对，要是会动，那不是总有一天要掉下来的啊！"

立刻引得一阵哄堂大笑……

当时谁也不会想到，就是这幅壁画，在时光逝去漫长的103年之后的2017年，竟引起了现当代中国壁画史家张世彦先生的注意。当张老先生一眼看到壁画的照片时，不禁赞叹不已。他在后来的一篇回忆文章中写道："几条鱼身段妩媚，游走悠闲自如。用笔有力洒脱。真不像是个13岁的乡下小男孩画的……那时的子谷先生，绝对是位才华卓杰的小神童！"这时他正接受当代美术理论权威邵大箴先生之邀，为其主编的《20世纪中国美术史》编撰《壁画卷》，遂将该材料编入其中。在第二章《百年壁画的跋涉步履》中，张老先生这样写道：

辛亥革命之后，江西玉山县一幅1913年（应为1914年。——剑祥注）绘制的私宅壁画《祈福图》，竟有实物存留至今。作者柳子谷，其时一介才华乍露的13岁学童……

有了这次画《祈福图》的经历，柳子谷善画的名声便在周边乡村传开了。大家都知道柳村塘尾有个"神童"，画出来的东西非常逼真，鱼好像会游，鸡似乎会啼，花草上的露珠随时都有可能会滴下来一样。

记不清是14岁还是15岁的那年，柳子谷第一次利用绘画特长，为家里赚了一百枚铜板。那是邻村的一户士绅，为了装点厅堂，特地请他画了一套梅兰竹菊四条屏。画好之后，少年一时兴起，又为每幅画题了诗落了款。那士绅十分高兴，连夸："好画、好诗、好字！"画拿回家，特地请木匠做了镜框，还托人到杭州配了玻璃（那时玻璃还是个稀罕物，在玉山县城很难买到这种透明的东西），挂在厅堂正中，逢人就吹。那得意的神态，赛过这画是他自己的手笔。

由此产生了"连锁反应"，此后里村外不少人家过年的春联也都请柳子谷来写。每年到了年关的前几天，是他最为忙碌的时候。一天到晚家里都围满了人，有专人在身边帮他磨墨、牵纸，他只管趴在桌子上埋头疾书。他写春联与别人不同，不是按照前人的范本依样画葫芦，而是根据各家的具体情况自拟联句，现场做对。虽说有时因为过于匆忙来不及仔细推敲，平仄对仗不甚严谨，但在乡间很少有人懂得这些名堂，因而还是极受欢迎的。村里有户人家是靠卖豆腐为生，有一年他为这家人写的春联是：

> 石磨千转只为成就白白嫩嫩
>
> 铁锅三沸须得经过汤汤水水

使得这户人家乐不可支，村人也都夸这春联写得妙。邻村还有这样一户人家，主人是个瘸子，干不了重体力活，便养了一只种公猪，成天牵着它走村串户为母猪配种，空闲时间则在家扎"灵屋"（一种祭品，以细篾为骨架，扎成楼房模型，外面糊纸，再在纸上画上门窗和青砖红瓦，供扫墓者买去在坟前焚烧祭奠），赚点铜板过生活。柳子谷给这家写的春联便有趣了：

> 如此传宗接代皆因拉郎配
>
> 这般高楼大厦只为哄鬼来

把大家都逗笑了。

在父亲的私馆里，柳子谷读了11年书，也画了11年画。读的书有"四书""五经"，以及唐诗、《左传》等。这些年下来，画功有了很大长进，就是不照着画谱，徒手画出来的墨竹墨兰、小鸡小鸭、蜜蜂蜻蜓，也能像模像样，活灵活现。

4. 走出柳村塘尾

柳子谷18岁那年，67岁的祖父去世。老人家从来都未曾想过让这个孙子走专业画家的路，所以临到终了还在因孙子的"不务正业"而为他日后的生计担忧不已。柳子谷也似乎觉得很对不起祖父，没能让祖父在有生之年看到自己的成功。

祖父坟头上的碑文是他亲手写到墓碑上再请石匠师傅刻的，他是用这种形式向躺在坟墓里的祖父保证：我一定会成为一个成功的画家，我的目的一定能达到！

就在这一年，他离开了家乡，只身去了省城南昌求学。

走出柳村塘尾，去外面的世界闯荡，是他近年来经常提及的话题。他曾多次对父亲表达过自己的愿望，说年轻人要想成大器，一定得到外面去开阔眼界，长年待在山沟里是断然不行的；尤其是要在绘画上有所建树，更是要到艺术氛围浓厚的城市去。

柳长华很是矛盾。不是他不支持儿子学画，而是对儿子日后要以绘画为终身职业的打算一直顾虑重重。他觉得这条路要走好谈何容易，除了自身笔下功夫必须过硬以外，还有诸多外在因素更是不可忽视，并且外在因素却又是很难说得清道得明的。他联想起一些古时画家的命运，很为儿子担心：石涛的画不会比八大山人差，但八大山人名满天下，而石涛直到晚年却还是名不出定居地扬州；还有山阴的"三任"，任伯年的画当属最好，但却一直穷困潦倒，名不出乡里，而任阜长、任渭长却在沪城红得发紫。虽说石涛、任伯年最终还是得到了应有的评价和赞誉，但已经是身后之事，在世时却是颇不得志，穷困潦倒，这不能不说是人生的悲剧。儿子生性率真，不善交际，只知埋头书画，这等秉性，即使日后画得再好，也难保前程通达。有了石涛、任伯年的前车之鉴，柳长华不得不考虑再三。

然而，儿子似乎信心满满，决心很大，根本不考虑绘画以外的事情。尤其是祖父的去世，更使他觉得人生苦短，时不我待，不能再在这个闭塞的小山村里浪费光阴，应该早点出去闯荡。父亲对他的执着，实在不忍心强蛮阻拦。他问儿子有些什么具体打算？儿子回答说：

"我打算先去南昌，在那里一边读中学，一边留心寻找学习书画的机会。"

父亲喃喃说道："南昌，那可是好远的……"

当时去南昌不通火车，交通工具十分落后，不要说柳村塘尾，就是周边十里八村，也极少有人到过南昌。只知道那是省城，一路往西再往西，很远很远。柳长华希望儿子不要跑那么远，不如就在玉山县城，最远也不要超过上饶，这些地方也一样有较好的中学可读，离家近总好有个照应，于是就一直拖着没有表态。

因为家里的经济大权高度集中，父亲不点头，儿子自然无法成行。

说起来，柳子谷去南昌求学的愿望后来能够得以实现，还要"归功"于继母柳刘氏。那天，家里来了客人，饭桌上多了一碗炒鸡蛋。别小看了这碗炒鸡蛋，它好歹也算是荤菜，在满桌都是"锄头菜"（时下乡民对自产蔬菜的谦称）的情况下，它则显得无可比拟的"高档"。因而那时乡间就有了这样一条约定俗成的规矩：鸡蛋系招待客人的"特供"，主人一般只是偶尔象征性地伸一伸筷子，点到为止。可是这次柳子谷却视规矩为儿戏，接连两次直捣黄龙，第三次还要再接再厉继续朝炒鸡蛋出击时，脑袋上突然"咯"的一声闷响，挨了继母结结实实的一个"螺蛳"。十八岁的年龄，在当时农村已经被视为可以娶老婆的成年人了，却因为吃鸡蛋的事在客人面前挨打，是很丢脸的，不由得十分恼怒。于是，他坚决表示再不在这个家待了，这回一定要出去，去遥远的南昌，甚至发誓永世也不回这个家了！

柳长华无奈，只好就坡下驴，答应了儿子去省城读书的要求。

就这样，柳子谷有生以来第一次离开了生他养他的故乡，背井离乡，出了远门。

他用一根不到四尺长的杂木棍当扁担，挑着行李，出了家门，踏上了村头往西去的山路。所谓的行李，也就是一个靛蓝色的粗布包袱和一个油漆斑驳的半大木箱。木箱里面，有几本已经被翻得卷了角、毛了边的画谱，一套画笔和两刀毛边纸，还有他近年来画的自认为还拿得出手的一些画作。他之所以要带上这个不便携带的木箱，就是因为它便于放置这些容易损坏的东西。

一路上，最好的"官道"也只是砂石公路和石板路。虽然美其名曰官道，却几乎没有一丁点主见，全都毫无原则地迁就地形地势而曲里拐弯，岔道众多。柳子谷只要判断大方向正确就只管向前，因而免不了常走冤枉路。至于交通工具，只是过了玉山县城以后坐过两次载客汽车。先后两部车都是以木炭为动力能源的老爷车，一路上声嘶力竭地吼叫着缓慢爬行，两段路加起来还不到一百里。其余的路程就全靠自己想办法了，只要遇上了相同方向的交通工具，不论是兽力车，还是人力车，都求人家捎他一程。哪怕只捎上行李也是好的，人就在后面跟着跑。实在没有顺风车，也只好肩挑行李赶路了。晚上的住宿，也是挑最便宜的，只要有个睡觉的地方就行。

最幸运的是在距离鄱阳县城还有百十来里的地方，遇上了一辆拉邮包的邮政汽车。司机是个光头的中年大汉，浓眉大眼，很像《水浒传》里描写的花和尚鲁智深，凑巧的是这人的心地竟然也像出家人一样善良，十分同情柳子谷一个毛头小伙独自远行，竟然违反邮政车不得捎人的规定，答应破例捎他一程。上车前讲妥十六个铜板，把他捎到鄱阳县城，这价钱跟客车相比算是十分优惠的了。密闭上锁的车厢自然是不能坐人的，他有幸坐在了副驾驶的座位，使得这段行程成了

柳子谷先生为玉山县图书馆题写的馆名

该次旅途最高规格的享受，简直近乎奢侈。只是这辆车比先前坐过的两辆客车还要破旧，引擎一路上就像得了严重哮喘，时不时缓不过气来发生窒息，车子不得不一次又一次抛锚。司机钻到车底去修车，他就在一边帮忙递工具。车到鄱阳，"鲁智深"再次大发慈悲，说你一个后生仔出远门求学，实属不易，就收你一半钱好了。柳子谷大喜过望，连声道谢。觉得过意不去，打开木箱，取出一幅墨竹图，说没什么可感谢的，就送这张画做个纪念。谁知"鲁智深"也是读书人出身，识得这画画得不错，高兴之余，大手一挥，把车费全免了。

在鄱阳县城住了一晚，第二天上午，由昨天那司机出面帮忙说合，搭乘一艘木船由东往西横渡鄱阳湖。船老大是司机的一个熟人，正好这天要帮一家货栈运一船景德镇瓷器过湖。

在此之前，柳子谷见过的最大水面，莫过于柳村塘尾的那口池塘。四十亩的范围，不能说不大，但是与面前这个中国最大的淡水湖相比，实在不值一提。上得船来，不顾船工的好意提醒，执意站在船头，任凭被船头击起的浪花打湿衣服，极目眺望远方。

天空，蔚蓝清爽，深邃无边；湖面，一望无涯，碧波万顷。突然几只水鸟从木船旁边掠过，一边"啾啾"地鸣叫着，一边箭一般地往远处翱翔而去。柳子谷不由得做了一个深呼吸，顿时觉得自己的五脏六腑被洗得无比洁净，心胸变得格外开阔起来……

这是1919年春季的一天。

第二章

外面的世界

1. 在豫章中学的日子

辗转到了南昌，先找了一家小旅馆住下，便开始选择就读的学校。

经四处打探，得知当下南昌有五所中学的口碑较好，除去一所只招女生的葆灵女中，其他四所哪所都行。而在这四所之中，柳子谷觉得最为满意的要属豫章路上的私立豫章中学。这是一所教会学校，由于受西方文化的影响，教学活动要比其他学校正规。据说教英文的老师是美国人，原装的大鼻子，对学生的要求比中国老师严格很多，起码不会像有的中国老师那样，放任学生用汉字标注英语单词的读音。如果能到这所学校学习，对自己的发展前途肯定更加有益。不过使人纠结的是，这里收费较高，每学期的学费要十块银元，生活费还得另计。时下南昌城里有"豫章的少爷，葆灵的小姐"的说法，意思就是指豫章中学和葆灵女中一样，费用高昂，不是一般平民人家所承担得了的。按照自己家庭的境况，虽然还能够负担得起，但也还是有一定的压力。他权衡再三，最后一咬牙，还是选择了豫章中学。

但是一到学校，就被告知新生入学考试早已结束，这个学期都已经开学了，让他下个学期再来。柳子谷急了，央求学校对他单独进行考试，情急之中冒出一句：

"我有书画特长！"

没料到这句话在关键时刻起了作用，负责招生的副校长让他把书画作品拿出来看看。这个副校长是个高度近视眼，审阅柳子谷从木箱里拿出来的画作时，鼻子和画纸之间的距离简直可以忽略不计，说他是在看画，还不如说他是在用鼻子嗅画。他把出自面前这个年轻人之手的一叠作品全部仔细嗅过一遍，立马改变了"下个学期再来"的决定，答应马上对他单独出题考试。

对于入学考试，柳子谷是不担心的。果然轻松过关，录取无话。

从偏远的小山村一下到了省城南昌，柳子谷觉得一切都很新鲜，算是大开了眼界。南昌几乎天天有故事和事故，这与柳村塘尾那多少年一成不变的沉闷成了鲜明的对照。不过，这新鲜劲才几天时间就似乎过了，他觉得外面发生的一切都应该与自己无关。于是，每日除了功课，他的精力基本上都用来自修绘画，就连礼拜天也很少休息。

从家里带来的毛边纸很快就用完了。南昌市面上的毛边纸虽然质量比家乡的好，但价格却要贵得多，宣纸更是不敢问津。于是，便上街去找裱画的店铺，向人家讨要裁下来废弃的纸边和裱芯纸。没多久就把南昌街头那些裱画店铺都跑遍了，和店铺的人也混熟了。人熟好办事，后来店铺伙计都把这些东西替他留着，等他来取。

有一次，有家文具店因为进货时遭遇一场大雨，好几刀宣纸被雨水打湿了。店老板把它打开来放在门口翻晒，虽然晒干了，但纸张变得凹凸不平不说，有一侧的边沿处还留下了三四寸宽的黄褐色水渍。东西成了这个样子，必然会无人问津的。店老板愁得眉头打结，唉声叹气。这一幕恰巧被从店门口路过的柳子谷看到了，他上前仔细看了这些宣纸，又问明情况，不由得有了主意。他想，这样处理纯属外行，湿了的纸放在太阳底下暴晒，哪有不变形的道理？只能阴干，而后放在阴凉的地上让它稍事吸潮，再找木板压上一个昼夜，自然就平复如初了。至于边沿的水渍，看来并不严重，基本上都能设法洗去，实在洗不掉的裁了就是，只不过纸张略小一点而已。再说裁下来的还可以用来练笔，浪费不了。主意打定，便问店老板这纸是否打算降价出售？店老板原以为这些宣纸成了废物，现在见有人要买，喜出望外，心想多少总能捞回一点本钱，连连答应降价，还说价钱你看着给就是了。于是，柳子谷做成了一笔性价比极高的生意，把这几刀处理宣纸扛回了学校宿舍。这些宣纸，虽然他每日作画不息，也用了好长一段时间。

柳子谷入校不久，擅长绘画的名声就在校内校外传开了。刚入校时，一些公子哥同学根本没把这个土里吧唧的小个子放在眼里，甚至有人在背后讥笑说："乡下人，连红薯屁都没放干净……"后来看到他画的画经常参加校里校外的各种美术展览，并得到艺术界的一致好评，不得不开始对他刮目相看。

有一次，南昌教育局组织了一场全市性的学生书画作品展览，参展的学校涵盖全南昌的中学和师范院校。柳子谷决意利用这个机会以画会友，便精心创作了一幅墨竹和一幅兰花送展。开展那天，柳子谷前去观看，一进展厅就被署名"省立第一师范傅抱石"的两幅作品吸引住了。这是他到南昌以来看到的最为心仪的书画作品了，特别是那幅篆刻，水平很不一般。在来南昌没几天的时候，他就听说第一师范有个叫傅抱石的同学，和自己一样非常喜爱书画，尤其对书画名家赵之谦的篆刻颇有研习，且深得其精髓。没想到今天就在这里看到了他的作品，不由得十分高兴。他立即在展厅里向人打听，有没有第一师范来的同学？说来也巧，这时正好有一个学生模样的人也在四下向人打听，豫章中学有没有同学在这里？两人相遇，互通姓名，没想到对方就是傅抱石；原来，傅抱石也正是看到了柳子谷的作品，顿时觉得眼前一亮，便也急着寻找画作的主人。

两个青年惺惺相惜，相见恨晚！

此后，两人经常利用课余时间在一起切磋交流，相互取长补短。一时间，这两位青年画家在南昌书画界名噪一时。他们因书画结缘，彼此成了要好的朋友，在一起度过了人生一段难以忘怀的珍贵时光。

有一次，傅抱石来到豫章中学看望柳子谷，进了宿舍，见他正在画一幅兰草。柳子谷看到好友来了，正要歇笔接待，傅抱石忙说"且慢"，说着接过画笔，在兰草根部补上一块石头，竟与兰草相得益彰，浑然天成。柳子谷看了，连连击掌赞叹。傅抱石乘兴题签："子谷抱石合作花王"。柳子谷更是兴奋，高声道：

"这可成了王石谷珍品啊！"

傅抱石起初不解，后知原来是题签时无意中嵌入了清代大画家王石谷的名字，也不禁大笑起来，连呼天意天意！

没过多久，北京发生了震撼世人的"五四"运动。应该说，这时的柳子谷只顾一门心思读书和钻研书画艺术，对外界的东西并无多大的兴趣。北京的消息传到南昌，也没有激起他多大的热情。一个刚刚从偏远小山村走出来的年轻人，思想一下很难与北京的学生同步。他也和傅抱石谈论过这件事情，傅也有同感，两个年轻人对这场远在数千里之外的学生运动，也都说不出一个所以然来。

再后来，社会上不断出现了一些新名词，比如"帝制""革命"等，但这些陌生的东西仍然没有在柳子谷心里留下什么太深刻的印象，他的主要精力还是放在研习书画上。

如果说真正对他心灵有点触动的，还是那次广州之行。

那是他知道了中国有个人叫"孙中山"之后不久。当时学校里不少人都在议论这个人以及和这个人有关的一些事情，他听来不仅觉得新鲜、好奇，而且还认为这个人从事的事业一定很有意义。没过几天，有些同学不知从哪里得到的消息，说某天孙中山要在广州的一座公园做演讲，宣传他的革命主张。于是有不少人相邀到时前去现场聆听，还非常认真地登记了名字。柳子谷一时兴起，决定也一块去，不过他没有登记，心想到时跟着走就是了，登不登记都一回事。可是事情很快就被学校当局知道了，校方照着登记的名单逐个找人谈话，说最好不要去，因为不属于学校组织的大型集体活动，学校就不能准假；既然没准假，那按规定就要按旷课论处。这样一来，那些登记了名字的同学都打了退堂鼓，到了动身的那天，成行的只有不曾登记的柳子谷一人。他找了一个借口，说是到外地去看望一位朋友。

单枪匹马悄悄地去，又悄悄地回。回来以后学校里谁也没告诉，单单告诉了傅抱石。说他去了广州，不仅亲眼见到了孙中山，还亲耳听到了他的演讲。傅抱石一下来了兴致，问他演讲的内容是什么，他却说：

"他满口的广东话，我哪里听得懂？"

傅抱石大笑起来："那你去了和没去有什么区别？等于白跑一趟！"

柳子谷却很认真地说道："怎么会白跑？去与不去大不一样哩！起码，我被现场那种热烈的气氛感染了。那么多的听众，黑压压的一片，有不少也是和我一样从外地赶去的。演讲被掌声打断了好多次，你说，这是不是可以说明他宣传的主张是受到民众拥护的？"

傅抱石似乎也被柳子谷的描述感染了，默然说道："那，可能是吧？"

……

说到底，柳子谷去广州听了一场听不懂的演讲，也只不过是经历了一次从未有过的经历，虽然内心深处有所触动，也曾泛起过一些涟漪，但时间一长，慢慢也就风平浪静了。

他觉得，还是钻研自己的书画要紧。

于是，一切便又同以往。

转眼到了1922年底。在省城待了三年多，柳子谷渐渐觉得南昌仍然不是他学画的理想之地。从老师和书画界的朋友处得知，上海聚集着不少书画大家，他们基本上可以代表当今中国书画界的最高水平。亲身领教大家们的指点，一直是自己梦寐以求的愿望，于是不由得心里冒出来一个念头——到上海去！

他把自己的想法告诉了傅抱石，想邀他同行。

傅抱石笑笑说，我比不了你，你远离家庭，一个人天马行空，来去自由；再说，跑那么远的地方去，我目前的家庭条件也供不起我啊！

傅抱石比柳子谷小两岁，祖籍新余，父亲早年来到南昌，靠修理雨伞的手艺谋生，他在南昌出生长大，也算得是南昌人了。由于家境贫寒，十一岁就到瓷器店当学徒。学徒期间，挤时间自学篆刻和书画，后由街邻资助进入省立第一师范附小读书。学习十分刻苦，成绩一直名列前茅，附小毕业后免试升入师范。由于学校离家不算远，他做了一名早去晚归的走读生。无论从哪个方面讲，现在突然要远离父母去上海，都是不现实的。

柳子谷不禁有些遗憾。

　　傅抱石自己去不了，倒是很支持柳子谷去，只是也有些为朋友担忧，说，上海是个大码头，去那里读书，开销肯定要比南昌大很多，你的家庭好像也不是很富有，这个你有思想准备没有？

　　柳子谷说，办法总是会有的。他告诉傅抱石，自己有一个叫小喜子的同乡在上海做事，已经和他联系过了，说好了就在他那里搭铺借住，这样也是可以省下一些钞票的。

　　去上海的主意打定，做了一些必要的准备，1923年3月，就又一头包袱一头木箱用杂木棍挑着，只身闯荡上海滩去了。

2.　借宿理发店

　　一路的奔波之苦自不必说，在数天后夜幕降临的时候，总算到达心仪已久的目的地。当脚下的千层底布鞋踏上上海柏油马路的时候，才觉得肚子有点空痛，原来还是早上在一个路边小摊上喝了一碗粥，中午没顾得上吃饭，路上几泡尿一撒，早已前肚皮贴后脊梁了。现在已经到了目的地，只等找到小喜子就什么都好办了，柳子谷心里一阵轻松，便决定好好犒劳一下颇受委屈的肚子。不远处正好就有一家卖吃食的店铺，店铺伙计声调悠扬的吆喝声极具诱惑力：

　　"油饼，刚出锅的热乎乎的大油饼！"

　　柳子谷一下买了四个。油饼到手，才发现一点也不热，温度跟时下的气温基本持平，显然是没卖完的陈货。看来店铺伙计的吆喝内容是故意不作更新，严格地说应属虚假广告，有意误导消费者。但柳子谷也顾不得这么多，第一个油饼还没尝到是什么滋味就进了肚子，第二个也是风卷残云般地很快消失了。

　　第三个刚被咬成月牙状，过来一个蓬头垢面的半大小子，眼睛直勾勾地盯着他吃，正处于发育阶段的喉结不停地上下窜动，表明他在不厌其烦地演习吞咽动作。柳子谷不禁有些不忍，心想大城市的乞丐好像比乡下的叫花子也强不到哪里去，便把还没来得及咬的第四个油饼递了过去。半大小子竟然属于乞丐阵营中极难得的另类，对着眼前这个完整无缺的油饼居然摇摇手，却指了一下那个月牙。柳子谷心想你不嫌弃我吃过的是你的事，但我还是应该给你这只不曾残缺的。半大小子见对方还是坚持原决定，也就不再客气，接过来狼吞虎咽地吃了，一小块饼屑掉到地上，还马上捡起来塞进口里。柳子谷见状，就索性把手中的月牙也递过去。半大小子一笑，露出两排白生生的牙齿，接过来又三两下咬完了。

　　半大小子吃了人家的东西，觉得应该表示一下什么，凑上来套近乎道："看样子你是从外地来的，是来找啥子人的吧？"——听口音就知道是四川人，在豫章中学教国文的那个四川籍老师说话就是这腔调。

　　"你老家四川？"柳子谷问。

　　"对头，大家都叫我小四川。你要找的人，是做啥子营生的？"

　　要找的小喜子是隔壁村子人，年龄与柳子谷不相上下。两人的关系除了同乡还是同学，他也在柳氏宗祠里读过几年书，先生当然也是柳长华。读书时他和柳子谷是前后桌，两人很要好。只是由于家里人多吃饭，读了不到三年，父母就供不起他了，要他回家干活，共同承担生活的开支。十六岁不到就跟着一个远房舅舅出了远门，说是出去寻找一个能赚钱的地方。后来听说辗转去了上海，到底是做什么活不是很清楚。果然几年之后，每年临近年关，都会有两三块白花花的银元寄回家里。家里靠了这钱，本来很难过的年关变得不再难过。于是村邻都羡慕得不得了，夸赞小喜子有出息，还预测他日后一定会把父母接到身边去享福的。这次柳子谷来，虽然事先写信告知了启程的日子，但路上的耗时却是无法准确预知的，哪天能够抵达上海只能是预计加估计。没个确切的时间，自然小喜子也就没法去车站接他。

　　既然现在小四川主动问起，柳子谷便报出小喜子住处所在的路名，问他知不知道怎么走？

　　小四川说："离这里远着哩，一个城东一个城西！现在天都麻暗了，那趟电车收车早，你不一定赶得上；黄包车嘛，会欺负你一个外埠人，拉着你兜圈圈。我看你还是先找地方困一宿，明天再去噻。"

　　柳子谷觉得小四川说得在理，便打算去找旅馆，小四川自告奋勇当向导。向导十分称职，对去周围几家旅馆的最佳路径无不烂熟于心，一一带柳子谷去过。可是柳子谷却一家也不中意，倒不是旅馆条件不好，而是收费偏高，价位不是南昌的旅馆可以比拟的，况且原以为一到上海就能找到小喜子，这晚的住宿开支纯属预算之外。

　　小四川说："这几家还算便宜的，上海再没得比这更便宜的噻。"

柳子谷这下为难了，一时拿不定主意该怎么办。

小四川说："假使你不嫌弃，我倒有一个过夜的地方嚓。"

柳子谷心想，跟一个乞丐去住，再怎么说也是不合适的……对方好像看出了他的心思，说：

"那地方高级得很，一点也不邋遢，你跟我去看一下就晓得嚓。"说罢就引路朝前走。

柳子谷半信半疑地跟着转过一条街道一条弄堂，到了临街一扇白色的油漆大门前。门边墙上安装着一个斜条花纹的长型玻璃圆筒，这类东西柳子谷早就在南昌街头见识过，说：

"这不是理发店吗？"

小四川一边扯开裤腰，从贴身处提出一枚用带子拴着的钥匙来开门，一边解释说，他的一个成都老乡是这家理发店的股东，老乡照顾他，让他每天晚上在店里免费住宿，顺便为老乡看店。门打开，人进去，又马上将门关回去，大街上的亮光刚随着开门溜进来又被门推了出去，屋里重归一片黑暗。小四川生怕柳子谷去摸门边的电灯开关，忙说不能开灯的，因为开灯费电，这是老乡定下的规矩。说着把窗帘布拉开窄窄的一条缝隙，让外面的光亮吃力地挤进来，如同风景点的"一线天"，好像少拉开一点窗帘也能省电似的。幸好这条有限的亮光能马马虎虎照得清屋里，两边墙上的八面大镜子，以及每面镜子各对着的一把硕大的理发椅，轮廓都还算清晰。

"你看，不开灯也一样看得见嚓。"看来小四川对这里的住宿条件十分满意，难怪他会说"高级得很"。接着又以见多识广的大都市人自居，不无得意地向初来乍到的柳子谷介绍这种理发椅的奇妙之处："它的靠背是可以往后放倒的，想放到啥子角度就放到啥子角度。晚上我们就困在这上面，床上哪有这里安适哟！"说着把大拇指准确地竖到一线天的亮光里，好让柳子谷看得见："每天剃头师傅下班回家了，这里就由我说了算。虽然老乡规定不能随便带外人来住，但我看你是个好人，今天我就做一回主，这点权力还是有的嚓。我平时都是困最里边的那把椅子，那把是真皮的，今天晚上它就归你了！"说完走到靠墙的壁橱里拽出两块棉被形状的东西来，丢给柳子谷一块，说："有它，就冻不着嚓。"

这东西的量词用"块"而不用"床"，是因为它比棉被要小得多，若以"床"称之，用词未免有点奢侈。它的长度不会大于自己这根充当扁担的杂木棍，宽度是长度的三分之二。拿它当棉被使用，须得把身子像虾米一样蜷缩才不会把脚露在外边。

小四川又说："我们早点困，明天要早点起来，在师傅们来上班前得把东西收拾好，看不出有人困过的样子，卫生也要打扫干净，地上的碎头发也是归我打扫。"说罢，走到窗边把窗帘布拉回去，一线天立刻不复存在，然后在挨着真皮椅子的另一把椅子上躺下来，不一会就发出了无比香甜的鼾声。

柳子谷本来还有睡觉前洗脸泡脚的习惯，但今天也只好入乡随俗，把它免了。有生以来还是第一次享受这种就寝待遇，有点不大习惯，和衣躺在小四川友情出让的真皮理发椅上，摸着盖在身上这块像棉被又似乎不大像的东西，想凭触觉探究它到底是什么，但经过一番努力未获成功。这东西质地倒是有点像棉被，外面的包布与棉被应该无异，里面絮的也应该是棉花，盖在身上也和棉被一样柔软贴身，但远没有棉被那么厚实，轻薄得很。更让人不解的是，包布表面摸上去似乎有些毛毛的东西，好像还有点扎手，这点是同棉被最大的区别。既然探究无果，也就不再枉费心机，闭上眼睛强迫自己入睡。也许是因为旅途疲劳，没过多长时间也就迷迷糊糊睡着了。

睡到半夜，突然觉得身上有点发痒。开始只是在后背和腰部少数几个区域发作，也不是很厉害，随便挠几下就能对付，没料到接下来却迅速蔓延开来，像有无数只蚂蚁在身上爬，痒得难以忍受。这里刚挠过另一个新地方又痒起来，此起彼伏，十个手指忙于赶场，疲于奔命。

柳子谷叫苦不迭，起身摸索着去把窗帘拉开半尺来宽，凑着亮光掀起衣服进行自我体检。检查发现，躯干部位几乎遍布大大小小毫无规则的红色斑块，如同泼了红墨水的地图。自有记忆力以来，这种现象还不曾发生过，因此可以毫无疑问地锁定问题的元凶，必定是这块棉被模样的东西。可是拿过这东西来看，却又看不出有什么特别之处，只是感觉似乎不大卫生，白布已经不白，像是被腌咸菜的水晕染过；那毛毛的东西轻轻抚摸就可以感觉得到，但在有限的亮光下，任凭你再怎么睁大眼睛却找不出来，真是见鬼了！

小四川被惊醒，问出了什么事，听了柳子谷的回答却根本不当一回事，睡眼蒙眬道：

"你这是不习惯，我开始时也是这样，时间一长，多困上几回就没得事噻。"

一回都受不了，还说什么多困几回！柳子谷后悔不该为了省几个住宿费跑到这地方来借宿，但他没有把这意思说出来，因为毕竟人家也是一番好意。他问：

"这棉被样的东西是什么？"

小四川翻了一个身，打着哈欠说："就是'风婆子'罗，还能是啥子嘛。"

柳子谷不懂："什么风婆子？"

小四川解释道："就是挂在头顶上用来扇风的家什噻。"

这么一说柳子谷就明白了。这东西在南昌的理发店也见过，不觉陌生，不过南昌人对它有另外一个称呼，叫它"扇皮子"。风婆子也好，扇皮子也罢，指的是时下理发行业专用的一种消暑降温设备。凡是上了规模的理发店一般都会置办这玩意，把它悬挂在理发椅的上空，每把理发椅一块，整整齐齐地列队在天花板下面，相互间用细绳串在一起，形成联动装置。使用时由一专职人员有节奏地扯动总拉线，满店的扇皮子或风婆子便步调一致地来回扇动，如同多把大蒲扇统一工作。在炎热的夏天既能给客人们带来丝丝凉风，又由于风势柔和，不用担心会把碎头发吹得到处乱飘，显得极人性化。只是不明白这东西本来在高处待得好好的，怎么会离开本职岗位改换工种？

小四川一声接一声地打着哈欠："啊哈——这店是从别人手里盘过来的，装修时把原来的东西该换的都换了，风婆子也置办过新的了，这些是换下来不要的。啊哈——我使劲抖过，但那该死的碎头发插到布里面去了，抖不掉。不过也不碍事，一点都不影响保暖，有它盖着好安适哟！"

现在虽然弄清楚了是碎头发惹的祸，但为时已晚。柳子谷说：

"这东西本来是挂得高高的，怎么会弄得满是碎头发？"

小四川解释道："当初换下来随手丢在地下，和碎头发混在一起，打算当作垃圾丢掉。我是看到还能派上用场，就又捡起来了噻。"

继续睡觉是不要指望了，下半夜几乎都是在处理个人卫生。好在处理工作所需的工具、材料以及用水理发店都有现成的。柳子谷摸索着找了个脸盆，盛了点水，用毛巾的一只角蘸一下水又蹭一下洋碱（即肥皂），再在身体的红斑上面作单向擦拭。在每个工作区域进行数次机械性重复之后，又转移到下一个区域。顺序按照从上身至下身的原则分区域逐段进行，采用的是步步为营的战术，这样既可有效清除粘在身上的碎头发，又可消毒皮肤，可谓一举两得。清洁工作进行到天亮时分总算结束，身上的红斑颜色也似乎淡了些许。

小四川起床了，仍在坚持自己的观点："只要多困几回，习惯了就好了噻。"

柳子谷不希望再有这种经历，也就没有必要对小四川的观点发表不同意见。

两人麻利地把店里的一切恢复原状，扫罢地，出了店，锁好门。

3. 落户亭子间

　　小四川吃了柳子谷买的一碗豆浆两根油条，拍着胸脯说，若是以后还遇上没地方过夜，只管来找他就是，免不了又把"多困几回就习惯了"的观点再次做了阐述。

　　此刻柳子谷十分清晰地认识到，虽然皮肤瘙痒仍未得到根本性好转，但寻找小喜子的工作却是耽搁不得的，于是赶紧挑上行李向小四川道别。在去前面街口乘电车的路上，他对两只手做了明确分工，一只负责扶担子，另一只负责挠痒。

　　上了电车，把行李放在脚下，就开始数电车站——因为小四川告诉他，在第十个站下车，再到马路正对面的当铺门口去换乘另一路车，终点站就是小喜子住的那条街。小四川叮咛完了还又一次强调说：

　　"十个站，整数，好记得很噻。"

　　柳子谷不敢懈怠，一个站一个站地数着。刚过去六个站，身上的痒不知怎么的又开始厉害起来，想去挠周围又全是人，若在众目睽睽之下伸手进衣服里不停地抓挠，那肯定会像老鼠在麻袋里那样窜来窜去，极不雅观。无奈只好强行忍住，直忍得脸上的五官不停地挪位。这一挪位不要紧，注意力一分散就把数车站的事情给耽误了。赶紧回想一下，刚才停的好像是第九站，那么前面一站是不是就该下车了？已经没有时间进行论证，车一停就连忙下去了。

　　下了车，到了马路对面，才发现这里根本没有当铺。他一拍后脑勺，知道肯定是下错车了！但到底是下早了还是下晚了不得而知。转念一想，错了就错了，小事一桩，只要有确切的地址，还怕找不到地方？

　　为了省点钱，他坚持不坐黄包车，徒步挑着行李，四处打听。中午时分总算找到了小喜子住的那条街，但这条街特别长，弄堂又格外多，横七竖八，转得人头晕。一个在老虎灶打开水的大婶，热情地向他指点了半天，但上海话并不比孙中山的广东腔好懂多少，他还是云里雾里，不得要领。四川话倒是好懂，但自从和小四川告别后，问路再也没碰到过四川人。结果，一个下午都没能找到小喜子住的地方。

　　不过令人欣慰的是身上的红斑已开始撤退，痒得也不大厉害了，偶尔挠几下即可。

眼看天就要黑了，又面临新一轮在何处过夜的问题。他对自己说：就是有天样好的理发店也不去住它了，大不了在屋檐下蹲一宿。

看到前面一家门厅昏暗的电灯光下不断有人进进出出，很是热闹，便径直走过去。出门在外，安全第一，南昌的生活经验告诉他，在城里热闹的地方相对安全，起码明火执仗的抢劫事件不容易发生，于是便决定进那门厅里对付一个晚上。进去之后，才发现这是一家澡堂。下午和傍晚是客人洗澡的高峰时段，自然热闹。夜深了，客人洗完澡走了，一下就变得冷清了。

再出去也不见得能找得到通宵达旦热闹的地方过夜，再说这里毕竟是室内，再怎么总比室外的安全系数要大得多，于是打算还是留在这里，熬过这一夜。

木箱是现成的凳子，把它垫在屁股底下靠着墙角坐下。三月间的夜里凉意不轻，他双手把包袱紧紧搂在怀里，全身大小关节尽量折叠收拢，以缩减身体表面积的办法来减少身体热量的散发。

守澡堂的驼背老头看来是个菩萨心肠，问明情况后，破例停止了清场，趿拉着鞋子返身进里间去，拎出一条已经看不出本色的大浴巾丢过来，说：

"身上搭一下。"

来到上海接连碰上好人，柳子谷心里不免有些感动。但有了昨夜理发店的教训，忙说：

"不用不用，我年轻，火力旺，没事的。"

驼背老头自然无从知道他昨晚的遭遇，只当他是客气，说道："小年青，勿晓得爱惜自家身体。"

一来盛情难却，二来认为澡堂不是理发店，浴巾上不可能会有令人惧怕的碎头发，也就不再推辞，把浴巾搭在了身上。

也不知到底是因为年轻火力旺，还是因为有了这条浴巾，不多一会就入睡了。睡梦中，自己睡在小喜子家宽敞的卧室里，床铺好大好软，无比舒服。一觉醒来，天已经蒙蒙亮了。

柳子谷谢过驼背老头，活动了一下已经有些发麻的手脚，赶紧行李上肩，又开始了继续寻找小喜子的征程。

也算他运气好，刚刚睡眼惺忪地出得门来，还没打定主意往哪个方向走，就看到前面不远的马路牙子上有个人蹲在那里刷牙。定睛一看，那不是小喜子是谁？原来，昨天过夜的这家澡堂，与小喜子的住处竟然只有几十步的距离！若是早知道要找的地方近在咫尺，也用不着在这里蜷缩一夜了。

两人相见，自然十分亲热。

小喜子领着柳子谷进屋上楼，来到自己与另外两人合租的亭子间。三个人的铺盖在靠里头的地板上一字儿排开，几乎占了房间的一半面积。那两个小伙子也才刚起床，正准备洗漱，见来了人，都热情地打招呼。看来小喜子已经同他们说过柳子谷要来的事情，大家都主动把自己的铺盖归归拢，说挤一下就能够多出一个铺位来，不碍事的。

柳子谷没想到住的地方会有这么紧巴，与昨晚梦中所见有天壤之别，便很有些过意不去。他看到靠门的地方有一小块空地，只是墙角上堆着几件皱巴巴的乌黑衣物，便说：

"大家都不要挪动了，这块地方不是蛮好嘛，我就睡在这里。"说着就过去要把那衣物挪过一个地方。

小喜子见状，竟然大惊失色，忙喊莫动莫动。另两人也都慌忙过来阻止，说你是个奔前程的读书人，碰不得这东西，不吉利的！还说来了就是一家人，不用客气，省得你动手，我们三两下就弄好的。

柳子谷莫名其妙，又不便多问，只好恭敬不如从命，任凭他们为自己收拾住处。

安排好铺位，下楼去吃早饭时，柳子谷悄悄把小喜子拉到一边，问他在上海到底是干什么营生。小喜子说：

"我们三个人就在你昨晚过夜的这个澡堂里做事，为客人搓澡。"

还真是越说越近，柳子谷没想到昨晚竟然就已经来到了小喜子的一亩三分地，真是巧了！他问：

"这几年你一直都干这个吗？"

小喜子说："就这个差事还不好找哩，怎么说也比窝在家里强。"

柳子谷又问："那几件衣物是怎么回事，如何就碰不得？"

小喜子神情紧张地四下一看，说："澡堂一般要到临近中午才开门营业，上午基本上都是闲着的，于是我们就另外找了一份事情做。"

他嘴巴凑近柳子谷的耳朵，轻声告诉说，过去两条马路，东西两头各有一家医院，是医院就免不了死人，死人之中也免不了客死的外地人，家属难以将尸体运回老家，只有顾人驮到城外的乱坟岗去埋葬；他们三个人干的就是这活，每天上午都要到两个医院去打探一下，看有没有活可接。刚才墙角上那几件衣物就是驮死人时穿的大褂，这里叫工作服。

柳子谷一听，不免十分意外，原来这位老乡在上海居然是干这个！小喜子看出了柳子谷满脸的惊异，便告诉说：

"这活虽不体面，但赚钱多，驮一个死人去埋抵得上给十多个活人搓澡，我们这些人出门在外，只要有钱赚，还能讲究什么体面不体面的，除了犯法的事情，任什么也要硬着头皮去做。"停了一下又说："你可要替我保密，不要让家里晓得，免得父母难过，也让乡亲们看不起……"

柳子谷想了想，说道："按理说，这也是赚的辛苦钱，不偷不抢，没有什么丢人的。不过你放心，我是不会告诉家里那边的。"

小喜子接着又说："在这里你也不要说出去，传到澡堂老板耳朵里，我们是要被赶走的，连澡也没得搓了。"

柳子谷大惑不解，问："这是为什么？"

小喜子说："有哪个客人会要摆弄过死人的手来给他们搓澡啊，这不是砸了澡堂的生意吗？……"

柳子谷听罢，唏嘘不已。

4. 初闯上海滩

就这样，柳子谷在小喜子他们这个亭子间住了下来，上海开始成为他人生旅途的一个重要站台。

在来上海之前，他就给自己设计了这样一个发展规划：先找一所中学就读，用一到两年的时间修完余下的中学全部课程，尤其要补齐自己的知识短板——英语；同时利用课余时间多与上海书画界接触，融入其中，以便拜师学艺，为自己的书画理想铺垫基础；之后再进入专门的美术院校学习深造，提高自己，争创美术界一流的艺术业绩。

依照这个规划的第一步，柳子谷考入了大同中学就读。在大同中学，除了学业以外，他仍然潜心练习书画，同时十分留心上海的书画展览，只要哪里有展览，再远的路也一定要赶去参观。

1923年4月，豫园书画善会举办画展。这是柳子谷来上海后第一次遇上的画展，自然不肯放过。画展展了一周，他就去了七天。白天要上课，便晚上去，每每到了展厅要关门了才恋恋不舍地出来。回到亭子间，小喜子他们都已经睡熟了。礼拜天没课，就一天到晚守在展厅里，带个烧饼充饥，弄得举办展览的工作人员都熟悉他了。一周的"蹲坑守候"，先后见到了前来参观的豫园书画善会会员吴昌硕、黄旭初、蒲作英、杨了公、马企周、程瑶笙、张善子、王一亭、汪冲山等名画家。这些画家进了展厅，三三两两地看展览，少不了一边看一边悄声点评几句，他便悄悄地跟在后面仔细聆听，对照画作细细咀嚼，认真品味，可谓"偷艺"是也。

两个月后的一天，在参观上海美专二院师范科举办的国画展览时，柳子谷见到了该校校长刘海粟、教授汪亚尘和学生张书旂。

又是两个月后，上海美专二院再次举办画展，参观时柳子谷又初识了潘天寿、谢公展、许士骐等名画家。

1924年3月，在江苏省第一届美展的展厅里，柳子谷一次性目睹了汪冲山、雷家骏、莫延禧、高剑父、贺天健、黄宾虹、钱化佛等名家的诸多作品。这是他有生以来，第一次在同一场合看到这么多国画大师的真迹，不禁喜出望外，流连忘返。就在这次画展，他有幸结识高剑父，得到了自己仰慕已久的名画家的亲自指点。

这段日子，他想方设法、穷尽可能地汲取绘画艺术的营养，可谓精神上的富翁，但在物质生活上却是拮据得很。家里寄来的钱，只够维持基本的生活开支，而他还要从中挤出钱来购买绘画用的纸张颜料。对这段窘迫的生活境况，他曾写诗自嘲：

> 身穿破衣烂鞋
> 怀揣干粮半截

有画家朋友同情他，又看到他的画画得不错，便把他介绍到街上的一家扇面庄去画扇面，赚几个小钱补贴生活。

原先给这家扇面庄画扇面的，是一位不入流的半吊子画匠，画出来的东西自然很难上得了档次。扇面庄老板既然开了扇面庄，就不会是外行，画的好坏一眼就看得出来。当他看到从柳子谷手里出来的东西之后，不禁连声叫好。一时间一传十，十传百，临近几条街的扇面庄都知道新来了一个画扇面画得好的江西青年。于是没过多久，朵云轩、九华堂、九裕堂、五星记等扇面庄都先后请他去帮着画扇面。

遇上这种差事，柳子谷当然高兴，一来自己有了练笔的机会，二来有了些许收入，何乐而不为？只不过当时扇面庄的生意普遍都不是很好，画扇面也是三天打鱼两天晒网，不是经常画。

有一天，一家扇面庄老板问他："阿拉看侬咯画画得勿错，就是勿晓得侬临摹名画咯技艺啥样子？"

柳子谷只当是店老板要考考他临摹方面的本事，便谨慎说道："一般般吧……"

只见店老板小心翼翼地从柜子里取出一幅画来，要他按原作大小复制一幅。

柳子谷一看，画面是一幅墨竹。一蓬劲竹，一堆山石，画的左上方还有一首郑板桥的题画诗：

咬定青山不放松
立根原在破岩中
千磨万击还坚劲
任尔东西南北风

乍一看，无论是画还是字，都很有几分郑板桥的风骨，落款"郑燮"二字赫然在目。

郑板桥的竹子，柳子谷已经临摹过多幅多遍，对其运笔铺色的特点和规律多有心得。他不仅喜欢郑板桥的画作，更崇尚他的人格，暗暗把他作为自己人生的楷模，还在柳村塘尾的时候，就曾经作诗颂扬心中的偶像：

板桥画竹人如竹
劲节坚贞抗岁寒
为活饥民宁忤上
乌纱掷去不为官

眼前这幅画，不仔细揣摩似乎还过得去，可认真分辨，就会发现有不少破绽，同郑板桥的手笔貌合神离。

"这画，不是郑板桥的真迹，是赝品。"柳子谷肯定地说。

店老板大吃一惊："这怎么可能……"

柳子谷一一阐述郑板桥画作的特点，对照指出这幅画的瑕疵所在。店老板听罢，拿着放大镜弯腰弓背地把画从头到尾看了个仔细，终于相信了面前这个年轻人的判断。他长叹一声，说道：

"我真是老眼昏花，这幅画可是花了大价钱买下的，这下可蚀老本了！"

柳子谷说："你要这样的画，我那里有好几幅哩，什么时候拿来请你看看。"

过了几天，柳子谷真的带了几幅画过来，都是他临摹的郑板桥的竹子。老板看了，觉得每一幅都比自己店里那幅还要逼真，若不是落款写着"子谷学临"，说不定他又要当成真迹了。

"柳先生，"店老板第一次对柳子谷使用尊称，"阿拉跟侬商量个事体……"

原来，店老板有意请柳子谷为他临摹名画，制作假画牟利。上回他让柳子谷临摹那幅他以为是真迹的赝品，为的就是这个。店老板还一再申明：工钱好商量。

柳子谷何尝不想赚钱，学业要钱，吃饭要钱，眼下他最缺的就是钱。但是，他微微一笑之后，竟然摇了摇头，没有答应店老板的要求。

店老板望着这个来自江西乡间身着旧布衣衫的年轻人，百思不得其解，眨巴着眼睛，半天没有回过神来……

当天夜里回到亭子间，柳子谷不禁感慨万千，挥笔写下了两首《卖画诗》：

一

取不伤廉让水泉
襟怀未许俗尘牵
胸有修竹卖无尽
不使人间造孽钱

二

托迹烟霞作壮游
功名富贵烂羊头
生花有我江郎笔
绘影绘声复绘愁

5. 进入美术殿堂

一年多时间过去，柳子谷如期修完了中学的全部课程，1924年夏天结束了在大同中学的学业。在所有的功课中，他感到最有收获的是英语水平有了比较明显的提高，已经可以用英语跟教堂的神父做日常交流了。毕业后，随即参加了上海美专的秋季招生考试。

是年9月，柳子谷进入上海美专国画系就读。

同班同学有黄曦，还有同为从大同中学毕业的张天翼（后来改行成为大名鼎鼎的儿童文学作家）。同学张书旂，在1923年6月份的一次画展上就已经看到过他了，但当时也仅仅是认识而已，真正熟悉了解，两人成为知心好友，那还是后来的事情。

在进入上海美专之前，柳子谷学画近二十年（如果连孩童时期的懵懂涂鸦也计算在内的话），一直都没有正经拜过师傅（那个油漆陈当然算不得数），更没有进行过系统的训练学习，都是自己一个人埋头钻研，瞎打误撞。这回来到上海美专，校长刘海粟，系主任潘天寿，老师吕凤子、黄宾虹、谢公展……一个个全是名师大家，用家乡的一句俗话说，他是一下子"从糠箩跳到了米箩里"，进入了美术的殿堂，别提有多高兴了！

他十分珍惜这来之不易的深造机会，一进学校，就开始如饥似渴地抓紧学习，舍不得浪费半点时间。小喜子那个亭子间距离学校较远，为了不把时间消耗在上学和放学的路上，他从那里搬了出来，在离学校较近处一个叫"永里"的地方，租了一间比小喜子那个亭子间还小的小阁楼，与同学王英瑜（在南昌豫章中学时就与柳子谷是同学，比柳子谷稍晚来上海）同住。

刘海粟、潘天寿都十分爱才，他们还没看到柳子谷的人，仅看到他入学考试的画作就开始注意他了。后来看到这个学生悟性高、接受能力强，又十分勤奋，便都很器重他，常常号召其他同学以他为榜样，向他看齐。

潘天寿为了让柳子谷开阔眼界，增长见识，经常把自己珍藏的美术资料搬来供他学习。在当时全系的同学里面，能享受这种"待遇"的为数极少。

1925年下半年，正当柳子谷全身心投入绘画艺术的时候，突然接到了家中来信。信里说家乡接连几年闹旱灾，尤其是今年，村前大池塘都旱得底朝天了，田里收成基本没有，父亲教书的稻谷（在当时的乡间，教书先生收的学费都是折换成稻谷计算的）也难以收到，家里本来就不多的积蓄已经差不多耗尽了，今后即使还能继续给他寄钱，数量也将有所折扣。往后何去何从，家中要他自己早做打算。这封家书犹如当头一盆冷水，柳子谷一下被浇懵了！

黄山飞鹰·20世纪80年代

自来上海以后，他没有告诉家中这里上学和生活的费用都比南昌要高，家里一直还是按照以前的标准给他寄钱。除了一味的省吃俭用，还靠了从扇面庄老板那里赚些小钱贴补，才得以维持学业和生计。要是断了家中的经济来源，辍学便是必然的了。

柳子谷一连几天情绪低落，上课走神，原因被潘天寿知道了。潘天寿又把事情告诉了刘海粟。两位恩师哪里忍心让柳子谷的画家之梦就这样夭折，于是两人不惜各方联系，找到一家生意不错的文化用品店铺，把柳子谷介绍去画美术小品。随后，又把他介绍到《益世报》社，让他兼职画插图，赚一份稿酬。除此之外，柳子谷自己也想了个增加收入的门道，抽时间去邮政局门口摆个小摊，替人代写书信。就这样，身兼数职，东奔西忙，总算维持了生计，也坚持了学业。

关于在南昌求学和来上海后的状况，同住的老同学王英瑜于十来年后，在1934年12月8日的《中央日报》撰文道：

　　吾与子谷友十五年矣，以处之久，则知之深，而今可以言子谷矣。忆昔与子谷读于中学时，子谷画兰菊至勤。宣纸不易致也，毛边纸价亦不贱，而其作画勤，谓不经济，卒以表芯纸代之。日辄二三十幅，同学笑为画痴，而子谷自若也。其后求学沪上，费用至为困窘。与之共赁小楼于永里，境愈困而志愈坚。当其时也，人谓子谷可以舍此而从他矣。然而子谷以意诚，则行之明，谓此一时之厄，吾但以诚恒处之，吾艺必有佳境；故操丹青绢素如恒也。

进入上海美专以后，他与师兄张书旂逐渐熟悉起来。张书旂当时以卖画维持生计与学业，这点倒和柳子谷有些相似。两人有了共同语言，自然交往日深。

古人云：学无常师。柳子谷意识到学画不能机械地只盯着某一位画家，而应该博采众长，向不同的画家学习不同的看家绝技，熔各家所长于一炉，以丰富自己并形成特色。为了这个目标，课余时间他经常轮流去画家王冲山、程瑶笙等家中做杂役，打煤饼、糊顶棚、搞卫生等，不为报酬，只为学画。众画家均被他勤奋好学的精神所感动，因而对他尽心尽力传道解惑，手把手辅导指点，使其画艺渐长。

除了当面聆听画家们的教诲，他还仔细研究不同画家的代表性作品。为此还根据亲身体会，自创了一套"化整为零，各个击破"的"八字学习法"，即一幅完整的作品，按不同特点在脑海里分拆成若干单元，是为"化整为零"；而后对各个单元的运笔动态和用墨方法逐一进行分析，寻找规律，反复练习，直至熟练掌握，是为"各个击破"。

由于学习方法有独到之处，且能刻苦练习，故常常能收到意想不到的效果。如潘天寿的指画，堪称独门绝技，其绝妙之处，在于造型准确而质感逼真。可其画法却极难掌握，并非轻易能够上手。有些同学绞尽脑汁，反复临摹，却总是不得要领，悟不出门道，画出来的东西似是而非，甚至画虎类犬。而柳子谷临摹的习作，却是异常逼真，叫人一时莫辨真假，因而很得老师的喜爱。他模仿潘天寿的指法创作的指画《孤禽》，潘天寿看后十分称道，常常拿了去当教具，在课堂上用来启发、教授其他的学生。

还有刘海粟的人物速写、谢公展的菊花，柳子谷也是通过"八字学习法"，终得领悟其精髓。对校外画家马企周、汪仲山、高剑父、程瑶笙等人的山水花鸟，以及历史上的著名画家，如马、夏的山水，吴有如的人物，吴石仙的雨景，任伯年的花鸟，他也都一一埋头其中，百般揣摩。

同时，他又极力反对机械地跟在名家后面一味地模仿。他认为，即使模仿得惟妙惟肖，莫辨真假，那也是别人的东西；而要想在画坛上有自己的一席之地，非得有自己独创的东西不可。有个同学想了半天，问他：

"郑板桥的竹子可谓天下无双，我们再怎么画也很难超越他。我倒要看看，你怎么在画竹这个问题上画出自己的特点来？"

柳子谷说："郑板桥的竹子确实画得好，我一开始学画就在向他学习。但是，在学习他的同时，也应该要有自己的特点。不知你注意到没有，他画上的竹子几乎都是晴天的竹子，而我正在研习其他气候条件下的竹子，比如雨天、雾天、雪天的竹子，还有在大风中、在月光下的竹子，它们都应该是各有不同的，我就是要把这些不同的特点表现出来。"

那同学听了长"哦——"了一声，说："难怪，有同学曾经看过你在竹林的雪地里一站就是几个钟头，还有一次你在竹林里被雨淋得成了落汤鸡！"

柳子谷又说："还有齐白石的虾也是画得极好，一只只活蹦乱跳，无疑也是我们学习的榜样。但是他所有的虾都是离开了水，在空气中的。而我画的虾，就是要让它回到水里，是游动的虾。"

同学惊异道："你说的倒是道理，可是那该有多难啊！"

柳子谷笑笑说："难是肯定的，但凡天下的事情，有哪一样要做成功不难的？"

在绘画之外，柳子谷还加强书法练习和古典文学的学习。他说，除非一辈子只满足于当一个半桶水的画家，不然，这两门功课也是万万不可忽视的。

更使其他同学意想不到的是，他还时不时地去西画系蹭课，并经常画一些油画小品。有同学不解，说你一个学国画的，去弄西画做什么？他说，西画的技法虽然与国画大相径庭，但其中也有国画可借鉴的东西，汲取多种艺术营养，对自己只会有益无害。

在美专期间，各种画展比原来在大同中学自然要多得多，他依然是一场不落，逢展必看。通过参观展览，他不仅欣赏到了任伯年、吴秋农、颜若波、任立凡等名家的真迹，扩展了视野，还先后结识了朱屺瞻、王济远、钱瘦铁、王陶民、杨东山、唐吉生等名家。

由于对众多名家的画作有过仔细地研究，熟悉各人与众不同的绘画特点，因而柳子谷对不同画家作品的鉴赏能力也有了很大提高，由此还引发过一件趣事。

那天，老师黄宾虹差人来通知柳子谷，说自己买到一幅石涛的山水，约他前去欣赏。柳子谷应约来到老师家中，于他先后到来的还有其他几位画家。在应邀人员中，只有柳子谷一人是在校学生，可见老师对这位学生已经是另眼相看的了。所邀人员到齐后，只见黄宾虹由于得到心仪已久的石涛画作，显得十分高兴，笑眯眯地带上白手套，取出画轴，先在画案上徐徐展开，又悬挂于厅堂，请大家观赏。众人都对画作赞不绝口，说石涛不愧为大家，手笔就是不同凡响，还一齐朝黄宾虹拱手作贺，祝他喜得大家真迹。柳子谷上前仔细看过，却退到一旁，缄口不语。待众人散去之后，他才对黄宾虹说：

"老师，学生有一句话，不知当讲不当讲？"

黄宾虹一直都是沉浸在喜悦之中，根本没注意到柳子谷的表现，这下见他如此认真，便说："但讲无妨。"

柳子谷说："我看这幅画不是出于石涛之手，应该是赝品。"

黄宾虹不免大吃一惊："你说什么？"

还有更使老师吃惊的话等在这里："临摹这幅画的不是别人，应该是张大千。"

黄宾虹越发觉得不可思议，说这幅画是赝品就已经使他很感意外了，听了后面这句话就更难以接受。因为他知道柳子谷与张大千两人连面都不曾见过，就算这幅画是假的，怎么就能认定是张大千所作？但是凭着他对柳子谷的了解，知道这个学生不是一个信口开河的人。他问：

"何以见得？"

柳子谷便把自己的理由细细地摆了出来。

黄宾虹听罢，连忙把刚刚收好的画重新打开，审视良久。尽管柳子谷讲得不无道理，但他还是难以相信。因为在几年前，他曾经在购买石涛画时上过一次当，从那以后，每遇石涛的画都格外谨慎。他暗自思忖：难道我竟然会在同一个地方跌倒两次？

柳子谷说："要弄清真相并不难，您与张大千是朋友，只要问他一声就什么都明白了。"

据说，后来黄宾虹真的去问张大千，没想到张大千的回答居然印证了柳子谷的判断。原来，柳子谷研习过不下百幅石涛和张大千的山水，对二人运笔、用墨的不同特点和风格已经十分熟悉。

这个偶然事件，不仅使一代国画大师黄宾虹对柳子谷更是高看一眼，也让张大千牢牢记住了柳子谷这个陌生的名字，正所谓"未曾相见已相知"了。

这件事过后不久，经潘天寿和黄宾虹等老师的引荐，柳子谷与当时国内最著名的画家吴昌硕、马企周得以相识。从此柳子谷又多了两个大师级的老师，可以当面聆听指点，更是如鱼得水，在追求理想的道路上越发勤奋不懈，探索不止。

1926年4月，学校组织学生赴杭州写生。到了"上有天堂，下有苏杭"的杭州，不少同学先忙于游览风景名胜，把学业暂且置于一旁。柳子谷则成了这批学生中最为专注的勤奋者，每日不问它事，犹如一条"画虫"，从早到晚专注写生，因而收获颇丰。在次月学校举办的旅杭学生写生作品展览时，他被选中参展的作品不论是数量还是质量，均名列前茅。

第三章

上下求索

1. 投身北伐

1926年秋，柳子谷因学业优秀得以提前一年毕业，离开了就读两年的上海美专，告别了刘海粟、潘天寿等老师，踏入了社会。

毕业后面临的第一件事情，应该是寻一份差事养活自己，俗称谋一个饭碗。柳子谷当然不能免俗，早在离毕业还有好几个月的时候就有了打算，决定留在上海，开始自己的职业画家生涯。可是，就在离校之前的个把星期，他却突然若有所思，沉默不语。同学们都以为他是为生计发愁，便说你还有什么好担心的，眼下在上海滩卖画谋生的人那么多，大多数都技不如你，但一个个都活得如鱼得水，你还担心饭碗不牢吗？柳子谷的回答却是叫人一时摸不着头脑：

"人生一世，总不能只是为了混口饭吃吧？"

原来，柳子谷心里已经有了另外的打算。

当时，轰轰烈烈的大革命浪潮风起云涌，赫赫有名的"铁军"叶挺独立团一路所向披靡，势不可当，呈排山倒海之势从南往北一路席卷而来，已经开始进入江西境内。柳子谷决意改变原来的决定，暂且放弃当职业画家的理想，投奔革命。

几个要好的同学听说他要去参军，都不免吃惊，劝说道，你一介书生，扛枪打仗哪里是你做的事情？没想到柳子谷却早想好了，说道：

"扛枪打仗我固然不在行，但我也有我的长处啊！"

有同学打趣道，我倒没看出来，你到了军队，除了画得一手好画，还会有些什么长处？

柳子谷认真说道："画画就是我的长处啊，革命军队也肯定需要有人做宣传发动工作的，这正是我的用武之地哩！"

又有人说，当兵少不了打仗，战场上情况复杂多变，不是你想象的这么单纯，子弹是不长眼睛的，今天不知道明天的事，你可要想清楚。

任凭同学、朋友如何提醒和规劝，是年12月底，柳子谷执意赶赴九江，投奔革命。

动身的前夜，柳子谷去找小喜子辞行。自打从小喜子那里搬出来以后，至今已有两年多，由于一门心思扑在书画上，一次都不曾回去过，两人也就一直没有碰过面。住在那里的一年半时间，小喜子和那两个伙伴对自己很是照顾，一想起这份情谊就感觉到心里暖暖的。现在要走了，这一走山高水远，不知道什么时候才能回到这里来，所以想到要去告别一下。

有意等到晚上十来点钟，估计小喜子他们也该从澡堂下班回来了。柳子谷来到房东大门口，门已经关了。走到亭子间窗户底下，喊了两声，没把小喜子喊出来，倒把房东喊出来了。那个胖女人打开门看到是柳子谷，立即破口大骂，唾沫星子都喷到他脸上来了：

"阿拉还把侬当个懂道理识事体的读书人，却原来和他们是一路货色，一起来骗阿拉！"

原来，小喜子他们三人在医院的"兼职"不知怎么露了馅，这下可把房东的脸都气紫了，说是沾上了晦气，害得她搓麻将总是输钱。柳子谷无意同她理论，转身打算去澡堂找，胖女人又在后面叫道：

"省得去，早被开掉啦！"

柳子谷赔着笑脸问她知不知道他们去了哪里，胖女人连"呸"了几口，扭转肥臀，像是躲瘟疫一般，"哐"的一声把门碰上，不再露面。

由于第二天就要出发，柳子谷只有带着遗憾、思念和悲凉，默默地离开了这里。

几天的旅途奔波，直奔九江而去。因为是去参军，行李当然精简到了极致，那只跟随他多年的木箱不便携带，送了人，另外置办了一只轻便的柳条箱。

风尘仆仆地赶到九江，当时国民革命军正在扩充部队，在浔阳甘棠湖边摆了张桌子，设点招募新兵。柳子谷挤上前去，报了名，填表时特别注明了自己的专业特长。负责接待的一个戴眼镜的同志看了表格很高兴，说：

"太好了，我们现在正需要这方面的人才！"立马吩咐旁边的一位年轻女战士说："你现在就把他领到林主任那里去。"

柳子谷当时不知道"林主任"是什么人，路上问领路的女战士，被告知是国民革命军第六军中共党代表兼总政治部主任林伯渠。林伯渠这个名字柳子谷已有耳闻，知道他早在1920年就出任孙中山大元帅府参议，后来又帮助孙中山改组国民党，还担任过国民政府军委会秘书长，为人处事光明磊落，只是不知道他原来是中共方面的人。

见到的林伯渠，四十来岁，清瘦矍铄，和蔼可亲。他问过柳子谷一些基本情况以后，说：

"你就留在总政治部任美术干事，负责宣传发动方面的工作，愿意吗？"

柳子谷求之不得，哪里还有不愿意的道理！

柳子谷投身革命的理想得以实现，不禁满心喜悦。从此之后，他以笔作为武器，每当战事空隙，便抓紧点滴时间写标语，画漫画，以宣传革命主张。

标语和漫画是要拿到街上去贴的，可当时就是找不到一个便于携带的盛糨糊的家什，只得拿脸盆端。所谓的糨糊，其实就是米汤，这东西在脸盆里泼泼荡荡的，很不趁手。他灵机一动，找来一截粗大的毛竹，锯了锯，刨了刨，加工成了一个带盖子的圆筒，配上一根背带，便于携带，很是好用。不过又出来一个新问题，就是米汤当天没用完，闷在里面隔夜容易发馊，变得气味难闻，惹得身边的战友们老是笑他随身带了一个"毒气弹"。为了解决这个问题，他想起以前配制裱画的浆水时，会在里面加入明矾防霉防蛀，于是便也照方抓药，使问题暂时得到了解决。可是明矾价格偏贵，又是固态的块状物，使用时要捣碎加水加热才能融化，很麻烦。于是，他又利用战斗空隙，到一个生产糨糊的文教用品作坊去请教。人家告诉他，用石碳酸比较经济，使用也方便，且防腐效果更好，随便哪个化学用品商店都有卖。他便如法炮制，终于彻底解决了问题。

入伍以来，虽然整天劳累奔波，但却乐此不疲，还自我打趣道："我虽从戎，却未投笔，两全其美，岂不快哉！"

林伯渠对新来的同志很关心，尤其喜欢柳子谷这样勤奋、爱动脑筋的青年，经常抽时间给大家讲述北伐军英勇作战的故事，鼓励年轻人的斗志。

有一次，柳子谷以所在部队的战斗生活为素材，以身边的战友为原型，创作了一幅《雪中从军图》。这幅画场面逼真，人物传神，并在画面题诗一首：

北风瑟瑟透征衣

号角声声催战骓

料得将军传檄日

血花并作雪花飞

但毕竟是第一次用国画的形式反映身边火热的战斗生活，柳子谷自己不知妥当与否，怀着忐忑的心情，把画拿给林伯渠过目，请他给予指教。林伯渠一看，甚为赞赏，对他能够运用中国画的传统技法来表现革命战争主题的做法给予了高度评价，并在画上补题五言一绝：

万里长征人
怀才意不薄
于斯风景中
合赋从军乐

　　林伯渠对柳子谷的创作方向，以及一向追求的"诗画结合，相得益彰"的表现形式，均给予了充分的肯定，大大地激发了他的革命热情（令人惋惜的是，这幅具有历史意义的珍贵作品后来毁于战火）。

　　正当北伐军节节胜利的时候，国民党右派的蒋介石与汪精卫分别发动了"四一二"和"七一五"反革命政变，加上陈独秀坚持"右倾"错误路线，最终导致了大革命的失败，总政治部被迫解散。

　　半年多的北伐战斗生活宣告结束，人员大都从哪里来回哪里去，柳子谷只好返回上海。

　　那天启程时，同行的有十来个人，但其他人大都在沿途陆续一个个离开，有的先回各自家中，有的去了计划谋生发展的地方，最后到达上海时连柳子谷一起只有两个人。

　　路过南京时离开的几个人中，有一个是柳子谷到达九江的那天，领他去见林伯渠的那个女战士，名叫梅芳。梅芳是南京人，出身书香门第。其实她投身北伐比柳子谷也才早几天，1926年底报名参加北伐，进入"南京北伐政治工作人员养成所培训班"学习。该培训班专为从事北伐政治工作的青年做短期培训。学习结束，随其他学员一道乘卡车前往九江国民革命军总政治部。柳子谷虽然比她早动身，但由于没有卡车直达，一路频繁更换交通工具，反而晚几天到达。此后，两个人同在一个阵营，一人担任美术干事，从事宣传发动工作；一人担任上尉科员，被分派到邮政部门从事邮件检查工作。两人在日常工作和生活中多有接触，互相渐有好感。正当周围的战友们开始起哄开他俩玩笑的时候，政治部却解散了，大家各奔东西。梅芳一时无处可去，也只有先回南京家中。路过南京时，两人依依惜别，一个留下，一个继续往东去上海。

　　剩下的两个人到了上海，另一个叫陈直的小伙子在此稍作停留之后还要继续北上，回辽宁大连老家。陈直比柳子谷小，才刚满二十，在部队时也在总政治部搞宣传，同柳子谷亲如兄弟，还跟他学过几个月的画，称他为画家老师，两人分别时自然也很是不舍。

说到刚刚结束的北伐这段岁月，还得交代一件事情：柳子谷参加北伐不久，就加入了他有生以来的第一个也是唯一的一个政治团体，成为中国国民党的一名普通党员。关于这个问题，在他晚年时期有晚辈这样问他："当时北伐军中有共产党也有国民党，你为什么选择了国民党呢？"他说了一句"如果你们了解历史就不会这样问了"，接着就谈起了事情的来龙去脉。他说，那时的共产党还很年轻，而国民党的历史相对来说就要久远得多，其前身最早为成立于1894年的兴中会，经过几次改组，于1919年10月10日经孙中山再次改组后更名为中国国民党。1922年以后，孙中山等国民党领袖从他们的政治理想和追求出发，提出了开展以"党内合作"为形式的国共合作方针，要求共产党人以个人身份加入国民党，输进新鲜血液。所以在第一次国共合作时期，北伐军中不少共产党员都加入了国民党。在这种形势下，柳子谷成为国民党员也就是顺理成章的了。他还说：

"我加入国民党还有一个重要原因，在很大程度上是冲着孙中山去的。当年在广州听他演讲的情景，一直都在我脑海里浮现哩。"

2. 定居南京

柳子谷回到上海，先是打算在这里开始他职业画家的生涯。可是经过开业前的一番"试水"，却发现在上海卖画并非易事，因为这里的地方帮派势力严重，没有关系连脚都很难立得住，更别说什么崭露头角了。经再三权衡利弊得失，最后柳子谷决定去南京发展。

当时作为国民党京都的南京，可以称得上是一个商贾云集、名流荟萃、文化活跃、生活安定的城市。虽然在繁华程度上不及灯红酒绿的上海滩，但巍峨古朴的城墙、绿树重重的街道，还有夫子庙的歌舞楼榭、秦淮河的桨声灯影，也算是一派歌舞升平。虽经风雨沧桑，时代更迭，但六朝古都的风貌仍然依稀可见。也许正是这些原因，才吸引了大批文化艺术界的精英寓居于此。这里几乎聚集了全国各地最著名的书画家和美术教育家，他们有的靠卖画为生，有的在大学讲台从事美术教育。不可否认，柳子谷决定来南京还有另一个重要原因——这里有他的爱情。

1927年冬天，柳子谷来到了南京。到南京的当天，他就去找梅芳，告诉她要在南京定居的打算。他有意没有事先写信透露这个消息，为的就是给她一个惊喜。不用说，梅芳自然异常惊喜。

柳子谷在距离梅芳家所在的柳叶街不远的细柳巷，租下了一间屋子住下，随即开始了他的专业画家生涯，靠卖画维持生计。

1928年，柳子谷与梅芳结为伉俪，证婚人是曾任国民革命军总政治部副主任的陈铭枢。

建立小家庭，无疑是人生道路上的一项重要内容。柳子谷再也不是"一人吃饱，全家不饿"的单身汉，肩膀上多了一种前所未有责任和担当。好在卖画虽然是他养家糊口的唯一经济来源，但他却似乎应对从容，不觉吃力。这种现象，当然首先得益于他多年练就的笔下功夫，因而他的画根本不愁销售。有这样一句俗话，"不怕不识货，就怕货比货"，不然，苍天也不会如此眷顾这个从小山村走出来的、没有任何背景的年轻人。

从古至今，兴趣爱好与谋生手段在人生轨迹上能够完全重合的人，似乎不会很多。而柳子谷，却有幸成为其中的幸运儿。这种幸运，恐怕是他这辈子最值得聊以自慰的事情了。

他这个时期的作品，有不少用了"双翔阁主"的闲章。可见他为自己起的这个堂号，蕴含着对夫妻俩志同道合、比翼双飞的美好愿望。

没用多少时间，在名家众多的南京，柳子谷已悄然成为一位引人瞩目的青年画家。他不仅在山水、花鸟、人物诸多题材方面显露出了卓越的才华，更有那胜人一筹的兰、竹，已经开始独步于艺林之中。

在卖画的日子里，他以精湛的绘画艺术，还有包容百家的大度和待人接物的真诚，在南京结交了众多书画界朋友。其中有于右任、陈树人、经亨颐等著名大家，他们对柳子谷都非常赏识。

婚后不久（应该还在1928年），经于右任推荐，柳子谷进入国民党中央政治党务的最高决策机构——中央特别委员会工作。该机构成立于1927年9月16日，系当时国民党宁、汉、沪三个集团相互争权夺利而又相互妥协的结果。在中央特别委员会第二次会议上，于右任被推定为国名政府委员和军事委员会委员。在这个机构中，为平衡宁、汉、沪三个集团的利益而特地设有一些闲职岗位，虽然级别都不低，但上班却无多少实质性的事情可做。柳子谷所在的岗位，更是这种情况的典型体现。说来都叫人难以相信，他大部分时间只需点个卯就表示来上过班了。柳子谷心中自然明白，这是于老先生精心为他安排下的，为的是让他既没有生计之虞，又有充裕的时间去钻研生性酷爱的书画艺术。

　　说起于右任对柳子谷的赏识，确实有点出乎人们的意料，就连柳子谷自己也感到又惊又喜，他曾感叹："我柳子谷何德何能，值得于老先生这般厚爱！"殊不知，于右任这般爱才，与他自己年轻时的经历有着很大的关系。早在1905年，26岁的于右任作为一个刚考中秀才的文学青年，因写了一首嘲讽清政府的"反诗"《半哭半笑楼诗草》被通缉，跌跌撞撞从陕西家中一路逃到上海。山穷水尽之时，慕名来找马相伯。现今人们对"马相伯"这三个字可能已经很陌生了，不知其何许人也。简单说吧，他是中国19世纪中叶第一个能够熟练运用七国语言的人；也是唯一有胆量径直敲开直隶总督李鸿章大门毛遂自荐而成为其助手的人；又是后来复旦公学（复旦大学前身）的第一任校长。其时，他正在耶稣会的支持下，创办中国第一所私立大学——震旦学院，并亲任校长。他对于右任说："今天你就可以入学震旦，我免收你的学费、膳费和宿费。"一句话把于右任说得热泪盈眶。他不敢相信，自己一个朝廷钦犯，马校长居然就这样收下来了！出人意料的事情还在后面，几个月后，马相伯把于右任喊去办公室，对他说："以你现在的学识，足以当我的教学助手。从明天起，你就是震旦学院的教师了！"于右任大吃一惊，马校长不仅不怕牵连收留了他这个通缉犯，使他在走投无路时有了栖身之处，现在又提携他当学校老师，为他铺就了事业之道……于右任后来出息了，成为了国民党元老，可他永远都不曾忘记恩人马校长，并把马相伯当做自己的再生父母："生我者父母，育我者先生也！"当他认识柳子谷以后，从这个年轻人身上仿佛看到了自己当年的影子，于是决定也要像当年马校长对待自己一样，尽力帮助柳子谷。柳子谷在后来的从艺生涯中，多蒙其倾力提携，两人遂成忘年之交。

　　柳子谷没有辜负于老先生的良苦用心，每日到了办公楼先到各处室门口的走廊上晃荡一个来回，表示"我来上班了"，然后便进到自己的办公室，铺开宣纸，闭门用功。

　　在钻研书画的同时，他还积极参加社会上的美术活动，为的是广结画友，丰富自己。

　　1929年，他第一次加入了美术社团。这是成立于上海的"蜜蜂画社"，发起人为郑午昌、王师子、张善子、谢公展、贺天健、陆丹林、孙雪泥。从该画社名称的由来，可窥建社之初衷：

　　蜂微虫，出处以群，动息有序，采花酿蜜，供人甘旨，劳弗辞，功弗居，其义足多；同人集协绵薄，研究美术，撷艺苑文精华，资群众玩味，志愿所在，窃比于蜂，拮据所得，有类乎蜜，因以蜜蜂名社立社。

（王震整理　载《谈画未敢忘子谷》

内蒙古人民出版社　2000年）

柳子谷虽为普通社员，但热情颇高，积极参加画社组织的一切活动。每月一次的社员例会，他也是不辞辛劳地往返于上海与南京之间，风雨无阻，从未爽约。

就在这年，他喜得千金，取名柳眉。这个"眉"字，不仅表达了当父亲的对女儿日后出落成漂亮"美眉"的美好祝愿，而且又与爱妻的姓氏"梅"谐音。从中不难看出，他为女儿取名时，也把对妻子的深情倾注其中了。

这段时间，他还兼任了私立南京艺专国画系主任及上海美专中国画教授。凡是有利于弘扬国画艺术的事情他都愿意去做，乐此不疲，因而总是把时间安排得满满的。

可是谁能料到，就在事业、家庭都顺风顺水的时候，一个突然而来的打击降临了：在女儿还未满周岁的时候，妻子梅芳突然因病亡故！

成家才短短两年，刚尝到初为人父的喜悦，妻子就撒他西去，一个和美的家庭就这样变得残缺不全了！

柳子谷在悲痛之余，暗暗立下誓言："今后将彻底移情丹青，专心研习书画，金榜无名，决不再娶！"这个"金榜"，不是指别的，而是指跻身于全国书画界第一方阵。

为了这个誓言，他做出了两个非同小可的决定：第一，强忍骨肉分离的情感折磨，把襁褓之中的小柳眉托付给岳母家抚养；第二，辞去了中央特别委员会那份多少人羡慕不已的只拿钱不干活的美差。

从此，他以更大的热情投入了以职业画家为主要内容的生活，同时也没忘记尽可能多地参加与美术有关的各种社会活动，继续广交书画界朋友，学人之长，以提高自己。他结交朋结友的方式仍然与众不同，由于生性敦厚，不善言辞交际，只有通过作品牵线搭桥，是名副其实的"以画会友"。

1930年上半年的一天，柳子谷去上海办事，遇到同为蜜蜂画社社员的叶恭绰。当时已是书画名家的叶恭绰对柳子谷谈了他的一个想法：鉴于蜜蜂画社地域性不广、权威性不足，认为很有必要在现有的基础上，组建一个全国性的、权威性的绘画团体，就叫中国画会。他说这个想法还没公开提出来，想先行征求部分同仁的意见,听听大家的意见再说。

柳子谷当即表态:"这是件大好事,我坚决支持!据我掌握的情况,南京的同仁也大都会赞成的。"

叶恭绰一听高兴了:"有南京朋友们的支持,我心里就更有底了,那我就来牵这个头,把事情办起来!"还说,他已经同上海的几个社员沟通过了,他们也都很支持。

当年6月底,叶恭绰正式提出了建立中国画会的主张,具体筹备工作由黄宾虹、陆丹林两人负责,并由陆丹林撰写了倡议文章《国画家亟应联合》,在《蜜蜂》第十一期、十二期连载,以征求广大画家的意见。

建立一个大型的美术社团实属不易,事情杂,流程长,手续多,几个人忙到年底还没见到什么眉目。

柳子谷觉得不能这样傻等,便打算双管齐下,自己同时在南京筹建一个小型的艺术社团,把南京的艺术人才先组织起来开展活动。于是, 在1931年2～3月间,他联络艺友周曙山等画家、雕刻家、作家、音乐家共同发起筹建"首都白社",拟创办艺术刊物,并被推为主编。上任伊始,即约请周曙山写了呼吁振兴艺术的文章《艺术与时代》,只等建立"首都白社"的报告经过有关部门的批复就可出刊,似乎已经万事俱备,只欠东风。可是,等来等去,却因报告未获批准,建立社团成了泡影。柳子谷因此焦急上火,口生热疮,喝了半个月的中药汤。

三年后,周曙山将这篇胎死腹中的稿件发表在1934年9月1日出版的第二卷第九期《艺风》杂志,在文前"小记"中写道:

本篇是于民国二十年三月,原为一种流产了的艺术刊物而作的。这个流产的母亲就是那个好像患着贫血的病症,遂致不久就归天亡了的首都白社。说来这已经是三年前的事情了,先就首都状况言,当然已多变迁。不料今天我又与柳君(指柳子谷。——剑祥注)相遇,并谈及《艺风》,因而他说这篇稿子还保存在他手中,并允马上去检出送来。本来我打算要改头换面的来修改一下,以应《艺风》之征的。结果则我觉得时间虽久了,但中国的艺术的进步,是否跟着时代一步未让呢?因此若把这篇稿子原原本本的发出,岂不还可以于近三年的艺术界,略显出一点史的遗迹么?不,至少也可以给当时的那些青年艺术家触目动心而知有所自勉吧。

好在没过多久上海方面传来了好消息,陆丹林的《国画家亟应联合》在《蜜蜂》杂志连载以后，建立中国画会的主张得到了在沪画家的一致响应，一下激发了钱瘦铁、郑午昌、孙雪泥、贺天健、谢公展、马孟容、黄宾虹等著名画家的信心，他们联名共同发起画会的筹建工作。1931年夏天，中国画会终于立案获准成立。柳子谷成为第一批会员。

该画会为当时国内唯一经政府立案批准的美术社团，共有会员三百余人。南至粤港，北至平津，以及京（宁）、杭、镇、扬、苏、锡等地均有人参加，涵盖了小半个中国。该会一路走来，算得上是命运无常，历尽坎坷：最初会址在上海环龙路（今雁荡路），后因场地纠纷被迫迁至威海卫路（今威海路）674号。画会于1934年11月编辑出版《国画》月刊，1935年8月以后因经费问题无奈停刊。经协调争取，同年11月《国画》改为双月刊。抗战前夕，为安全考虑，会址迁至上海新华艺专校内。抗战期间因战事吃紧，刊物停办，仅有小范围的半地下活动。直到抗战胜利后的1946年，才恢复正常活动。会址迁至上海陕西南路139号，开始发函联络因战争失去联系的各地画家。

柳子谷一直是中国画会各项活动的积极参加者（直至全面抗战爆发，因不愿随国民党中央党部南撤，回到故乡闲居，无法参加画会活动为止），深得广大画人的好评。

在中国画会成立仅两个月的时候，发生了日本关东军炮轰中国军队的沈阳北大营和兵工厂事件，震惊中外的"九一八事变"爆发。

不久，前方传来国民革命军第十九路军英勇抗战的事迹，柳子谷深为感动。他觉得自己应该为这场战争做点什么，于是几天过后，一幅历史题材的《雪中归军图》横空出世。画面中，漫天风雪，一位骑马士兵踏着积雪回乡探家，途中陡然想起前方战事未了，不禁热血沸腾，调转马头复往战场驰驱，留在雪地上的马蹄印痕耐人寻味。题画句曰：

　　　　风雪归途君去也
　　　　匈奴未灭慢还乡

"匈奴"所指，世人皆知，作品一经问世立刻引起了社会的强烈共鸣。

此后，柳子谷又接连创作了《民族英雄戚继光》《还我河山》《闸北劫后》《劫后余烬》《梁红玉擂鼓战金山》和《出塞》等讴歌民族气节，弘扬民族精神的作品。在《民族英雄戚继光》画的右上角，题写了王昌龄的诗：

秦时明月汉时关

万里长征人未还

但使龙城飞将在

不教胡马度阴山

以上这些，系发生在尚未兴起"全民族抗战"热潮的1932年初，因而特别显现出非同一般的意义。在此之前，有谁运用绘画手段表现过抗战题材？至今未能发现。难怪后来有人题辞赞叹：

丹青抗日谁最早

子谷翰墨第一人

半年过后的1932年9月，中国国民救国义勇军后援会第五次常会决定，筹备一期名家艺术展览，为筹资援助救国义勇军开展义卖活动。当时在南京美术界已经崭露头角的柳子谷自然也在名家之列，并经推选，与雷仲山、高希舜、尹天民、孙青羊、徐悲鸿、陈树人、徐承芳、唐三等一道为筹委会委员。开展义卖展览时，柳子谷一人捐出了十幅精品画作，深得社会好评，于右任还专门就此在艺术界大力宣扬。

第二年4月，援助救国义勇军书画义卖展览在江苏省民众教育馆举行，柳子谷与徐悲鸿、张书旂等均有作品参展。这次活动说起来有点意思，主办方为了吸引更多的民众前来捐资，创新了一条措施：凭门票参加抽奖，奖品是名家作品一幅。柳子谷等人的作品被悬挂在展览大厅入口处，用来当作招揽观众的"幌子"，做法有点类似当今的摸彩票，因而使得展览会盛况空前。五元钱一张的门票，不仅可以进入展厅一饱眼福，运气好还可博得一幅名家画作，自然让人趋之若鹜。据悉这次义卖活动收获颇丰，为救国义勇军募得一笔资金。

同年夏秋间，江北大水，灾民流离失所，苦不堪言。柳子谷决定用手中的画笔，为灾民呼叫呐喊。于是，一幅幅或直面人生、或借古喻今的画作，饱含着对灾民的同情和对当局的呼吁，从画笔下流淌而出。主要作品有《忍听哀鸿》《水灾图》《流民图》等。其中发表于《美术生活》（1935年第20期）的《水灾图》，形象地描绘了水灾的惨状：耕牛、房舍、树木全被淹没在一片汪洋之中；灾民有的在洪水中挣扎，随波沉浮；有的蜷缩在房顶之上，啼饥号寒……画家在画面右上方题诗一首：

斯岁辛劳一次空
浮沉泪海任西东
伤心瑟瑟秋声里
忍听哀鸿泣晚风

水灾图

在南京《新民报》陈铭德先生的支持下，义卖画作一百多幅。卖画所得两千块银元，悉数捐献灾区。

当时南京的救灾组织为之感动，特地制作一面"急公好义"锦旗，敲锣打鼓送到柳子谷家中，引得不知就里的街坊全都探头探脑出来观看。邻居们听说柳子谷一下捐出大洋两千，先是十分惊讶，随后都由衷地表示敬慕。但也有人说风凉话：他是钱多得花不完，用来买个名声……话音刚落，立即招来一阵口水：人家可是辛辛苦苦一笔一笔画出来的，要是你，就是钱再多也舍不得捐出半块花边，只会拿去娶小老婆！骂得那人不再吱声。

3. "金陵三杰"

大凡正派的艺术家，往往对杰出的同行都会怀有敬畏之心，视为挚友，引为知音。柳子谷与诸多的著名书画家因彼此赏识而真诚结交，其中相处时间最长、又最为情投意合的，莫过于徐悲鸿和张书旂两人。

柳子谷与徐悲鸿的相识是在一次画展上。那是在1926年春天，徐悲鸿从欧洲回国来到上海才几个月时间，适逢老画家汪仲山主办"任伯年画展"，柳子谷去观展，结果与徐悲鸿不期而遇。徐悲鸿曾经到过很多西方国家，还在法国拜过名画家为师。1923年他以三十余件作品参加法国画家春季沙龙，深得好评，此事国内外报纸多有报道。回国后已是艺术界大佬，声望极高。当时他身着一件浅黄色皮夹克，神采飞扬，一派时髦的青年画家风度。参观结束，汪先生邀请大家座谈观后感想。其间，徐悲鸿侃侃而谈，所言观点精辟，见解独到而又中肯。他高度评价了任伯年的艺术成就，说道：

"徐熙、黄筌没有他这样的神韵生动，八大、青藤没有他这样的形象逼真。纵观整个中国画历史，在艺术表现手法上，任伯年应该称得上是一位形神兼备、雅俗共赏的杰出画家。"接着又说："很可惜，画家当年是深受压抑的，这无疑会在一定程度上妨碍他艺术才华的发挥，不然他的成就还可能不止于此。他当时的心境，可以从他画的《钟馗画像》看出。他之所以爱画钟馗，说明那时人世间鬼蜮横行，使得天下皂白不辨，是非不分。而他却又奈何不得，在仰天长叹之余，只好将驱除邪祟的愿望寄托于传说中的钟馗了。"

一席评说，博得在场者的一致赞许。柳子谷听罢，崇敬之情油然而生，随之上前与之交谈。两人对当前美术界的许多看法竟然趋于一致。物以类聚人以群分，他俩能够成为知心朋友也就顺理成章了。

徐悲鸿同张书旂的交集比较早，他曾向柳子谷赞誉张书旂说，他是"学院派杰出代表""当代代表画家之一""其画鸽应数古今第一"；而柳子谷与张书旂在上海美专时就是师兄弟，早就有来往。张书旂总爱穿件长衫，颇像一位青衫寒士。他为人朴实、诚恳，不假修饰，性格强昂亢爽，谈吐幽默风趣。尤为可贵的是待人热心，每遇朋友有急，总能解囊相助，毫不吝啬。柳子谷欣赏他的画作，更钦佩他的人品，两人也就自然成了好友。

悲鸿、书旂、子谷合作
《竹鹤图》

天遂人愿，后来三人都先后来到南京，共寓一城。柳子谷来得最早，是1927年冬。徐悲鸿定居南京是1928年，应江苏大学（中央大学前身）之聘，担任该校艺术教育专科美术教授。1929年，徐悲鸿又把张书旂从福建厦门邀来南京，在中央大学任教。三个好友到了一块，交往自然日深。

徐悲鸿经常邀请柳子谷去他主持的中央大学美术系讲课，教授学生作画。一次，徐悲鸿和张书旂两人共邀柳子谷去中央大学图书馆参观艺术科西画组旅杭作品展，并为学生做画竹示范。柳子谷先是简单讲述了动作要领，然后就开始示范。只见他把纸横过来放在画案上，手持饱蘸墨水的画笔，面对素纸凝视片刻，谨慎下笔，潇洒运笔，自左向右，一边移动脚步一边画画，行云流水一般，水到渠成，不一会儿一幅刚劲挺拔的墨竹就呈现在学生面前。那竹竿圆匀且有力，立体感强；枝叶仰俯而有异，层次分明。演示完毕，满堂倾倒，教室里响起一片掌声。张书旂和徐悲鸿分别做了讲评和总结。张书旂称柳子谷画竹"工而不滞，写而不流，惟妙惟肖，雄秀兼至"。徐悲鸿对柳子谷的画竹方法

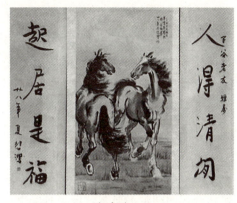

悲鸿赠子谷

尤为赞赏，称其为一大创造。原来，他也爱画竹，不过他画竹竿是将纸竖放，从上往下画，今见柳子谷同他相反，是从下往上画，且效果更好。从此，徐悲鸿改变了原先的画法。其谦虚好学的态度，给柳子谷留下了深刻的印象。

三人如得闲暇，总爱结伴而行，或到玄武湖泛舟，或在秦淮河畔散步，或去夫子庙旁边的奎光阁品茗。然而更多的时间，则是在张书旂家的画室相聚，谈诗论画，切磋技艺。交往之中不分你我，如兄如弟。三人中徐悲鸿是大哥，比张书旂大五岁，比柳子谷大六岁。当时，他们对画坛上泛起的一股因袭摹古、陈陈相因、毫无创树的倾向，皆持否定、唾弃的态度。无论是在艺术天地里，还是在人生道路上，他们很多的看法和见解都是惊人的相似。这除了他们内心深处价值取向的一致性，都是向往、追求人世间的真、善、美之外，实在找不到其他合理的解释。

当时，徐悲鸿因画奔马声名鹊起，家喻户晓；张书旂以花鸟尤其是画鸽著称，号称"任伯年第二"；柳子谷则以兰竹名世，有"画竹圣手""板桥第二"之誉。柳子谷虽师承郑板桥、蒋予俭，但不落窠臼，大胆创新，加上他对大自然的细微观察，又融汇自己的心灵感受，因而画风往往别出心裁，自成一格。尤其是他笔下的"雪竹""雨竹""雾竹""风竹"，手法大大突破了前人，当时许多圈内人士誉之"前无古人"。大哥徐悲鸿，就特别喜欢他画的竹子。

一次，徐悲鸿观看柳子谷作《雨竹》，对其用墨用水之技巧大为赞赏。待画毕，情不自禁提笔上前，在画上题诗道：

画到濛濛翠欲滴
先生墨妙耐寻思

三位挚友画家在南京聚合达十余年，一方面活跃于画坛书界，另一方面又以绘画和友情相互往还，彼此影响。业内人士公认：三人就品格情操而言，个个高风亮节，光明磊落；就绘画艺术而论，人人成就卓著，各领风骚；而他们的私交，又情同手足，胜似管鲍，平日里相约雅集是常事，不期而遇的相聚更是多见。这种现象同艺术界并不鲜见的文人相轻、嫉贤妒能的现象大相径庭。也许正是这种原因，"金陵三杰"的美誉一时不胫而走，迅速传遍大江南北。其间有关的趣事逸闻颇多，这里挑选三件极具代表意义的逸闻记录于下。

第一件，发生在1931年的冬天。徐悲鸿打算去苏联举办作品展览，行前，约柳子谷一同到张书旂家，说是有要事相商。

三人一见面，徐悲鸿开口就说："这次去，我想带些有代表性的画作去赠送苏联友人。"

张书旂说："那你尽管带就是了，至于什么样的作品最具代表性，难道还用得着我和子谷老弟来帮你选吗？"

柳子谷也说："是啊，这有何难，你拣自己得意的拿去就是了。"

徐悲鸿说："带我自己的就用不着找两位老弟来了，我是想带几幅子谷的兰、竹和书旂的花鸟，因为这才能够代表当前国内画坛的应有水平。"

一向有求必应的柳子谷一听，便说："这就更好办了，你要什么样的我们给你画就是了！"说罢，立马铺纸挥毫，画了《空谷幽兰》和《月竹》。

接着张书旂也画了两张花鸟。

徐悲鸿甚为高兴，却又说："我还有个想法，我们兄弟三人不妨再合作画上几幅，让我带去苏联，也好借此把"金陵三杰"的名声传去国外，你们看如何？"

金陵三杰合作绘画，在很多时候是他们聚会的"保留节目"。他们的合作特有意思，绝对与众不同：其他画家合作绘画往往会事先确定主题，商量好题材和构图布局，甚至连各人的"责任区域"也划分得一清二楚，然后就像工厂的生产流水线一样，按照设定的程序规规矩矩开工生产；而金陵三杰的合作则不存在这些劳什子名堂，事先似乎没有任何计划，全凭临场即兴发挥。合作的起意每每是在吟诗论画、交流切磋达到情酣意浓时发生，大有水到渠成之势。此刻，完全用不着推举，开篇落墨者很快会自告奋勇产生，这个角色一般来说非性格强昂豪放的张书旂莫属。只见他取过一张宣纸，飘飘然摊于案上，压上镇纸，随之执笔染墨，于谈笑中潇洒落笔。看似随心所欲，信马由缰，其实笔笔都是灵性所致，笔到意到，十分精当。千万不要误认为开篇者面前是一张白纸，就可以无所顾忌地肆意发挥，想到哪画到哪，而是要根据平时对两位合作者的了解，在自己落墨的同时，妥当地为后面两人各自留好用武之地，这对三人之间的默契程度不能不说是个莫大的考验。柳子谷多是第二个上阵，此时他肩负承前启后的重任，既要考虑如何续写张书旂的画意，又要使殿后的大哥徐悲鸿便于施展点睛之笔，在这般"夹缝"中表现技艺，难度只会比开篇落墨有过之而无不及。最后徐悲鸿的收官之笔就更有讲究，既要使自己的笔墨和前面两人有必要的沟通呼应，还要对整个作品的主题烘托升华，不可狗尾续貂，更不能画蛇添足，就连题款也要避免俗套平常，尽力凸显个性。

此刻两人听了徐悲鸿的提议，连称极好，于是又重新开笔。照例又是张书旂开篇，柳子谷居中，徐悲鸿殿后。一连合作了好几幅，幅幅珠联璧合。

最后这幅，事先徐悲鸿说好由他留下，以纪念今天的相聚合作。由张书旂点梅，柳子谷画竹，徐悲鸿画了一棵雪松。画好之后，三人反复观看，对画的立意、构图、用色都非常满意。

徐悲鸿换了一支墨笔，打算开始题款。张书旂忙说：

"我看不要简单写'岁寒三友'了事，那已经被人写滥了，太过俗套，要有点新意才好。"

柳子谷却说："画的是岁寒三友，却不写岁寒三友，这不是跑题了吗？要有新意，这倒是说得对极了，只是怎样才能出新，可要好生斟酌才是。"

徐悲鸿稍加思索，在画面右上方空白处写下：

竹翠梅香松傲雪
岁寒三友各千秋

"秋"字还未收笔，柳子谷和张书旂就忍不住异口同声叫好，因为该题句一语双关，隐喻了三位画家不同的艺术特色。

这幅画三个人看来看去，都爱不释手。三位高手的合作成果，本来就十分珍贵，更何况这题字又成了点睛之笔。这时候柳子谷有点"耍赖"了，嬉笑着对徐悲鸿说：

"这幅画我越看越喜欢，我就不管那么多了，这幅不能给你，我要了！反正你也不缺这一幅。"

徐悲鸿笑道："见过赖皮的，但没见过你这么赖皮的！"

谁知张书旂也来凑热闹："还有我呢，这幅画我也想要！"

三个人笑闹了一通，最后还是大哥徐悲鸿出了个主意：按原样再画两幅，人手一幅。这主意得到一致赞同，于是马上就有了三幅几乎一模一样的画作，这场有趣的"争执"总算得到了圆满解决。

之前之后，三人还有过多次合作。可惜保存下来的作品不多，大都毁于战火和"文革"，十分遗憾！

再说第二件趣事。一次张书旂来找柳子谷，说有个过去的街坊来找过他多次，央求他帮忙走柳子谷的关系，要买柳子谷的一幅兰花，但要求便宜一片叶子的价钱。当时柳子谷的兰花在市面上的行情是按叶片的数量明码标价，这似乎成了约定俗成的惯例。张书旂说，他这个老街坊可不是一般的有钱，但却吝啬得要命，仅仅为了一片兰叶的价钱，还要绕个圈子开后门，堪比法国作家巴尔扎克笔下的葛朗台。柳子谷听罢笑了，说道：

"要搞得这么复杂干什么，既然是你的老街坊，我白送他一幅就是。他吝啬是他的事，这次就让他彻底开心一回好了。"

张书旂忙说："千万不可，你不了解，他这个人是贪得无厌的，你白送了他，后面就会没完没了。你不怕他缠，我还怕哩。"

这倒使柳子谷有点为难了。凡事都有个规矩，整幅画白送可以，但少收一片叶子的钱却似乎不妥，因为一旦破了先例，坏了规矩，往后的生意就不好做了。张书旂也说，谁说不是，这事还有点头疼呢。

柳子谷心想，张书旂的面子是无论如何都要给的，但规矩却又不能破。沉思片刻，突然一拍巴掌，说道：

"有了！其中我画两片残缺的叶子，合起来算一片，不就解决问题了吗？"

说着立刻铺纸开画。哗哗几笔，一蓬剑兰就盛开在宣纸上了。叶片里面，还真有两片是不完整的，一片似乎被昆虫咬断了叶尖，一片不知什么原因中段部位被折了一下，耷拉下来拖向地面。然而，这有意为之的残缺，非但没有破坏画面，反而更加自然、生动，浓郁的生活气息扑面而来，为画作增色不少。

张书旂赞叹道："这样处理，犹如维纳斯的两条断臂，倒使形象更加丰满了！"

后来张书旂反馈说，他那老街坊仔仔细细地把兰花叶片点过数，十分高兴，一再感谢画家精打细算，为他节约了一片叶子的钞票。

第三件趣事就更有意思了。一天，三个人在玄武湖划完船上岸，已是夕阳西下时分，大家都饥肠辘辘，便找家饭馆吃饭。这哥们三个经常相聚，到了饭点往往都不在家自己烧，而是三人轮流做东，进饭馆解决问题，反正谁也不缺这请客的钱。柳子谷还说，这样多好，连碗都省得自己洗。

今天这家饭馆名叫"民都园"，不大不小，两层小楼，底层一边是大堂，一边摆了十多桌散席，沿着木板楼梯上去，是几间雅座。这地方三人都是第一次来，但名声却早有耳闻，据说这里菜肴口味很有特点，典型的江南风味。如果不图排场，来这里吃饭应该是比较理想的选择。

三个人到了新地方都不免有些好奇，先在大堂溜达了一圈，到处看看。这一看不要紧，大家几乎同时发现在正面墙壁上悬挂着一幅柳子谷的笋竹图。柳子谷快步上前仔细一看，回头对两位双手一摊，意思很明确：仿冒之作！

徐悲鸿和张书旂看后也都说，这用不着怀疑，肯定是赝品无疑。

三人悄声议论了几句。张书旂说：

"李鬼碰上了李逵，我们去把饭馆老板喊来，让他把画撤掉，免得坏了子谷弟的名声。"

徐悲鸿说："这个主意还是由子谷自己拿好了。"

柳子谷想了想，说："我看还是算了吧，老板肯定是想用它来撑一下门面，画一撤掉，事一传开，肯定饭馆声誉和生意都要受影响。再说，这画十有八九是花了大价钱的，如果告诉他真相，对他的打击一定小不了。还是设身处地替人家想一下，得饶人处且饶人吧。"顿了顿又说："关键是这幅画还不至于画得太差，仿得还是有些水平的。我刚进上海美专时，不见得会比这画得好……"

徐悲鸿和张书旂当然尊重当事人自己的意愿，此事就这样暂时按下来了。

一行三人跟着店小二去了楼上雅间。店小二递上菜单，张书旂接过来交给徐悲鸿，开玩笑说：

"今天是子谷弟掏钱，他最近卖画生意不错，我们只管点上满满一桌，狠狠吃他一顿！"

柳子谷向来话不多，只是笑眯眯道："点，尽管点。"

用完餐，到了应该结账的时候，柳子谷一摸口袋……糟了，口袋里除了一条皱巴巴的手帕，什么也没有！

这下他心里有点慌了：请朋友吃饭却没带钱，这算哪回事？这家饭馆由于生意一直不错，向来没有赊账的先例。更何况，两位朋友要是发现他忘了带钱，肯定会抢着付账。一旦付了账，事后再要还钱就好像不妥了，因为"亲兄弟明算账"的规矩，对他们这种关系的朋友似乎就有点见外了。伸进口袋的手半天出不来，但又不能老这样僵在这里，柳子谷感到有点尴尬。

然而他并没有让这种尴尬长时间地继续下去，眉头一皱，计上心来。他把店小二喊了进来，不无底气地高声说道：

"结——账！"

店小二满脸堆笑，报出了一个数字。

只听柳子谷说："你先去把老板请来，我有话对他说。"

店小二还以为饭菜不合口，赶忙小心说："先生，你们有什么不满意的地方，尽管提出就是……"

柳子谷还是说："你把老板请过来，因为这事你做不了主。"

这下店小二不免有点紧张起来，试探着说："小店若有什么差错疏忽，还望三位先生大人大量，饶过我们这些下人。"

柳子谷见店小二吓得不轻，不免有了几分不忍，便轻松地笑了："这与你无干，是你们老板自己的事情。"

听到这里，徐悲鸿和张书旂就大致明白是哪方面的事了，但却又不解：不是说得饶人处且饶人吗，怎么一顿饭的工夫又改了主意呢？

民都园老板终于来了。这个大肚皮的中年汉子眨巴着眼睛打量着眼前三个人，见一个是洋气的黄色皮夹克，一个是中式的青布长衫直拖脚背，还有一个穿着随便，上身是半短不长的袍子，底下是似嫌过短的便裤。看外表根本猜不出他们干的是什么营生，有什么来头，更想不出到底有什么事情要找自己，因而不好先开口，只好哼哼哈哈地赔着笑脸，以不变应万变。

柳子谷称呼了一句，便开门见山道："贵店挂在下面大堂的那幅画，是从什么地方来的？"

"画？什么画？"老板一下还没摸着头脑。

张书旂插嘴说："就是那幅笋竹图。"

老板一听原来是为了这个，顿时轻松起来，长吐了一口气，打开了话匣子："可能你们还不明白，那幅画可是有些来头的！……不知你们听没听说过'金陵三杰'？"不等回答又接上说："那可是南京城里鼎鼎有名的三位画家，个个身怀绝技，却又亲如兄弟一般，叫人好生羡慕。那三人之中的小弟柳子谷，有'画竹圣手'和'板桥第二'的美誉。大堂里那幅画，就是出于他手！……"

徐悲鸿打断他的话说："听你说得这么热闹，现在我问你一句，你见过'金陵三杰'吗？那柳子谷，是高是矮，是胖是瘦，你知道不？"

都说生意人嘴巴里出来的话当不得真，果然如此。这老板吹牛也不先打听清楚对方是什么人，只管手舞足蹈信口胡诌：

"怎么没见过？就说给我画画的柳子谷吧，嗨，那叫一个高大威猛，相貌堂堂……"

话没说完，早把三个人笑得前仰后合。柳子谷擦着笑出来的眼泪说：

"我这个子，竟然谈得上高大威猛，还相貌堂堂？你也太抬举我了，我受不起啊！"

徐悲鸿对老板说："你仔细看看，我们三个像不像'金陵三杰'？"

毕竟是生意人，脑子反应特快，话说到这里，马上就明白过来今天碰上了什么事。他朝面前三人仔细打量了一番，心想"金陵三杰"以前只是经常听来吃饭的客人们谈论，自己还不曾见过；那幅画，也是辗转得来的，画画的人当然没有逢面。今天莫非真的交了好运，遇上传说中的真神了？这个穿着随便的瘦小个子，居然就是赫赫有名的柳子谷？一高兴，竟然顾不上尴尬，大声说道：

"我说呢，今天一大早喜鹊就在房顶上叫个不停，原来是要来贵客了！怪我有眼不识金镶玉，得罪得罪！今天'金陵三杰'光临小店，小店蓬荜生辉，荣幸至极！……今天就算我请客好了，还望三位先生千万不要见外！"

柳子谷赶紧说："这可不好，我们可不敢吃这个霸王餐的。请你来，是想和你说一说那幅画的事情。"

张书旂问老板："那幅笋竹图，看来是在夫子庙的地摊上买的吧？"

老板听出了话里的意思，忙说："怎么？那画有问题？"

柳子谷告诉他："那幅画，肯定不是我画的。"

老板惊恐道："这怎么可能？"

柳子谷笑道："可能不可能，还有谁会比我自己更清楚？"

老板脸都绿了："啊？在夫子庙的地摊上买的倒是不假，但那卖画的把亲生儿子拿来赌咒发誓，说一定是真货。这下可怎么是好，上了这么大的当，要白做好些天的生意啊！"

徐悲鸿说他："卖假画人的话你也当真？"

张书旂笑道："也许那人本来就没有儿子，还怕拿儿子来赌咒发誓吗？"

老板还在心痛不已，柳子谷说：

"这样吧，你还是把它撤下来，我为你重新画过一幅。放心好了，我不会收你的钱，算是为我自己正名。"

老板没有想到天下竟然还会遇上这样的好事，高兴得一时不知怎么表达感激之情，忙不迭地说："我撤，马上就撤……"

后面的结果毫无悬念：画，画了；饭钱，自然免了。

回去的路上，徐悲鸿拍一下柳子谷的肩膀，笑道："你今天是不是忘了带钱？"

柳子谷咪咪一笑，也不正面回答……

最高兴的应该是饭馆老板，两天后他把柳子谷亲手画的《笋竹图》挂起来的时候，放了一圈八千响的大爆竹，弄得火红的爆竹屑铺了半边马路，害得扫街的大妈嘴巴噘得能挂住油瓶。

这还不算，这个老板生性爱好吹牛，没几天就把这事添油加醋地传得沸沸扬扬。同行们既羡慕又眼红，一桌饭就换来一幅"金陵三杰"的真迹，到哪里去找这样便宜的事情？

有个头脑活泛的饭馆老板说："下次要是碰上他们来我店里吃饭，我一定要请他们也画上一幅！别说一顿饭，再多几顿也值！"

这句话提醒了大家，众老板们纷纷赞同，对，我也请他们吃饭！

据说，后来"金陵三杰"上饭馆，还真的遇上了老板索画，有的居然早就准备好了纸笔在那里等着。画家们还都没有扫大家的兴，一一满足其要求。画得最多的要数柳子谷，有时兴致来了一画就是几张。他对饭馆老板开玩笑说：

"我把下几次的饭钱都预存在你这里了，你得记牢啊！"

4. "乃委实无聊"

在离开国民党中央特别委员会四年之后，1934年初，柳子谷又来国民党中央党部上班了。当初辞职离开特别委员会时，是为了专心书画，应该是有拂恩师于右任老先生的良苦用心了；如今来中央党部，又是出自于老先生的规劝。于老先生说：

"你先前的辞职我能理解，但现在经过了几年的磨炼，也应该有个稳定环境了。不管怎么说，中央党部毕竟是个不小的衙门，在里面谋一份差事，对你安心书画创作只会有益无害。"还说："如果你自己没有引人瞩目的艺术成就和一定的社会名望，我也不会主张你来，就是我主张，上峰也不见得会给我这个面子。"

柳子谷觉得这话不无道理，于是便来了。

这时的国民党机关，人浮于事的程度比四年前有过之无不及。中央党部各个部门，一大批"干事""委员"，大都无所事事，喝茶聊天混日子。曾有人戏撰了这样一副对联：

男干事、女干事，男女干事，干事干干事，紧干、慢干、不干，都干得有趣；

大委员、小委员，大小委员，委员委委员，中委、省委、县委，乃委实无聊。

联句虽是玩笑话，但却是真实的写照。在这种混混沌沌的大环境中，柳子谷却没有与那些醉生梦死的同僚为伍，而是正好乐得"身在其位，不谋其政"的悠闲，照旧只顾埋头作画。对于这个时期的自身状况，他写下了这样的诗句：

雷鸣瓦釜太纷纭
傲骨生成玉石分
闻达不求羞肉食
四时供养有烟云

但是也不能把中央党部说得一无是处，后来的事情证明了于老先生对柳子谷的规劝极具预见性。街面上一伙混混看到柳子谷卖画生意不错，几次打算讹他，有一回甚至还跑到他家门口等他下班，要向他"借几块钱花花"，但都因为有中央党部这块牌子把他们镇住了，才没有出事。

到中央党部上班不久，柳子谷突然冒出一个想法：为何不在中央党部内部成立一个美术社团呢？在单位提倡书画艺术，营造艺术氛围，不仅可以使自己"不务正业"的行为"合理化"，而且对周围同事也可起到陶冶性情、开阔眼界的作用，总比百无聊赖地混日子要好得多吧？

于是便在当年5月，联合何香凝、陈树人、经亨颐等人，发起成立了"中央党部书画研究会"。于右任、黄学明、周立庵、胡星伯、戴启人、王登五、沈铁如、贾晏园、陈西泠、杨彬文、仲醴泉、陈雪尘、吕羽生、王玉孙、侯石丰等人积极响应，成为会员。

中央党部书画研究会成立的第二个月，便举办了第一次"中央党部书画展览"。柳子谷有多幅作品参展。当时《艺风》杂志发表了美术界人士萍鸥的《中央党部书画展览观后》，文称：

中画以柳子谷的作品最为精彩……因为他对于中国古代的宋元时代的名画，研究颇有心得，同时他复能兼顾到西画方面透视、光线、比例的画理，于是他的作品，我们看到便觉得有非常的趣味。《对弈》《湖上泛舟》《暮雪叩关》《风雪归村》《柳浪闻莺》各图，意境奇伟雄壮，用笔劲健苍秀，设色调和轻匀，尤能令人浏览难舍。至于他的墨竹，更能描写得潇洒出尘，萧萧有声，观者诚赞为板桥第二。……柳子谷之指书，极为难得。

（《艺风》月刊第二卷第七期　1934年7月1日）

自此之后，柳子谷上班时间埋头书画便更加名正言顺，同事也越发习以为常。有那么一段时间，他对创作抓得特别紧，基本上算是全力以赴了。原来，他是在准备作品，计划举办个人画展。

第四章
画品与人品

1. 首次个人画展

1934年12月6日，柳子谷筹备已久的首次个人画展在南京中央饭店礼堂开幕。

中央饭店坐落在今天的宣武区中山东路237号，当时是南京城里首屈一指的高档饭店，豪华、至尊。饭店建成开业的时间是1930年，正逢柳子谷送走爱女柳眉、辞职专心作画的时候。那时他从该饭店门前来往经过，看到出入其中的不是风云人物就是达官贵人，上下轿车都有人在一旁撑着黑洋布伞遮着，就在心里暗暗对自己说：

"不远的将来，我一定要在这里举办我的第一次个人画展，让这里高规格地接待我的画作！我要通过画展，让全南京，甚至全国，都知道有一个从江西小山村走出来的画家，叫柳子谷！"

转眼四年过去，他的梦想终于就要成为现实！为了这一天，他准备了四年。不，何止四年！自从立下当一名专业画家的志愿以来，他哪一天不是在为这个时刻做铺垫？

近年来，他一直留心把自己较为满意的作品挑出留下，至今已经积攒了五六百件。为了创作这些作品，曾经有过多少次日夜苦研，耗费了多少殷殷心血，恐怕只有他自己才说得清楚。这次画展展出的300余件作品，又是从中再次精挑细选出来的，山水、花鸟、兰竹、人物皆有，不仅题材广泛，而且风格各异，可谓件件精品。

没想到在联系展厅的时候，却发生了一支有点意思的小插曲。

柳子谷毕竟是第一次亲手筹办这样的大型展览，毫无经验可谈。在他想来，租用展厅的费用应该贵不到哪里去。说到底，只不过是用一下礼堂的场地，在四周墙壁上挂一些画而已，布置展厅都是自己请朋友帮忙，不需饭店费力，饭店方面除了电费和茶水，基本上没有损耗；再说那礼堂平时大都是闲在那里，关门一把锁，只是举办大型舞会时才会开放，闲着也是闲着，有人租用总比闲着要好。哪里知道，去和那个秃顶的饭店经理商谈的时候，柳子谷才发现原来自己太单纯，甚至太幼稚了。礼堂闲着不闲着与自己根本不搭界，要租用它就得照规矩来，租金是要一五一十按面积来计算的，并且连旁边那间与礼堂配套的休息室也要一并算上；更要命的是，每平方米的单价竟然大大超出了他的心理预期。他在心里默算了一下，发现这笔费用未免有点庞大。

沉默了一会，突然想起了那次在民都园饭馆吃饭忘了带钱的事情，思忖道，既然画可以用来抵饭钱，那为什么不可以拿来抵租金呢？不管可不可以，先问问再说。

一问，秃顶经理竟然满口答应！

事情轻而易举得到了解决，双方的磋商结果皆大欢喜。饭店方面负责提供礼堂场地供柳子谷使用一周，并提供迎宾、茶水等服务，均不收取任何费用。柳子谷则负责提供饭店装饰用的两种作品，一种供厅堂悬挂用，饭店大大小小六个厅堂，每厅一幅，尺寸视各厅面积不同而四至六尺不等；另一种是每间客房一幅尺余见方的国画小品，全都不收取润笔。这无疑是一次双赢的合作，双方都很愉快。柳子谷心想，这就好办了，画画全是自己手头上的功夫，用不着求人。

在开幕的前一天（12月5日），柳子谷的老同学王英瑜就为该次展览写下《子谷从艺之诚与国画前途》一文，发表于12月8日（画展的第三天）的《中央日报》：

……民十五以后，吾居青岛，子谷流寓金陵。形骸虽隔，精诚仍如在沪共读时，未尝不一日以从艺相激励。子谷艺之精，技之成，养之熟，盖在吾辈别后五六年间耳。

今年夏，与子谷重晤，入其画室，惊不能言。盖子谷之画，道法渊博，而其境归真。百家之法，子谷擅之，然其间仍有子谷之个性，此则其特征仍浮漾于楮墨间也。吾谓子谷从艺之诚，十余年如一日，积迭作品，幅以千计，多有佳作，是可以出而问世，而子谷之意，亦在举行个人画展，以求国人之知艺者之评断。且拟个展之后，更筹资创设画院，集合同道，致力于艺术之精进，冀以群策之力，光大吾国艺术。盖艺人不独自善其身，且以兼善天下，不独求艺之延续，且以阐艺之广远也。吾壮其志，而促其举行个展，是以子谷之艺，卒能敦教于国内外诸君子之前，而有以证吾言者，谓非幸耶？

今子谷个展开幕矣，谨以所思所见，以测国画前途。吾人苟以至诚之心，精密策划，以毅力赴之，虽有困难，终能实现。故知以子谷从艺之诚，及其精密之策划，在个展闭幕而后，更筹资力创设画院，得同道者与之精诚团结，持国画创导为终身工作，而完成创造之社会观。论证焉，吾可决其事之实现，必在其最近之将来，是则国画之复兴，非仅谓为吾人之理想而已。

兹以躬逢盛会，自心观感所及，为言如此，读者或有以吾言之非翔实者，盖往读子谷之画以证之乎？

1934年12月5日　于讷庐东窗下

开幕这天，展览大厅琳琅满目，墨气袭人，令人叹为观止。

大画家张大千、高剑父，还有著名京剧表演艺术家梅兰芳，都是闻讯专程从上海赶来参观。何香凝、柳亚子、蔡元培、叶楚伧、经亨颐等社会名流学者，也都纷沓而至。

不少参观者是冲着柳子谷的竹子和兰花来的。他们早就听说过柳子谷的竹子别具一格，表现形式丰富多彩：除了绰约多姿、生机盎然的晴竹，还有那起伏仰合、错落有致的风竹，濛濛翠滴、清新脱俗的雨竹，朦朦胧胧、一身银光的月竹，似隐还现、亦真亦幻的雾竹，以及枝叶上敷着厚厚的白雪，尽显坚贞与弹力的雪竹。更有那兰花，兰叶潇洒飘逸，力透纸背，一气呵成无毫厘之间隙，转折得明快而有节奏。似乎闻得到花朵的阵阵幽香发自蓬勃的叶丛之间，"幽兰在空谷，送香到人间"的意境直沁观者的肺腑。然而，这些观众进入展厅以后，却发现何止兰竹，其他展品诸如山水、人物、花鸟，也一样不同凡响，一样精妙绝伦。

孔祥熙看中了一幅《灾民图》，但见该画的标签上注明为"非卖品"，遂上前与画家交涉，请求割爱。这下柳子谷为难了：若是看在对方的身份，就不好驳这个面子，但是这幅画自己又实在舍不得出手。孔见他面有难色，便告诉说，他是打算将它购去作为全国赈灾之用。柳子谷听到是这种情况，态度马上转了一个一百八十度的大弯，爽快地答应下来。

蔡元培观展结束，向柳子谷拱手作贺，并在一幅《墨竹》上题字：

坚贞君子节
正直古人风

随后又在留言簿上盛赞画家：

画竹圣手

专程远道而来的高剑父、张大千，虽然同柳子谷尚系初次见面，但都被展品的艺术魅力所打动，禁不住上前与之交谈。张大千第一次听说柳子谷的名字还是在1925年，就是那次仿作石涛的山水被人辨出，从黄宾虹的口中得知辨画的人叫柳子谷。九年过去，虽然双方都知晓对方，但因种种原因，几次见面机会都阴差阳错地擦肩而过。今日张大千系由张目寒陪同而来，因张目寒同为两人好友，加上上述"辨画"原因，于是与柳子谷一见如故。张大千又把正在参观的好友高剑父介绍给柳子谷。其实高剑父和张大千也是一样，柳子谷虽然同样不曾与之谋面，但都神交已久。一干人交谈甚欢，高剑父和张大千一时画兴大发，当场挥毫，分别画了"鹰""虎"赠予柳子谷。柳子谷十分高兴，当即取下展览的作品回赠，算是礼尚往来。

梅兰芳对柳子谷的画表现出十分的喜爱，虽然他也是第一次见到画家，但也过来与之攀谈。一个京剧表演家，一个国画家，俗话说隔行如隔山，但两人却能在绘画艺术中找到了共同的话题，聊得非常投机，以至柳子谷不得不委托好友张书旂暂时代他照应展厅和接待来宾，倾心与梅兰芳交谈起来。柳子谷以前只知道梅兰芳在京剧艺术中颇有建树，没想到他对翰墨丹青也是一点都不外行，谈及立意、构图、用笔、敷色，无不通晓。告别时，梅兰芳买下三幅作品。其中的《仕女图》很有特色，图中的仕女出人意料地没有以面部示人，而是后脑勺对着读者，看到的只有她的发式、衣着和婀娜多姿的身材。梅兰芳说："这幅画我看中的是柳先生高明的表现手法，画面上虽然看不到仕女的脸，但却给了我足够的想象空间，我完全可以通过画面的其他内容去想象她的长相，这一定是个绝代佳人。"

还有一幅是《雨竹》，就是上有徐悲鸿"画到濛濛翠欲滴，先生墨妙耐寻思"题句的那幅（1998年长虹出版公司出版的《梅兰芳藏画集》收入了此画）。梅兰芳笑道：

"一幅画上有两位大师的手笔，我赚大了！"

冯玉祥和柳子谷也是以画结缘的朋友。冯将军的画风颇具军人风格，洒脱、迅猛，对要表现的主题直来直去，从不转弯抹角。有一次柳子谷到他家中拜访，他拿出一幅刚画好的画来，画面是一个拉车的人力车夫，疲于奔跑，满头大汗，题词为："终日拉车，牛马生活；委员薪水，一月八百。"这幅针砭时弊、爱憎分明的画作，对柳子谷震动很大，他认为如果没有对劳动人民的深厚感情，光凭绘画技巧怎么也画不出这样的作品。这次柳子谷举办画展的第一天，冯将军就来捧场了，在几幅反映民族精神的作品前流连观看，喜爱之情溢于言表。离去时，

各报报道柳子谷南京画展盛况

订购其中一幅留作纪念。

展出期间，观赏者不绝于途。展期原定一周，没想到仅五天全部展品就被订购一空，无奈只有提前两天结束展览。更有甚者，有的作品竟有四五人重订。还发生过两人欲订同一幅画而互不相让，在现场争执起来的情况。

陈树人、徐悲鸿、张书旂等人，也都是享有盛名的画界同行，但也都来参观展览，并订购了展品。这并非一般意义的"捧场"，而是实实在在出于叹服、欣赏。这在素有"文人相轻"陋习的旧中国，实在难能可贵。

有关徐悲鸿在这次展览期间对柳子谷的支持帮助，柳子谷在47年之后的1981年12月6日，应我国著名美术史家王震先生之约（当时王震先生正在编著《徐悲鸿年谱》），写下了如下文字：

1934年12月，我在南京中央饭店开画展。预展前夕，我发柬请了当时文艺界、新闻界及知名人士开了一个茶话会。会上发言，大家对我的作品多有表扬，悲鸿亦在座。他发言很简单："柳先生画的成功，不用我说，他的作品本身能吸引观众观赏，会说话。这点，大家只要一看就会有体会。"会后，他用实际行动肯定我作品的成功，订购了《墨竹》与《群鱼》（据1934年12月9日南京《朝报》载，徐悲鸿夫妇还订购了其他多幅，其中《墨竹》现存北京徐悲鸿纪念馆。——剑祥注）。虽然标价很高，但他毫不吝啬。这件事，数十年来，使我联想起历来画界同行妒忌是常见的，画家买画家的画，出于爱好艺术，确实少见。深感知音难觅。

更没想到一向对中国画了解甚少的西方人，竟然也被展览吸引。几个蓝眼睛的洋人面对一幅幅展品，用他们的母语连声大呼小叫，叽里呱啦。满展厅的人望着他们，就是听不出说的是什么。柳子谷在大同中学的学习到底没有白费，这几句英语翻译过来的现代汉语是：

"不可思议，不可思议！"

德国驻华大使陶德曼就更是有趣，他几乎对展厅里所有的山水都十分喜爱，却拿不定主意该买哪一幅，只好跑过来求助作者，蹩脚的汉语加上手势比划：

"你得帮帮我，告诉我，在这些作品中，哪一幅最好？画是你画的，你肯定知道。"

这个问题柳子谷实在无法回答，想了一下，说："陶德曼先生，我可以先问你一个问题吗？"

陶德曼说："完全可以。"

"你肯定不止一个儿女吧？"

陶德曼不解道："这和买你的画有关系吗？"

柳子谷依旧问他："请你告诉我，是不是不止一个儿女？"

"当然不止一个。"

"那好，你再告诉我，在他们当中，你喜欢哪个？或者说，你不喜欢哪个？"

陶德曼先是愣了一下，马上明白过来，哈哈笑道："柳先生，你很聪明！"

陶德曼也同样聪明，他从西服口袋里掏出了一枚银币，决定采用抛银币的方式进行选择。这种把难题交给上帝的做法，向来是西方人经常采用的手段。银币被高高抛起，在空中作了若干个三百六十度的自由转体之后，落到展厅的水门汀地面，"叮铃"一声，又滴溜溜地滚到摆在角落的一张办公桌底下去了。柳子谷找了一根小棍子，要帮他拨出银币，却被他急忙制止：

"不要，不要！"

他自己在办公桌前伏下身来，侧着脑袋贴近地面，想要看一下银币在桌子底下是哪面朝上和方向所指，却由于空间太小，未能如愿。无奈，只好请人帮忙把笨重的办公桌抬到一旁……经过一番折腾，终于选中了要买的画。

日本驻华总领事须磨，参观时沿着布展路径一路津津有味地看过来，似乎不肯放过每一幅作品。当他走到《雪中归军图》《劫后余烬》《还我河山》《戚继光抗倭》《梁红玉擂鼓抗金》等弘扬民族气节的画作前面时，表情变得十分尴尬。待立片刻，阴沉着脸扭身出了展厅。

这一切，柳子谷都看在眼里。他在展厅接待观展的客人，一般都是站在靠近门口的地方，客人来点头以示欢迎，客人走点头以示谢意，这下看到须磨负气而去，便破例装作没有看见，也就省略了点头的礼节。

哪知道这个须磨没走多远又回来了，似乎什么也没发生过，接着把没看完的其他展品逐一看完，离去时竟然还购下一幅山水。这点倒是有点出乎柳子谷的意料，于是也就礼尚往来地点头致谢。

对于这次画展期间每天的情况，当时南京多家报纸均有跟踪报道。这些旧闻虽然早已泛黄，但是在此晾开还觉历久弥新：

《柳子谷画展今日举行开幕》 名画家柳子谷国画展览于今（六）日开幕，作品计二百余件，技术成熟，作风静穆。据柳云："本人此次举行个展，盖以虚心求国人知艺者之评断，并拟于画展闭幕后，筹集资力创设画苑，与同道共谋图画之精进。"

（《中央日报》《新民报》《朝报》1934年12月6日）

《柳子谷画展特色 民族英雄江山无尽图》 柳子谷国画展览会于昨日在中央饭店礼堂开始展览，往观者达数百人。满壁琳琅，其中以《民族英雄》《江山无尽图》，甚为特色。参观者有张道藩、周伯敏、华林、徐仲年、宗伯华及画家梁鼎铭等七百余人，对柳氏作品极为赞美。高君等订购者二十余幅。

（《朝报》等1934年12月7日）

《林主席参观柳子谷画展》 昨（七）日为柳子谷画展第二日，天气晴和，林森主席特往参观。此外参观者，计到王陆一、谷正纲、朱霁青、陈树人、邓家彦、夏斗寅、吴醒亚等一千四百余人。柳君亲自接待。林主席定《富贵寿》《艳锁春山》等二件，王陆一等购四十余件。

（《新民报》等1934年12月8日）

《柳子谷博得好评》 昨日为柳子谷个人国画展览之第三日，参观者有中委陈璧君、丁超武，谷正纲约友数人再度参观，及徐悲鸿夫妇，梁又铭等千余人。陈氏及徐氏夫妇对于柳氏之作品颇多赞许。徐悲鸿氏……当场订购《木兰从军》及《玉泉池畔图》等多幅。总计三日来由林主席等定购者已在百幅以上。今日适逢星期日，预料参观者必定更形踊跃云。

（《朝报》等1934年12月9日）

《柳子谷画展 今为最后一日》 昨日为柳子谷画展之第四日，因系例假，前往参观者达三千四百余人，如朱培德、邵元冲、张默君等，均各当场选购画件，共计二十余幅。今日为柳氏个展之末一日，想参观者更踊跃。闻

柳氏对参观者之盛矣极为感谢。一俟闭幕后先行料理展览时重定之画件，将
再往上海、杭州举办。

（《新民报》等1934年12月10日）

《展讯》 昨日为柳子谷画展最后一日，参观者仍多。蔡元培、何应
钦、罗家伦、孔祥熙、方觉慧、张苇村、赵丕廉、李宗黄等莅临参观。何应
钦、方觉慧、张苇村等并预购画品，孔部长除私人订购外，并商得柳君同
意，将非卖品之《灾民图》购去，以为全国赈灾之用。

（《中央日报》等1934年12月11日）

除却新闻报道，当时报纸还刊登过一批对展出画作的评论文章。其中天台、金
平欧先生所撰《子谷杰作品题记》，发表于1934年12月10日的《新民报》。因篇幅
关系，这里仅将文章引用名人名家的题词、评论按文中出现先后为序照录于下：

气象万千
尽收腕底

——叶楚伧

寄妙理于素幅
出新意于毫端

——陈立夫

接武关荆
并美三王

——吴稚晖

笔追北宋

——张　继

六法璨然

——陈树人

纤屑都肖
象派宏舒
必成大家
海外宗之

——狄　膺

真气远出
妙造自然

——徐悲鸿

子谷作画，出入百家，融会中外，是能别辟蹊径，集艺大成者也。

——梁鼎铭

子谷之画，气遒韵举，风力顿挫，银钩铁划，森森然。非深得正宗精华者，曷克臻此，书以志佩。

——张书旂

观其精神所至，直通宋元，行见学古功深，新机流露，自成家法，于画坛独树一帜也。

——汪　孔

子谷绘山水，取法宋元，旁及百家，昔人谓与宋元人血战，岂不然哉。绘人物花鸟兰竹等物，理法、技巧、意境均能得心应手。识者谓，可以起近代之衰。诚非虚声。子谷勉之，国画可以兴矣！

子谷画有天纵之才，又能刻苦钻研，外师造化，中得心源，山水、花鸟、人物，无所不能，能无不精。画竹是其特长，师承板桥，青出于蓝。更可贵者，画诗统一，景精协调，不仅给人美的享受，亦使人受到思想启迪也。

——于右任

于右任题字

驰誉艺林

——林　森

文章还称：

他如邵元冲、高一鸿、陶觉三、金于武、石炽君等，均有题赠。虽见仁见智，各有不同，然其赞许则一。

文章最后说：

柳君子谷，天才聪颖，落笔不凡，出新意于法度之中，寄妙理于豪放之外，取古人之长，合西洋之术，用笔苍泽，气象超脱，所作山水、人物、花草俱臻上乘，尤以画竹，冠绝古今。观者叹为得未曾有，题咏成帙，诚盛事也。不可以无记，是为记。

如此之高的评价，为南京历来画展绝无仅有。

这次画展，由于展品提前卖光不得不提前两天鸣金。中央饭店那位秃顶的经理竟然还有点担心，对柳子谷说：

"你提前结束画展，少用了两天展厅，那是你自己的事情，我饭店并未违约，你答应的画还是要如数给我的哟……"

柳子谷笑道："你是怕我赖皮不成？"

秃顶经理的担心纯属多余。

上面说到名家题词，这里有必要补充几句"题外话"：

展览闭幕的第二天（12月11日），《新民报》刊载了胡天先生的《观柳子谷个展之后》。

近来京市书画展览之多，直如"粪坑之蛆"，无论是稍稍会勾得两笔，连初学画时草稿也算在内，只能凑成"数百余作"，就可来南京开个"个人展览会"。一面固是"炫耀炫耀"，一面自然也带一点"结识结识"的意思了。所谓一登龙门则身价十倍，现在可以改为"一入都门则身价X倍"吧！

本来，展览会越多，表示艺坛并不寂寞，是艺坛鼎盛或艺术向上的意味。可是，这儿的情形可例外。在此展览的，都是来自各方的名士、大师、正宗之类，名家名作固然不少，而鱼目混珠，以展览为副目的，亦所在皆是。故近日看展览会似乎是一件头痛的工作。所谓乘兴而来败兴而返，这是常有的事，牛鬼蛇神，无奇不有。此京华之所以为京华了。

日昨随有人去中央饭店看柳子谷先生的展览会。据说，柳先生是以画竹而名噪一时。因为我生性爱竹，加之受着友人的引诱，明知看画展是一件头痛的事，也鼓着勇气去看了一次。

事情很使我失望，所谓以画竹名噪一时的柳子谷个展中，三百件左右的作品，属于竹的，只寥寥三五幅。仅由此三五幅的作品也可以见到他造诣之深的。于一枝一叶之间，着笔雄伟而纯朴，寓深情于点滴中，法古人而又有新的建树，诚为不可多得之作。真是所谓名不虚传吧！

同时，我感到深深的受了友人的骗，友人向我宣传时，只投我所好说柳子谷善于画竹。我是带着看竹的情绪和眼光来的。一进会场后，我看到柳子谷的竹并非他的"特长"，只不过是他的"所长"中的一种罢了。三百件左右的作品，山水人物，翎毛草卉，无所不备。且每一件作品皆有他独特的章法与笔法。这比起以幼稚的画稿来充数的作家们，真是不可同日而语了。

近代批评家常说，中国画乃非关系的、非人情的、非现实的、非方法的。然而，在柳先生的个展，我们已可以否定了这个论断。他能于高超、生动之间，复注意于"应物象形"与"随类传彩"，即于气韵中求形似。于右任先生说："子谷画宗宋唐。"然我们可更进一步地说"子谷画已得前人之气韵，同时把现代绘画艺术的精粹（科学的方法）也熔合在内"。

本来中国画一向皆是以山水为主，无鼻无眼之人物为衬。所谓麒麟阁功臣像、凌烟阁功臣图等只是中国画史上的遗迹。而柳先生对于人物描摹尤有独到之处。《四乐图》《别姬》等作，都是上乘的作品。

他如山水中的皴法，《奚我后》一幅的表现民间疾苦，都能表示他的伟大与雄奇。

我详细地在场中观览，使我得了无限启示。末了，见到了梁鼎铭先生替柳先生作的一幅像。我便在全场中巡视着找这个伟大的画家。许久，才在一个角落里发现了一个类似画像中的人。那是一个瘦削矮小、长袍短裤的人。想不到这样瘦小的人，会有这样伟大惊人的作品。真是"人不可以貌相"啦。

通过这次画展，柳子谷开始在国画界树立起了一位具有深厚人文情怀的领军者形象，他以笔墨精妙、意境悠远、格调高洁的作品，成为绵延传统、发展创新的代表人物，凸显了富有独特魅力的个性，必将为后来的探索者带来有益的启示。

对于这点，于右任老先生在对柳子谷作品的评论中作了精辟的阐述（见前文）。身为国民党元老的于右任，是清末以来杰出的书法家、诗人，既具深厚的传统底蕴，又富有强烈的爱国热情，因而笔下流淌出来的文字往往荡漾着浑厚开阔的大家之气，对艺术家的赞誉也就不失宏大的视野。他对柳子谷作品的厚爱发自内心，所作评论一如他的诗风，磅礴雄浑，自然流畅。当时中国画所处的大环境已呈迷惘、衰颓之状态，创作与社会现实严重脱节，群体的繁盛已经让位于少数文人画家的孤独前行。在这种背景下，看了柳子谷个人画展，如沐新风，感奋不已，以为可以"起近代之衰"。这种赞誉无疑是对柳子谷艺术高度的由衷评价：精湛的技巧，传承了前人的积淀；同时身怀报国之志，将艺术立足于时代，使人感到一种具有内在张力的绵延与创新。于右任之所以对柳子谷的绘画寄予厚望，说到底还是出于对画家家国情怀这个艺术核心的肯定。从事美术理论研究的张荣东先生在其著作《兰竹精神——柳子谷艺术论》（群言出版社，2008）中说：

明末以来中国画的衰颓，主要在于画家精神视野的遮蔽，明末许多画家将忧愤寄托于花鸟自然，清代的文化禁锢亦使画家收起报国之志，转向心灵的闲适。于右任所讲的近代之衰，实非单纯技法之评判，他从柳子谷的绘画中所体会到的气象，来源于画家明晰的时代情怀。

很可能是受这次展览会的影响，第二年南京便突然有了诸多的绘画展览，比以往任何一年都多。这种现象不管从哪方面来讲都是好事，是绘画者和看画者共同祈盼的。几乎每次展览柳子谷均有作品参展，且毫无例外地成为整个展览的焦点展品，格外吸引参观者的眼球。其中山水《后湖印象》，因画面特别恬静幽美，其艺术意境沁人肺腑，故而观众反应特别热烈，展览期间在该画幅前流连的参观者几乎不曾间断。

这年4月15日，《中央日报》报道了五洲公园美术展览会的盛况。该会原定每周的周六、周日开放两天，但市民得知张书旂、柳子谷有新作加入，便蜂拥而来，"环立门外，围而窥视者，争先恐后，莫不以先睹为快"。因此主办方临时决定自即日起，改为每日开放，以满足民众的要求。

2. 上海画展

1935年9月25日，柳子谷的第二次个人画展在上海开幕。

1934年在南京举办展览时，适逢上海市教育局长潘公展、社会局长吴醒亚到南京出差，顺便去参观了一下。就是这一"顺便"，本来与柳子谷素不相识的两位局长深为展览所吸引，当即诚邀画家第二年去上海举办展览。柳子谷本来就有赴沪展览之意，见有邀请，当然满口答应。

这次展览与第一次的不同之处，主要是主办方不同。上次的展览系以个人名义举办，事无巨细得由画家自己张罗，真可谓名副其实的"个展"。而这次是由上海市教育局与社会局联合主办。上海市政府的两个部门，为一个外地画家主办画展，并且由吴醒亚局长在《新夜报》刊出文章《艺术与人生》，大力褒奖柳子谷的人生态度，号召民众"努力发扬"，这于有史以来还不曾有过。诚然，个中缘由除了赏识柳子谷的作品以外，与当时的大气候也不无关系。其时蒋介石正推行"新生活运动"，潘公展身为国民党中央委员，且在中央宣传部任职，没有理由不紧跟领袖与中央，于是便极力倡导举办这次画展。吴醒亚也与他想到一块去了，两人一拍即合。他们的思路是：借助柳子谷的画笔，从文艺界入手，在上海把"新生活运动"的"旋风"刮起来。

展览场地设在上海市最繁华的南京路，两年前建成开张的大陆商场6楼。楼高10层，这在当时的上海已经算得是为数不多的高层建筑了。展厅和整栋大楼一样，装潢比南京的中央饭店还要金碧辉煌。不过，这次画家自己再无须为展厅租金的事情动脑筋想办法了，一切都由主办方代为搞定。

吴醒亚的《艺术与人生》在展览前就已经杀青，选择在开幕这天刊出当然是有意为之。因篇幅关系，这里仅将文章的结尾部分摘录于下：

……柳先生以一艺术家，追随吾党先进，从事革命工作，其画艺精深，当去冬在京展览作品时，已有定评，毋俟余之喋喋。惟余所欲贡献于沪人士者，于赏鉴柳先生画艺之余，应深体艺术家之人格与修养，努力发扬美化的生活而光大之，则艺术裨益于人群也，更无涯矣。

这次画展为"双序言"。也是巧得很，撰写两篇序言的两个人居然同名，一个是主办单位之一市教育局长潘公展，一个是名画家谢公展。两人身份不同，文章角度也就自然有别，但都与吴醒亚的《艺术与人生》一起，在同一天的《新夜报》刊出。

潘文曰：

……余于斯道为门外汉，何敢信口雌黄，顾以绘画消长，既关民族精神，方今士气颓唐，艺苑衰落，亟宜为之提倡，恢复固有之文化准则，潜移默化，使世人知所警惕，爰与社会局局长吴醒亚兄联合为子谷先生举行绘画展览五天，陈列精品三百余件，公开展览，沪上人士，必以先睹为快乎！

谢文曰：

中华民国二十四年九月廿五日至廿九日，上海市教育社会两局主办柳子谷国画展览会于大陆商场六楼。柳生请序于余。余对于斯会，固有不能已于者两点，现述如下：

一、对于柳生努力艺术之感想

一艺之成，谈何容易。古今专家，虚怀若谷。艺愈进，心愈虚，博采旁搜，不敢自信，性灵为之陶冶，修养为之诚虔，知天地之大，知名手之多，随处皆师，精研不断，艺斯进于道矣。柳生研究国画二十余年，至今无间断，先毕业于上海美专校，成绩斐然。继服务于国民革命军，借艺术为宣传革命工作垂十年。国民政府成立后，从事于政治党务种种任务，有暇即研习国画，匪独无丝毫之恶习，且始终为一学生态度，此最可宝。十余年来，勤勤恳恳，与余难得有一月无音问，尝开个人画展于首都，博得社会人士之好评。每忆柳生当年在校，虽忠实求学，顾以时间少课程多之关系，成就者亦不过能植今日成就之基，而柳生能于出校后有继续不断之研究，始则由博返约，继则对于山水人物墨竹有特殊之进展，追寻古今真迹，博览名山大川，心领神会，习与之化，自张一军，乃有今日，非偶然也。然柳生每于长谈之际，颇不敢自信有所成，则前途广大之进展，吾可断言。且柳生服务国民革命军时，所绘关于宣传革命之画稿百千余件。余尝劝其整理问世，柳生深自谦抑，谓此类有时代性拙稿，故多随写随弃，即有存者，亦多明日黄花，覆瓿而已，何足问世。余以为问世有广义狭义之分，此种画稿，范围虽狭，而足矫从前画家妄自高尚不屑为实用之陋习，可存者一；足以纪念革命事业中艺术亦有一臂之助，其可存者二也。个人画展亦问世之一端，使自己辛苦努力之近作，与众共赏。能使艺术社会化，导群众以审美之好感，誉我者故可喜，宜探讨其所誉是否在我优点，从而精益之。毁我者不足忧，宜探讨其所毁是否在我弱点，从而改进之，此均为个人画展最大之希望，其他则无足轻重也，柳生勉乎哉！

二、对于教育社会两局主办斯会之感想

社会普遍旧习对于官厅为个人主办一种集会，往往大惊小怪。并不问斯会真实意义何在，是否真有价值，必先揣测，以为斯人与官厅有何渊源，有何利用，其浅薄固可笑，即素居艺术界人士，亦往往有老气横秋，并不细察斯人之学力如何，经过如何，即以为某也年轻，某也学浅，何以为行政当局忽尔重视，殊不知皆非也。艺术家本当努力埋头研究，原不必好虚荣，借官厅以自重，但行政当局方面，见有真努力之艺术家为之提倡，一举手耳，可以使此真努力者较上多得社会上之号召力，实足为感化社会之助，谓之为发扬我国固有文化，增进国人艺术兴趣，谁曰不宜？

关于这次展览会的预告，早在画展开幕前20天（1935年9月5日）上海《时事新报》就发布了：

名画家柳子谷氏，将来沪展览国画，并筹办国画之苑。按柳氏服务南京某最高机关，对于国画造诣甚深，取法宋元，旁及百家。去年曾在南京展览作品，甚得各界赞誉。兹闻柳氏应吴醒亚等之约，将来沪展览最近杰作数百件，届时定有一番盛况也。

并且，从开幕前一星期开始，于右任邀集邵元冲、程天放、虞洽卿、王小籁、居正、陈树人、钱新之、汪兆铭、李煜瀛、王陆一、王一亭、林康侯、戴季陶、杜镛、俞佐庭、吴铁城、褚民谊、洪陆东、吴开先、徐朗西、谷正纲、张寅、叶楚伧、张道藩等联名在上海各报连续七天刊登《上海教育局社会局主办柳子谷先生国画展览会启事》的通栏广告：

……柳君子谷艺术修养深渊，凤为艺林所推崇，市府教育社会两局为交扬我国固有文化，增进国人艺术兴趣起见，举行公开展览，特进一言为之介绍。其画展会场在大陆商场六楼622号，日期为9月25日起至29日止。

联名刊登《启事》的人士多达25位，且无一例外都是当时的社会名流。这些人为一位青年画家的个展在多家报纸结伴连续鼓呼一周，恐怕也是前所未有的了。

画展开幕当日（1935年9月25日），上海《新夜报》刊出周伯敏先生的《为上海市教育局社会局主办柳君画展写》，摘录于下：

……柳君子谷，国画名手，年来潜心研究，造诣益深，沪市府教育局社会局为发扬我国固有文化，增进国人艺术兴趣起见，乃请柳君其年来精心杰构三百余件，来沪公开展览。余素知柳君作品，运笔之劲健，着色之苍润，意境之深远，均能见匠心独出，别树一帜，是诚集百家之精华，窥元宋之奥妙，而炉熔于一也。如其所绘山水、人物、花鸟、兰竹等物，莫不神乎其技，意气横生。其才艺之宏博，技巧之灵熟，更能贯通中外，超越今人，俯仰画侧，艺力之迷人，恍如刘阮之入天台，而误为非人间世矣。或曰，柳君

各报报道柳子谷上海画展盛况

神情潇洒，风度雍容，其为画也，亦如其人。所谓灵气所钟，神化自然也欤？宜乎名噪艺苑，纸贵洛阳。方今浊世昏沉，社会趋于萎靡之习，人心醉于勋禄之念，求其皎洁自好，撑持国粹，不随流俗以标异者，能有几人？其诚笃之志，是可以振近代国画之衰，挽末世人心之变也。因志以彰焉。

该次展览的每天情况，当时上海各大报纸均有及时跟踪报道，从中可窥盛况之一斑：

《社会教育两局主办　柳子谷画展昨开幕　吴局长醒亚亲临主持 各界观众计到千余人》

本市社会教育两局为提倡国画起见，联合主办名画家柳子谷先生国画展览会，于大陆商场六楼陈列柳氏精心杰作三百余件，详情业志前报。昨日为开幕日，到会参观者不下千余人，兹将各项情形分志于后。

吴局长亲自主持。此次画展，原为提倡艺术，且为社会教育两局主办，故该局等均派员在场照料，教育局派丁守棠、施翀鹏，社会局则除派张秉辉、陈宝骅等外，吴局长亦亲自到场，指示一切。

作品内容一斑。全部作品凡三百余件，分为两室陈列。山水、人物、仕女、花鸟、兰竹应有尽有，其中尤以山水为多，最足引人注意者为《流民图》《水灾图》《木兰从军图》《不爱江山爱美人图》，或为时事，或为史实，或为寓意，殊有价值。其他临古之作，亦多酷肖，可以乱真。人物如《民族英雄戚继光》像，仕女如《琴心幽思》等，花鸟如《春江水暖》等，兰竹如《雪竹》《幽香向谁吐》等，均足使人敬佩，叹为观止。

各界参观拥挤。该会昨为第一日，各界参观者颇为拥挤，尤以文艺界、新闻界居多，综计参观者不下千余人，且有向该会定购者。

（《新闻报》《申报》《晨报》等　1935年9月26日）

《柳子谷个人画展昨天起大陆商场举行》

在秋风飘上了街头之后，上海艺坛显得非常的冷寂。

可是柳子谷先生悄悄地带了他的近作，到了上海，在南京路大陆商场六楼举行个人展览会。

柳先生去年在南京举行过一次展览会，颇得好评。当时本市教育局长潘公展、社会局长吴醒亚在京公干，于是也就去观光了一下，觉得非常满意，并希望他能到上海举行一次。

所以柳子谷先生在这桂子飘香时节翩然来沪，给上海冷寂的艺坛点缀一下。

柳先生个展之第一日，参观者竟然达千余人。都市人对艺术的欣赏，在这冷漠之秋似乎更需要得迫切了。

（《新夜报》1935年9月26日）

《社会教育两局主办　柳子谷画展盛况　昨为第二日参观更形拥挤》

本市社会教育两局主办之柳子谷国画展览会于前日假座大陆商场六楼举行五天，详情业志各报。昨为第二日，各界参观更形拥挤。名画家谢公展、汪亚尘、马企周等对柳氏作品深表赞佩。教育局长潘公展，社会局长吴醒亚，均亲自到场，指示一切。市党部委员吴开先、陶百川及江西地方法院院长鲁省吾等，以柳氏作品名贵当场订购数十幅。本市晨报馆以当局重视艺术提倡国粹，殊表同情，爰于《新夜报》专出特刊，内容材料至为丰富云。

（《申报》等1935年9月27日）

《教育社会两局主办之柳子谷画展第三日》

市教育社会两局主办之柳子谷画展，详情业志各报。昨日为第三日，到会观众较之前二日为多。艺术家刘海粟、朱应鹏、吴青霞前往参观，对柳氏作品深表赞佩。中央社记者以柳氏此次能将杰作在沪公开展览，实为不可多得之机会，特赶该会访问办事处某君，承告下列数点。

展览动机。柳氏原为本当忠实同志，奔走革命多年，颇著劳绩，惟性善绘画。从公之暇，辄以作画为是，努力苦干垂二十年，去年冬，曾在京循友人之情，举行个人画展览会五天，出品二百余件，各界参观者数万人，一时称盛。此次复应本市教育社会两局之约，来沪举行画展，初非宣扬个人成绩，实为提倡中国艺术，以促社会注意。

创办画苑。柳氏复以中国绘画固有数千年光荣之历史，迩近画风衰靡，日趋低落，非从事复兴运动，实不足以挽救，爰有竭个人能力，倩社会援助，献身艺术，创办画苑，罗集绘画人才，研究切磋，庶足恢复民族文化。是项缘起发表，即承党国先进，如于右任、李石曾、戴季陶、汪精卫等异常赞助，深表同情。

各界批评。柳氏作品素以山水兰竹著，山水多宗北派露骨，勾勒皴擦，一洗时下习气，不愧一代作家。兰竹则苍劲挺拔，是继所南板桥衣钵。林（森）主席曾题"驰誉丹青"，张继题"笔追北宋"，吴稚晖题"接武关荆，并美三王"。此外于右任、陈立夫、叶楚伧、邵元冲等，对柳氏作品均有极好批评。

（《申报》等　1935年9月28日）

《教社两局主办　柳子谷画展展期各界领袖昨到会参观》

教育社会两局主办之柳子谷画展，昨为第四日。到会参观者有王一亭、于右任、程天放、吴铁城、俞佐庭、刘鸿生、许世英、徐朗西、蒋百里、郭顺、吴开先、汪伯奇等，定购数十幅。应各界要求，延长展期两天。

（《新闻报》1935年9月29日）

《柳子谷画展第五日》

昨日为本市教育社会两局主办之柳子谷画展第五日。是日适逢星期日，观众格外拥挤。记着前往参观时，人山人海，会场几有人满之患，可谓打破本市以前个展之纪录。本市闻人王晓籁等亦前往参观，各定购多幅。又南京市党部常委周伯敏、青白报社长唐三、新京日报社长石信嘉、名画家吴公虎等，均由京赶来参观柳君个展，可见柳君艺术造诣之深。又闻该会应各界之要求，已决定延期两日，至十月一日为止。

（《申报》1935年9月30日）

《柳子谷画展最后一天》

上海市教育社会两局主办之柳子谷国画展览会，自开幕以来，每日参观人数之拥挤，定购之踊跃，为数年来沪市画展未见之盛况。连日艺术界前往参观者，如王一亭、马企周、谢公展、高笙伯、张聿光、施翀鹏、马公愚、朱应鹏、陶冷月、徐朗西、黄霭农、汤渔父、王师子、俞寄凡、丁念先、刘海粟、唐冠玉、叶谓莘等，均对柳氏作品推重备至。闻今日为画展最后一日。

（《申报》1935年10月1日）

当代国画名家陈大羽，在当年柳子谷举办上海画展时，他刚满24岁，尚在上海美专国画科三年级插班就读，这次画展给他留下的印象可是非同一般。哪怕时光过去了漫长的61年，到了1996年10月5日，他对前来拜访的牧遥（柳子谷的学生）谈起画展的盛况时，仍然记忆犹新：

"柳老这次办展规格很高，宣传团队的阵势甚是厉害，由于右任亲自组团，在上海各大报纸介绍柳老的人品画作，这样的规格待遇，自民国至今不见有第二人。我今年八十多了，也只见过那一回。我和同学、朋友去参观的那天是星期天，人实在太多，展厅里根本挤不动，极其风光啊！展出作品幅幅精妙绝伦，订购的人很多，写有订购者名字的红条挂了十多张。画作的标价之高不是一般画家能够望其项背的，最小的一幅雪竹标价200大洋，大幅的价位过千。当时我想，等我有了钱，也要收藏柳老的大作，无须多，一山水一竹子足矣！柳老的作品完全可以和古今中外的任何国画大家媲美，毫不逊色。他的山水宗法宋元，取古人之长，融会贯通，通过皴擦勾勒，加之轻匀的设色和西方的透视技法，便变成柳氏山水了。人家都说他'板桥第二'，其实这只能说他早期，他后来的画竹技艺，我认为郑板桥不及他。郑板桥的竹石图就是单纯的竹石图，没有什么变化。而柳老就不一样了，竹里面又分出晴竹、雨竹、风竹、雪竹、月竹、雾竹……各具形态，并且还常常配以奇山异石、流水瀑布，或是黄鸟、八哥，有的还配以人物，相互间搭配巧妙，相映成趣，给人以更多的看点和更高的艺术享受，这些都比郑板桥更胜一筹。"

3. 窃画事件

上海画展顺风顺水，十分成功，但却在临近闭幕的时候出了一个令人心痛的意外：有一幅画被人偷偷用刀片割去一大块！

这是一幅山水，已经被人订购，连定金都收了，展览结束时买主就会来取画。现在画被毁坏，无法向买主交账，按规矩是要赔付双倍订金的。柳子谷心痛的不是钱，而是自己心爱的作品惨遭破坏。生气过后，他又分析，偷画的人一定是很喜欢这幅画，很可能是因为画幅较大，悬挂较高，一时无法将整幅画取下顺走，于是在匆忙慌乱之中割下自认为精华部分的那一块拿走。

柳子谷捡起掉在地下的作案工具剃须刀片，望着被开了一个枕头大小天窗的画轴，不免一阵苦笑。心想这人虽然爱画却不懂画，误以为落墨多的地方一定是画的灵魂所在，留白的地方肯定分文不值，殊不知一幅画是一个有机的整体，割走的部分即使是神来之笔，一旦脱离了整体就成了废品。

这时，一个被派到展厅帮忙的市社会局科员过来了。这科员头发上的凡士林抹得过多，亮得有点晃眼睛。他问明情况后，建议报告警察局，说着就要去打电话。柳子谷连忙制止道：

"不要，不要报案。"

"凡士林"奇怪了："为什么？"

柳子谷说："不管怎么说，割走画的人肯定是非常喜欢这幅画。"

"凡士林"越发觉得不可理解："柳先生，喜欢就可以偷吗？对这种人，不能太惯着他！"

"已经这样了，报案已经于事无补。"柳子谷坚持自己的看法："不管怎么说，人家肯定是非常喜欢这幅画，可是又没钱买，才出此下策。"

"凡士林"大概觉得柳子谷的观点不可理喻，一下不知道说什么好，茫然地望着面前这个画家。

接下来，柳子谷还有更让人意外的举动。只见他拿过一张纸来，用他那古朴、洒脱的行书写下了这样一张字：

小 启

不知名的朋友：你割走了一块画，我当时固然生气，但现在已经不怪你了。那块东西在你手上，只是一件废物；你给我留下的，也只是废物一件。若是两件废物能合在一起，倒是可以变得不再是废物的。于是，我索性把你留下的这件一并送给你好了。今日展览结束，你可在晚上十二点之前，尽管放心来展厅门口的桌子上将它取走。大陆商场要晚上十二点之后才打烊。希望你能相信我。你拿到东西后，再请装裱店的师傅进行修补复原，这对于他们来说是极其简单的事情，要价不会很贵。

柳子谷

民国廿四年十月一日

"凡士林"一看，噗嗤一声笑了："柳先生，你再有心成全，也要人家有这个胆量来取啊！——谁都会认为这是个圈套。"

柳子谷无奈说道："所以我才写上'希望你能相信我'啊，就算人家要把我的话当作'此地无银三百两'，我也只有死马当作活马医了。"

《小启》贴在大陆商场临街的墙上，一贴好就引来了很多人围观。不少人看了却一下捂不明白画家的真正意图是什么，捂明白了的又都认为这事情简直不可思议。

柳子谷还特意交代商场有关人员，不管谁上六楼去，都不要为难人家，让把东西取走。

也不知是因为偷画的人没看到《小启》，还是看到了却像"凡士林"担心的那样怕上圈套，一直到第二天早饭后柳子谷赶到大陆商场六楼，那个被开了天窗的画轴还放在原处没挪窝。

柳子谷除了无可奈何，还有摇头叹息。

更叫人哭笑不得的是，柳子谷那张贴在大陆商场墙上的启事，昨天半夜被人当做书法作品揭走了……

柳子谷把残缺的画轴夹在腋下，下楼来在大街上站了一会，觉得既然事情已经无法弥补，就应该把这一页尽快翻过去，眼下还是要按照早就计划好的，去做今天该做的事情。

在这次来上海之前，他就打算画展一结束就去寻找一个人——分别了十年的小喜子。许久不见，也不知他现在过得怎样？

不用说，老房东和澡堂那里是不抱希望的了，便决定从医院方面入手寻找线索。

他先是找到当初小喜子说过的那两家医院，但是遗憾得很，在两个地方都没有任何收获。小喜子干过的营生现在仍然有人在干，但是铁打的营盘流水的兵，这里早已物是人非，现任人员是一伙北方人。向他们打听，得知他们来这里是第四个年头，只听说过以前确实有几个江西人在这里干过，但他们没碰上面，因为中间还隔着一拨人。这几个人虽然很热心，但却提供不了一点有价值的线索。

像没头苍蝇一样又转了五六家医院，仍然一无所获。有家医院的那伙人正在"作业"，背着用白布裹着的人形物体往外走。柳子谷顾不上许多，还是上前去打听。一个大汉还没听清楚他说些什么，误以为是来要求入伙的，瞟了他一眼，不耐烦地说，你这个身板不行，背不动货的！

时过中午，柳子谷已经被秋天的太阳晒得脑袋昏涨，还是看不到半点希望，只好在叹息声中放弃了寻找……

4. "吐向青天未必知"

1935这一整年，柳子谷社会上的书画活动一直都很繁忙。

上海金城工艺社出版《子谷画存》（第一集·山水册），此为柳子谷首次将作品结集出版。于右任欣然为之作序，写道：

> 子谷画有天纵之才，又能刻苦钻研，外师造化，中得心源，山水、花鸟、人物，无所不能，能无不精。画竹是其特长，师承板桥，青出于蓝。更可贵者，画诗统一，景情协调，不仅给人美之享受，亦使人受到思想启迪也。

此时的柳子谷，已经成为一个卓有成就、名声显赫的画家。可以这么说，不管是在南京还是在上海，到大街上随便拽住一个人问他知不知道画家柳子谷，那这个人十有八九会狐疑地盯你半天，认为你的问题太小儿科了，甚至进而怀疑你的智商。

34岁的年纪，作为一个成功的画家，无疑是年轻的；但作为娶妻成家的男人，年龄已经不小，如果对象还没着落，就应该抓紧时间进行才是。

在当年妻子梅芳去世的时候，柳子谷曾经立下"金榜无名，决不再娶"的誓言。如今事情已经过去了5年，仍是孑然一身。当初设定的"金榜"目标，按理说现在的成就已经达到了。看看社会上那些所谓金榜题名的"天之骄子"，随随便便就能划拉出一大堆来，而在画坛像柳子谷这般水平的画家，可为数不多。

早在前几年，父亲就已经开始来信催促他的婚事了，说这要在老家，孩子早就一大帮了，再不抓紧，就像地里的庄稼——过季了。

其实，近年来南京城里向柳子谷抛绣球的名门小姐先后有过好几个，徐悲鸿和张书旂还曾经打算把中大艺术系的一个女学生介绍给他，但他却一直不为所动，注意力始终放在钻研书画上。

身边的朋友、同事都有点"皇帝不急太监急"，大家都说成家和绘画，是完全可以两不误的。有的人还付诸实际行动，要为他牵线搭桥。最为着急的还是要属徐悲鸿和张书旂，两人轮换着催促，因为他俩都早已成婚，"金陵三杰"留下"一杰"在婚姻殿堂之外，怎么说得过去？柳子谷到底拗不过朋友的一片好心，终于答应结婚成家。

就在上海画展结束不久，在诸多的追求者中，南京名媛韦秀菁开始走进了柳子谷的生活。经过一段时间的接触了解，他打算将韦秀菁介绍给徐悲鸿和张书旂认识，听听他俩的意见。于是，在一个冬日暖阳的上午，约了大家一同去后湖划船游玩。游玩中，两位朋友见韦秀菁端庄秀丽、谈吐得体，深为柳子谷高兴。

到了年底，柳子谷告诉两个朋友他准备结婚了。他素来不爱张扬，主张婚事从简（当年与梅芳结婚的婚礼就非常简单），证婚人就由徐悲鸿和张书旂担任，省得另外求人。可是两个朋友一致表示反对，说婚礼一定要隆重，操办一定要认真，要把书画界的好朋友都请来，大家好生热闹一番。原来，他俩早有策划，连选吉日、登广告、发请柬、办酒席，甚至婚礼地点的选择和场地布置，都考虑得十分周全。尤其是由谁来担任证婚人，认为切不可草率从事，这人一定要是社会名流，还不能是同辈人物，须是德高望重的长辈。柳子谷不忍有拂好友的美意，只好听任摆布。最后，确定经亨颐、邵力子两人为证婚人的最佳人选。

经亨颐和邵力子，皆为当时的国民政府要员，前者曾是首任杭州师范大学校长、时任全国教育委员会委员长的教育家和书画家，弘一大师、丰子恺等均为其门徒；后者乃老同盟会成员，国民党元老中的典型左派人物，曾任上海大学代理校长和甘肃、陕西两省政府主席的教育家、政治家。从年龄上说，两人也都算得上长辈级的人物。

对国画创作，柳子谷可谓熟门熟路、如鱼得水，但在交际方面就太没经验了，时不时地会犯一些低级错误。他对两位朋友说：

"这两个证婚人选当然是好，不过，我与他们虽说都互有往来，但也仅仅限于书画，现在要去请来当证婚人，有些感到难以开口。要不，你们就帮人帮到底，送佛送到西，作为我的全权代表，替我去请他们吧？"

两人一听这话都笑起来。徐悲鸿说：

"你是真糊涂还是假糊涂？这可不比别的事情，我们绝对是不能越俎代庖的，非你亲自去请不可！"又说："你放心好了，两位前辈肯定会卖你这个面子的。"

张书旂更是笑骂道："子谷老弟，入洞房的时候你总不会让别人替你吧？"

没办法，柳子谷只有亲自登门去请。经、邵二人果然二话没说，欣然应允，把柳子谷乐得喜笑颜开。

婚礼场所的选择，也是按照两位好朋友的建议，刻意安排在首次举办个人画展的地方——南京中央饭店礼堂。

至于婚礼上新郎新娘应该穿什么款式的服装，也是经过一番讨论才定下来的。新娘穿什么倒很快就统一了意见，只能是高贵典雅的法式白色婚纱，其他的一概不予考虑；而对新郎行头的确定，可就费了不少口舌。柳子谷开头坚持要穿布扣子的唐装，洋气潇洒的徐悲鸿表示万万不可，说新郎对襟褂子，新娘西式婚纱，土洋混搭，岂不是笑话？柳子谷便退了一步，说那我就穿中山装，中山装不土。张书旂说，中山装说到底还是中式服装，同样与西式婚纱不搭，一中一西，搞什么名堂？两个朋友都说他，我们就不明白，你为什么就是不肯穿西装呢？柳子谷的理由很是勉强：

"我……我长到这么大，还没穿过西装哩。"

张书旂笑道："没穿过怕什么，穿一次不就穿过了吗？再说，你日后如果去外国办画展，还能不穿西装吗？"

柳子谷固执己见："到外国我还是穿我的中式服装，洋人要看的是我的画，管我的衣服干什么？"

老大哥徐悲鸿给他下死命令了："到外国去穿什么以后再说，反正这次婚礼你一定要穿西装！"又说："你也不想想，绘画还讲究个风格统一哩，在婚礼上新郎新娘的服装，怎么能够各行其是？这种不统一的风格若是出现在一幅画上，可就是最大的败笔啊！"

张书旂也说："是啊，这个样子夫妻俩还怎么比翼齐飞啊？"

柳子谷终于觉得好朋友的话说得在理，可嘴里还在说："长这么大，我还没穿过西装哩……"

徐悲鸿不跟他啰唆了，吩咐张书旂道："明天你就陪他上街，挑最好的成衣铺，买最好的毛料哔叽，量身定做！"

吉日的选定更是郑重其事，还专程去请教了南京城当红的执业风水先生。柳子谷本来不相信这一套，但书画界的朋友们七嘴八舌，说这道程序必不可少，四块银元的择日费是非常值当的，也就听之任之了。那个银须飘飘的老古董风水先生问过两人的生辰八字，仰着头眯缝起眼睛，伸出指甲老长的五个手指，缓缓地逐个屈拢又伸开，再屈拢再伸开，同时口中呢呢喃喃地默念着什么。摆足了架势，才慢吞吞地宣布"掐指一算"的结果：新年结新婚，吉日就是1936年的第一天。柳子谷一听，在心里对自己说，这不是和我自己选的一样吗？

元旦这天，前来贺喜的人们络绎不绝，他们大都是南京城里书画界的朋友和同事。中央饭店礼堂张灯结彩，大红喜字在彩灯的照耀下闪闪发光。徐悲鸿、张书旂两人忙前忙后，帮着照应场面。

文人墨客对婚礼的祝贺有着他们自己特有的方式，都带来了各自的字画作为贺礼，有的干脆现场即兴发挥，或作画或题词，随写随挂。四周墙上很快挂满了书画名家们的字画，整个大厅墨香弥漫，书风撩人。其中有徐悲鸿的《双骏图》，题曰"河山无限好，双骏任驰骋"；张书旂的《樱花白头》，题曰"白头长春"；经亨颐的《水仙竹子》，题曰"坚贞风格，神仙眷属"；陈树人的《石兰》，题曰"如石之固，似兰斯馨，天长地久，结为同心"；还有刘海粟的《荷花》、汪亚尘的《金鱼》、吴青霞的《双雁》、谢公展的《菊花》、胡藻斌的《鸳鸯》；以及于右任、柳亚子、蔡元培、叶楚伧、何香凝、陈布雷的贺词、贺联、书法等。满厅的书画墨宝，洋洋洒洒共有四十余件。这哪里像结婚典礼，分明是别出心裁的"书画展览"！

婚礼开始了，随着鞭炮和喜乐响起，柳子谷和韦秀菁缓缓步入婚礼大厅。新娘一袭洁白的法式婚纱，轻盈妩媚；新郎穿的是昨日刚从成衣铺取回的藏青色西装，笔挺得体；一对小傧相伴随左右，活泼可爱。先是经亨颐宣布婚礼开始，全场报以热烈的掌声，接着是邵力子讲话……一道道精心设计的婚礼仪程，把欢乐的气氛一浪浪地推向高潮。

后来有人评价这场婚礼，说虽然隆重的程度在上层人士婚礼中并不鲜见，但典雅之气却在整个南京城绝无仅有。

婚礼结束时，中央饭店那个秃顶的经理，特意找到柳子谷，商量说字画能不能暂缓撤下，因为他想把这作为"婚礼书画展"继续开放五日，让人们免费参观，也好让南京城的民众分享一下柳先生的喜气。柳子谷自然知道秃顶经理是为饭店招揽生意，但也还是答应了。据说后来的五天展览，展厅里一直人头攒动，路上人来人往，这在南京城里一时传为美谈，多少年后仍然让人津津乐道。

当时天津有一个《北洋画报》，已经创刊十年，发行量很大，影响面很广，被业内人士称为"北方巨擘"（后被社会舆论誉为"影响中国一个世纪"的刊物）。该画报最具代表性的标志是在每一期的报头之下，都刊登一幅人物肖像的照片，或军政要人，或社会名流，或电影明星，或名媛闺秀。能在这个画报上刊登照片，是多少人都梦寐以求的事情。画报创办人冯武越是中国银行总裁冯耿光之子，能文、能书、能画，曾任张学良的法文秘书。他轻易不买别人的

夫唱妇随，摄于 20 世纪 80 年代初

账，谁要是想从他这里开后门登个照片，连门都没有。然而，就在柳子谷和韦秀菁结婚后的第八天，即1936年1月9日，该画报竟然刊登了一帧年仅18岁的女人的照片。读者们当然关注这女人漂亮的外貌，但更关注照片右方自上而下的那行字：名画家柳子谷夫人韦秀菁女士近影

好像有人说过：幸福的家庭大都相似，不幸福的家庭则各有不同。就在柳子谷新婚宴尔的那段时间，徐悲鸿和蒋碧微的婚姻却开始出现感情裂痕。作为好友，柳子谷、张书旂看在眼里，急在心里。其实这事情柳子谷一年前就有所觉察。那时柳子谷住得离玄武湖不远，游湖极为方便，徐悲鸿夫妇每次游湖，都习惯先来柳子谷这里小坐，有时也相邀三人同游。柳子谷第一次画展，他们夫妇也是夫唱妇随，一道来参观的。可是不知从什么时候起，出双入对的鸳鸯成了形单影只的孤雁。柳子谷和张书旂很想出力帮这对夫妇弥补感情裂痕，但感情这东西却是理不清剪还乱的，只有干着急。

是年晚春，徐悲鸿挑了一个阳光明媚、微风和煦的好天气，邀请柳子谷新婚夫妇去玄武湖划船赏荷。湖面上正是"小荷才露尖尖角，早有蜻蜓立上头"的景色，十分的雅致。一叶扁舟轻轻地划破水面，荡漾其间。徐悲鸿暂且忘了心中的不快，醉情于美景之中。两位男人轮流荡桨，让歇手的一位打开画夹写生。面对如画的风景，三人谈笑风生，好不惬意。关于此次游湖，后来在徐伯阳、金山编撰的《徐悲鸿年谱》中有载：

……约柳子谷夫妇同游玄武湖，泛舟湖中，高声欢唱，引为乐事。同时舟停湖心，即拿出速写本，环对湖四周写生，顷刻间成一幅长卷草图，名曰《山环湖水水环家》，别致可喜。

几天后，柳子谷按此草图画成一幅横卷山水画。徐悲鸿看后十分喜欢，又复

题一绝：

> 江南二月樱花香
> 绿水青山春意长
> 驾得扁舟湖上去
> 神仙不羡羡鸳鸯

题罢爱不释手，非要柳子谷割爱。善解人意的柳子谷自然明白最后一句的蕴意所在，心想难得好友今日高兴，虽然这幅作品自己也很喜爱，但还是当即将卷好的画轴交与徐悲鸿（遗憾的是，徐悲鸿和蒋碧微这对夫妻最后还是劳燕分飞）。

新婚的喜悦，并没有使柳子谷在温柔乡里沉沦，他的事业心还是一如既往的强烈。周围一些同僚醉生梦死的人生信条，他虽不苟同，但也无可奈何，因而不免感到苦恼。夜深人静的时候，不禁又想起小喜子那些生活在社会底层的人们来，他们为了享有人最基本的生存权利，而一直在当牛做马，谈不上丝毫的尊严，这些同自己周围的情况形成了鲜明的对比。又由此联想起冯玉祥将军那幅黄包车夫的画及其题画诗，越发唏嘘不已……

一介书生，对于人世间的不平，最大的能耐也只是用画笔在宣纸上抒发胸臆，除此以外别无他法。就在新婚的这年，他创作了《独酌》，刻画的是一位因壮志未酬而苦恼买醉的热血男儿，并在画面题诗：

> 扪虱当时颇自奇
> 功名远付十年期
> 酒浇不下胸中恨
> 吐向青天未必知

题诗借助前秦才子王猛"扪虱而谈"的典故，引出"功名远付十年期"的心态，看似说的画中人，实际更有自况之意。画家自1926年投身北伐，至今恰恰也正好十年，感到自己的报国之志也和画中买醉人一样没有得到实现，不免感到十分苦恼。

该作品入选第二届全国美展，反响强烈。

5．来自"那边"的信任

1936年上半年的一天上午，毛毛细雨，妻子韦秀菁刚出门去买菜，突然家里来了一个陌生人。

这人看上去三十来岁，生意人打扮。敲开门，站在门外便对柳子谷一拱手，说道：

"柳先生，在下有家店铺开张，想讨先生一幅画装点门面，也好沾点喜气，还望先生不要推辞。"

从未谋面的陌生人径直上门讨画，柳子谷还是第一次遇到，不免有些愕然。正要开口回绝，这人悄然压低声音说道："我就是张书旂的堂弟。"接着又高声道："先生要多少润笔尽管开口，价钱问题，我们是不是到屋里去谈？"

柳子谷这才明白过来是怎么回事。三天前，张书旂对他说过，他有个堂弟是"那边"的人，有件事情想请他帮忙。至于什么事情，张书旂也不清楚。"那边"，柳子谷自然明白是指的什么地方，无须多说。既然是这样，帮忙的事情就肯定不一般。当时张书旂还说："我堂弟近期就会来找你，到时候你要自己把握，认为这个忙帮得了就帮，如果觉得为难就千万不要勉强，不用考虑照顾我的面子。"

这会儿，柳子谷只知道面前这人是张书旂的堂弟，叫什么名字还不清楚（后来才知道他叫张纪恩，20世纪30年代任过中共中央机要主任。后来在毛毛的《我的父亲邓小平》、文献性电视系列片《伟人周恩来》及《邓小平》中，均被多次提及）。

进屋坐下，堂弟开门见山，说由于叛徒的出卖，前些天他们有一位领导同志在上海被捕。由于案情重大，况且该同志身份特殊，国民党当局十分重视，已经下令把他押解南京，目前关在宪兵司令部。"那边"决定不惜一切代价，全力营救。今天堂弟来，就是为这事，想请柳子谷帮这个忙。

要知道，这可是在驻有重兵的国民党"首都"，要到戒备森严的宪兵司令部去营救一名共产党"要犯"，其困难程度可想而知。柳子谷就是想破了脑袋也弄不明白，怎么共产党就会想到了他？他和共产党人所有打过的交道，连今天算起来也才是第二次，第一次还是在国民革命军总政治部任美术干事的时候，其历时也才不过半年多时光。

营救素来有"武救"和"文救"之分，显然，在这种情况下武装劫狱之类的"武救"，成功的可能性几乎为零，只有脑袋进了水的人才会出此下策，剩下的当然只有"文救"了。

堂弟说，柳先生善书画的名声"那边"也是一清二楚，并且还知道他因此而深得国民党高层官员的赏识，与之私交较好；更了解他为人正直、同情革命和下层劳苦民众，早年还随军北伐，与共产党人有过接触，因创作宣传革命的《雪中从军图》，还得到过林伯渠的赞扬。

柳子谷听罢，心想真是神了，共产党里尽是能人，什么事情都弄得这么清楚。堂弟直言相告，"那边"就是想借用他与国民党高层官员的私交关系，实施营救。最后说：

"你今天不用急着答复我，先考虑一下，如果觉得困难太大就不必勉强，我们再想其他的办法。我明天再来，还是这个时候，等你太太出去买菜以后。"不等答复，又接着说："我今天来这里的事，以后万一有人问起，就按我刚才在门外说的，是来向你买画的。我们谈妥的价钱是两百大洋。你要预备好一幅合适的画在这里，我明天来，不论事情成不成，都得把画带走，免得日后给你带来不必要的麻烦。"

柳子谷心里直夸这堂弟办事仔细，考虑问题周到。略一思忖，坚定说道："我现在就可以答复你，这事就由我来想办法。"

堂弟大喜过望："那好极了！我明天会把那位同志的基本资料带来给你，你看过记在脑子里，然后立即烧掉。那资料里的东西，有的是真的，有的是编的，但你都得把它当真的。还有，这事只有你我知道，不能再有第三个人，包括你太太和我堂哥。我是通过堂哥才联系到你的，但他不知道具体是什么事情，前面已经过去的事情瞒不了他，后面的事可不能再让他知道，这是我们的纪律……"

柳子谷顿时感到肩上有了一副无比神圣的担子，一一点头应承。

堂弟从褡裢里取出四卷用红纸包好的筒形物体放到桌上，说："这是两百块银元，买画的钱。"

柳子谷赶忙说："你这是干什么？赶快收起来！"又接上说："你们共产党来找我，说明把我柳子谷当朋友，怎么又这样见外起来？"

堂弟解释说："名义上是买画的钱，实际上是给你的活动经费。办事是需要求人的，总不能空手拍巴掌去求人吧？"

柳子谷说："需要求人不假，但这种事情不是用钱就能办得成的；就算用钱能够办成，那也不是区区两百块就能解决问题的，'衙门喉咙深似海'啊！"

堂弟不禁面有难色，说："我知道钱是少了，但我们经费实在太过紧张……"

柳子谷一看对方误会了，赶快说："我不是这个意思，是说真的不用给这个钱。再说，要办事了才去送钱，临时抱佛脚，反而不好，会把事情办坏了的。既然事情交给了我，我就会想办法，你不要管。"

堂弟又说："就算是为了安全，你也应该收下它。"

柳子谷不解了："怎么扯到安全上去了？风马牛不相及哩。"

堂弟说："卖画不收钱，还能叫卖画？一露了马脚，你可就不安全了。"

柳子谷说："就是日后真会追查这事，只要两个人说的一模一样就行；我就说画的钱收下了，两百块整，与你说的对得起来。"

堂弟却认为事情没有这么简单，说："按地下工作的经验，任何时候都必须多长个心眼，一定要把工作做细。你想一下，要是把我们两个分开来问，我的钱当时是怎么交给你的？你收下钱后说了什么话？又是把钱放在什么地方？若是假话，两人再怎么编都会有出入，一下就露馅了。"

柳子谷一想，嘿嘿一笑，说："这个好办！"

说着，拉开抽屉，把桌上的钱放进去；接着做出思索的样子，随后又取出一卷来，从中间用力一折，红纸破了，"哗啦"一声，银元散落一桌；又接着从中拿起一枚来，用拇指和中指捏住中间部位，放到嘴边用力一吹，立即放到耳边听声响；然后说一句"真货，没问题"。

像排戏一样，幕落过后，柳子谷说："这下可以了，再怎么把两个人分开来问，只要按刚才我做的去说，就没事了。"

堂弟被柳子谷的方法逗乐了，只好答应把钱收回。

第二天，堂弟送了被捕同志的基本资料来。两页纸的资料，柳子谷仔细看了两遍，认为已经记住内容，便划根洋火把它烧了。堂弟又交代了一些注意事项，离开的时候带走了一幅中堂山水。

位于瞻园路的国民党南京宪兵司令部，柳子谷从来都没去过，只知道那是一个戒备森严、不是随便可以出入的地方。据说人只要被关进去，不死也要脱层皮。要从那里面捞人，谈何容易！

柳子谷想了一下，认为第一步还是要设法让人在里面不要受到折磨和虐待，先保证其人身安全，其他的事情后面再说。他觉得这一步应该还是比较好办，用不着兴师动众动用上层关系。第二天上午，去了一趟宪兵司令部，在门卫室给负责管理牢房的一个戴姓科长挂了个电话，把他邀出来，到附近的茶馆见面。他和戴科长虽然早就认识，但一直仅是点头之交，连话都没怎么说过，直到两个月前才碰上一个偶然的机会，在一起有过一次较长时间的交谈。凭直觉，他觉得这事找他能行。于是见面后就直奔主题，说有件事情需要他关照一下。

戴科长知道柳子谷同国民党党部与宪兵司令部不少高层人士私交不错，之间常有往来，因而很是羡慕。但戴科长苦于自己只是一个小科长，地位相差悬殊，一直无法和柳子谷搭上关系。两个月前的那次交谈，柳子谷听他口音与自己家乡玉山那边有点相像，便问他老家是哪里，他说是江山，浙江的最西边。因为玉山和江山两个县虽不同省，但却是紧挨着的邻居，所以柳子谷当时就随口说了句："那我们还是半个老乡哩。"戴科长顿时乐得不行，忙不迭说道："没想到我们老家原来离得这么近，就是完完全全的老乡哇，哪里是半个！"完全也好，半个也罢，反正从那以后两个人没再见面，戴科长看到好不容易拉上的老乡关系一时没有了下文，好不无奈。

现在戴科长见柳子谷有事找自己帮忙，自然十分开心，当即拍着胸脯说："什么帮忙不帮忙，柳先生的事就是我的事，有什么吩咐尽管开口就是！"

柳子谷说："我有个不争气的远房亲戚，前不几天被弄到你这里来了。我想请你关照一下，不要让他在里面受苦。"

戴科长说："这个好办，我交代下去，没人敢不听。保证天天好饭好菜，还有热水洗澡。"说完，又问那个亲戚叫什么名字。

柳子谷一报名字，没想到戴科长一下眼睛睁得老大，有些紧张起来，说：

"原来是他啊？前几天刚从上海送过来，钉了脚镣，听说是'共党要犯'呢！"

"什么'共党要犯'！"柳子谷轻松笑道，"他是什么样的人我还不清楚？他要是有当'共党要犯'的本事那就好啰。成天只知道玩牌九，又好吃懒做，家里父母都快被他气疯了！这次听说是为了赚十块银元还赌债，替'共党'去接头，结果被抓了……这种钱是好赚的吗？这样不争气的东西，我真不想管他的事，实在是看在他父母的面子上！"

戴科长松了口气，说："毕竟是自己亲戚，鼻子臭割不掉，柳先生你还是应该管一下，把情况向上峰说清楚，早点捞他出去。我这边你放心，有我在，没人会难为他。"

这事就这样算不得艰难地搞定了，可营救的事却远远没这样简单。虽说柳子谷与国民党内不少高层人物有着不一般的私交，但这件案子本身很不一般，特意把人从上海押来南京就足以说明这点。

这种事情，一般来说谁都不愿意沾边，因为一旦沾上，就很可能会惹来天大的麻烦。国民党的特务机关不是吃干饭的，为"共党要犯"求情奔走的人，不可能不引起"特别关注"。也不知道柳子谷到底有多大的把握，居然会把这样的事情应承下来，难道就不怕惹祸上身？

柳子谷这个人的性格特点有些与众不同，比较有意思。国民党内一批高层人士之所以与他私交较好，基本上都是因为他擅书能画，作品得到社会的广泛关注和认同，因而赏识他；而在大多数同僚的心目中，他又是一个"画痴"，不但在工作上"不务正业"，甚至对国共之争这样"大是大非"的问题也是"一半清醒一半醉"，简直就是一个政治上的"糊涂虫"。不过尽管如此，大家却都喜欢和他打交道，觉得他这个人淳朴、率真，不会要心眼，和他在一起不用设防，没有丝毫精神压力。记得有一次他在办公室里当着众人，说共产党有些做法值得国民党学习，还列举了林伯渠经常找部下谈心的例子。话说出来，大家面面相觑，没人接嘴。因为这种话别人是万万不敢说的，尤其是在公众场合，独有他才敢这样"口无遮拦"。后来不知怎么这事传到了上峰耳朵里，上峰竟然不当一回事，还呵呵一笑，说："他呀，不是一直这样吗？"这种性格的人倒也有个好处，不容易沾上"亲共"的嫌疑。

不过这次他非常谨慎，一连活动了十来天，周围的人竟然没有哪个发现他与往日有什么异样，只是好像画画的时间少了一些，串门聊天的频率高了一些……为了这件非同寻常的事情，他究竟去找了哪些人？又是怎么交涉的？效果如何？这一切，除了当事人没有别人知道。哪怕是对张书旂的堂弟，他也是该说的才说，决不多吐一个字。等到事情差不多有了眉目，他约见堂弟，报告了营救工作的进展情况。

"看来，要想'无罪释放'是无法办到的，"柳子谷说，"因为对最上层没法交账，现在只有'重罪轻判'这条路好走。"

堂弟忙问："那你估计可能会判几年？"

柳子谷说："已经答应不超过两年，只要没有意外情况。"

堂弟按捺不住兴奋之情，说："太谢谢你了！"

柳子谷又说："我还在继续努力，尽量争取把刑期压短到一年左右。"

堂弟提醒道："你千万要把握好，如果困难太大就到此为止，我们已经很满意了，两年时间很快就会过去的。你要注意不能操之过急，免得起反作用，欲速则不达。"

柳子谷叫堂弟放心，说自己会视具体情况而定的。

堂弟问他找了哪些人，说共产党应该记住一切帮过忙的朋友，他却说：

"这个我不能告诉你，因为我答应了人家，要永远保守秘密，让它烂在肚子里。……还得请你理解。"

堂弟赞许地点点头，由衷说道："柳先生，你这个朋友，值得交啊！"

事情的最终结果，那位共产党人被判了一年半的有期徒刑。

至于有哪些人为营救工作出过力帮过忙，其中又是如何操作的，除了极少数几个局中人，没一个外人知道。后来事情过去了四五十年，有一次儿女们向耄耋之年的老父亲问及事情的细节，他还是不吐一个字。儿女不解地说，现在都什么年代了，国家多少绝密档案都解密了，你还死守着这点秘密做什么？他说：

"答应人家的事情就要做到，说好了必须烂在肚子里的，不能没了信用。再说，有些当事人和他们的后人现在都还在海峡对面的那个岛上，事情传出去，也许会对他们不利的……"

就连当事人、张书旂的堂弟张纪恩，也都一直不清楚其中的细节。他在晚年写过一篇感念柳子谷的文章，可能就是因为不明详情，对有关营救过程才一笔带过。现将该文有关内容摘录于下：

《老竿犹有冲天劲》（摘录）

1936年，我党一位同志在上海被捕，因为"案情重大"被解往南京宪兵司令部，我奉命赶赴南京设法营救。当时，柳子谷挂名于国民党中央党部训练部，经过友人介绍并见到他时，出乎我的意料，柳子谷一口承诺，挺身而出，进行营救，遂使这位同志得以判处轻刑。在营救过程中，柳子谷正直、热情、富于正义感的精神，至今仍令我感念不忘。从此，我们不时有所过从。

（上海《解放日报》1984年5月3日）

营救事件过后，柳子谷又一头扎进了书画堆里，似乎什么事情也没有发生过。

第五章

画家成了县太爷

1. 辞职回乡

自从到了国民党中央党部以后，生活比较安定，柳子谷不由得渐渐冒出了一个想法——创办画院，招收学员，把自己的绘画技艺传授给美术爱好者，在美术教育上走出一条自己的道路来。

在上海画展开幕前夕的那天，他正忙于布展，上海《晨报》记者闻言画家"有感晚近画风衰靡"，致力"创办画苑，罗集绘画人才研究切磋"，便特地赶到布展现场，就创办画院一事对他进行采访。柳子谷告诉记者，他已经开始实施创办画院的工作，连房子都落实好了，就在南京灵谷寺，画院的名字也取好了，叫"中国画苑"。眼下正在倡导有识之士捐资，筹措办学资金，可谓"万事俱备，只欠东风"。记者的采访报道于9月15日见报，关于资金问题是这样说的：

> ……是项缘起发表，即承各界要人如于右任、李石曾、戴季陶、汪精卫等异常赞助，深表同情。

上海画展结束以后，接着签名赞助者还陆续有人，如何香凝、经亨颐、徐悲鸿等多位名流学者。但是，对于创办一所画院来说，筹资渠道还是过于单一，成效不显，集腋难以成裘，因而一时无法开学招生。灵谷寺那边的房主都催过几回了，说画院再开不了张房子要另租他人，已经耽误不少租金了。

面对这种情况，柳子谷决定另辟蹊径，去海外举办画展筹集资金。

1937年上半年，他已经准备好了300多幅精品画作，打算去南洋开画展。有关展出的具体事务南洋美术界的朋友都已经帮他联系好了。可是，人算不如天算，行程都已经计划停当，却突发"七七事变"，无法成行。随后战事频频，创办画院一事就这样被耽误了。

日军进攻日见猖狂，形势越来越严峻，眼看南京不保，中央党部和国民政府准备南撤。柳子谷不想随之"流亡"，经考虑再三，遂辞公职，一家人回到故乡玉山柳村塘尾，以避战乱。

柳子谷自从1919年离开故乡以后，这次还是第一次回来。动身的前夜，妻子说：

"我做你们柳家的媳妇都这么久了，却还没去过你家乡，你祖上的大门是朝东还是朝西我还不知道呢。"

柳子谷一想，可不是吗，自从离开柳村塘尾，如今18年过去了。当初出来时，抱着对继母的怨气，发誓说永世也不再回家，其实那不过是一时的气话。这么多年漂泊在外，故乡何时不在心里魂牵梦绕啊？不止一回梦见小时候的自己，在夏天的中午躲去村头的大池塘里嬉水，害得祖母在岸上颠着小脚大声呼喊；或是祖母把他搂在怀里，听她老得没牙的嘴巴哼着同样老得没牙的童谣：

> 月亮光光
> 婆婆烧香
> 烧香求雨
> 好吃白米
> 白米满仓
> 香油满缸
> ……

每次一觉醒来，枕头都湿了一片……现在正好趁这个机会，带妻子儿女回老家认个高堂，拜个祖宗。

这次带着妻子，携着蹒跚学步的长子明湖和褓褓中的次女咏絮，回到阔别18年的家乡，却再也见不到疼他爱他的祖母了。就在两个月前，慈祥的老人家撒下儿孙们，驾返瑶池，追寻祖父去了。只有那块于右任老先生为祖母题写的八十寿辰的匾额，还端端正正地挂在堂前正中，描金的匾文一点也没褪色。那是在4年前，柳子谷和于右任聊天时无意中谈到，再过两个月祖母就满八十了，于右任一听，当即提笔题写了贺寿匾额：

> 北堂春荫
> 柳府华太夫人八旬荣庆

柳子谷十分高兴，将墨宝挂号寄回家中。家里据此制成一块六尺长的寿匾，樟木整板，黑底阳刻描金大字，悬挂于正堂之上（可惜的是，该匾在"文革"时期被村里造反派一锯两段，拿去铺在乡路的水沟上当桥板用了）。

放下行李，柳子谷默默地对着寿匾伫立良久……然后，打开箱子，从中取出一件纸袋装好的衣服，走到继母柳刘氏身边。

18年前继母的那一个"螺蛳"，无疑是他离开柳村塘尾的重要诱因；今天他回来了，可令人没想到的是，还专为继母买了礼物。那是他和妻子在动身前到街上寻了半天，特意挑选的一件上好羊皮里子坎肩。这东西在当时当地可是了不起的稀罕物，不是普通人家所能置办的。他捧着这件远道而来的礼物，毕恭毕敬递给继母，喊了声"妈妈"，说道：

"尺寸是我估量着买的，也不知道您老合不合身？"

头发已经花白的柳刘氏一下愣住了，素来伶牙俐齿的她，这会儿结结巴巴地说不出一句完整的话来……

邻居们听说习斌回来了，男男女女都过来看热闹。吸引女人们眼球的，自然是柳子谷的妻子韦秀菁。偏僻的山村平时难得有新闻，新嫁来的媳妇无疑是大家竞相关注的目标。韦秀菁虽然已经不算新媳妇了，但毕竟是第一次上婆家的门，因而也就理所当然地成了大家审视的焦点。一群妇人一边用挑剔的眼光对着她全方位游弋，一边开始了窸窸窣窣的悄声议论：

"人是长得好看，又少嫩（即年轻），可就是脚太大了，根本没缠过呢。"

"就是，她娘家怎么就不晓得给她缠呢？这是从小就要缠的呀，这个样子怎么看得！啧啧啧……"

"习斌也真是，讨老婆，宁可不要这么好看这么少嫩，脚可是一定要缠的。"

……

自己的脚不合村人的审美标准，这是韦秀菁打死也想不到的，还毫无顾忌地好几次撩起裤腿，伸出脚来掸皮鞋上的灰，越发使其暴露无遗，成为众矢之的。

父亲已显老态，但还是像以前那样，整天不紧不慢地忙碌着。父子俩聊天时，远道归来的儿子说：

"村里如有青黄不接的困难人家，应该让他们挑些谷子去吃，紧急用钱的也可以给他们一些，至于还不还得起就不要太在意了。"

父亲听罢，皱着眉头道："这不是在意不在意的事情，'有借有还，再借不难'，是世世代代传下的规矩，少算一点利息就已经足可以了。再说，家里的钱财也不是巧取豪夺来的。"

柳子谷见自己和父亲说不到一块去，也就转过话题。

村里少时的那些伙伴，已全然找不到一丝当年纯真的模样了，无情的岁月把他们一个个打磨得过早的苍老而木讷，坐在一起似乎没有什么天好聊，只是默默地抽着旱烟，很响地喝茶。

这次回来，柳子谷在故乡待了大半年时光。虽然一大家人在一起可以尽情地享受天伦之乐，但一想到曾经旅居的南京惨遭沦陷，同胞死伤无数，柳子谷就高兴不起来。

邻村小喜子的父亲特意来过一回，向柳子谷打听小喜子的情况。他说已经十多年没有儿子的消息了，最后一封来信说和习斌一起住过一阵，后来分开了。可是柳子谷什么情况也提供不了，知道的情况却又不便说，只好泛泛地说了一些安慰的话，然后叫妻子拿出几块银元塞给他。他便千恩万谢，说习斌的儿子将来个个都是要当官的，女儿自己不当官也要嫁个大官。

2.　张治中相邀

在家待的时间长了，整日无所事事，不免有些心焦。生活倒是不成问题的，因为农村基本生活的开支本来就不大，有南京卖画的钱在这里垫底，没什么好发愁的，但这种日子不知什么时候才是个头，柳子谷总想早点出去，继续画他的画。

1938年6月中旬的一天上午，柳子谷看到天气很好，便拿了写生本，到后山脚下去画那18棵枫树。妻子韦秀菁在家待着没事，就怀里抱一个手上牵一个，也跟着一起去了。

由于不是在枫叶红了的季节，风景也就没到一年中最美的时候，但柳子谷还是觉得美得不行——只要是家乡的景致，就没有不美的。在南京长大的韦秀菁没见过山村的风景，自从来到村里一切都觉得新鲜，所以也是觉得这里的一草一木都宜人养眼。

柳子谷正画得兴头上，侄子柳达典来找他了。柳达典是大哥的儿子，今年九岁。小家伙蹦蹦跳跳跑来，说是祖父差他来的，喊叔叔回去。柳子谷猜想一时不会有什么了不起的大事，便想把手上这幅速写画完，说：

"很快就好了，画完我就走。"

柳达典催促说："叫你现在就回去哩。"

"没说什么事吗？"

"你有信来了，是从老远的地方来的，是县政府叫人送到家里来的。"

柳子谷有点奇怪，想不起是哪个老远的地方会有人给自己来信，怎么又会让县政府派人送来？便问侄子道：

"送信人呢？"

"回去了。"

"是什么事，知道不？"

柳达典摇摇头，扭头跑了。

柳子谷回到家里，见父亲坐在堂前八仙桌跟前，大哥和两个同父异母的弟弟都围在身边，气氛有点异样，看来遇上了什么大事。那封县政府差人送来的信已经被拆开看过，牛皮纸的信封和印着红色行头的信笺分开摊在桌上。老子拆看儿子的信件，在那个年代的农村，没有比这更加理所当然的事了。

父亲劈头就问："这个张治中，就是那个参加过淞沪会战的将军张治中吗？他怎么跑到湖南省政府去了？"

柳子谷顾不得回答父亲，先拿起信来看。看完信，才知道是怎么回事，同时也觉得这个事情很是出乎自己的意料。

父亲又问："张治中不是个带兵打仗的将军吗？怎么会去湖南当省主席？"

柳长华虽然是个读书人，但因为常年生活在乡下，信息自然闭塞，对外界发生的事情知晓无多。张治中是个带兵打仗的将军这一点没错，他早年参加过北伐，后来担任过国民政府中央军校教育长、国民政府第五军军长、第四路军总指挥、第九集团军总司令，参加过赫赫有名的淞沪会战。但是后来的事情柳长华就不清楚了。就在去年11月，张治中调任湖南省主席。他到任后，有志改革弊政，提出建设"廉正勇勤"的"模范省"口号。但要实现这个目标谈何容易，因为眼下全省不少主政县衙门的县太爷不是贪官污吏就是庸才草包，不撤换这批家伙一切都是空谈。于是，他首先实行大规模的招贤纳士，尤其注重推举有声望的知识分子主政各县政府。在物色人选时，自然而然想到了人品和画品一样令人称道的画家柳子谷。得知柳子谷现已闲散在家，便亲笔修书一封，由玉山县政府转交，邀请其出山，去湖南绥宁、通道两县担任县长职务。

柳子谷素来无意仕途，根本不会想到突然会有人请他去当县长，因而一点思想准备也没有。手里捏着信，好半天没说话。

其实，他和张治中之间的直接交往并不是很多，并且仅仅是限于书画而已，根本谈不上有什么非同一般的特殊交情，不知道自己怎么就会被选中去当县长？正在胡思乱想，父亲又说话了：

"现在人家信已经来了，你做什么打算？"

柳子谷皱着眉头，支支吾吾道："……我只想画我的画，不去当什么县长。"

儿子的秉性柳长华自然清楚，虽然他外出多年，但是古话说，"生成的相，捂成的酱"，这是一下改不了的。

这时大哥和三弟都插进话来，说县长可不是什么人都能当的，现在张将军要你去当，说明人家看重你，你就应该去；你不去，人家还以为你摆什么架子哩。

四兄弟当中，读书多的除了老二柳子谷就是四弟柳子益。他比柳子谷要小十来岁，但农村人成家早，娶妻也已经一年多了，只是还没小孩。他算是父亲的同行，这几年都是在临村教私塾，有时也兼做一点小生意。他极力赞同两位哥哥的意见，说：

"二哥，我认为你应该去。我是这样想，既然张将军选中了你，就说明你有这个能力。没能力的人想当当不了，你有能力若是不去当，那不是白白浪费了人才吗？我说你应该去当，并不是想借这个机会攀什么裙带，'一人得道，鸡犬升天'的那一套，我们柳家不齿。你到湖南去当你的县长，离家乡千里迢迢，与玉山又不同一个省，你就是有心关照一下家里，也是鞭长莫及。所以说，如果你是担心家里的人会仗着你当官，而在家乡做出什么有损你形象的事情来，那就大可不必。"

柳长华认为三个儿子的话都说得在理，清了清嗓子说："没错，是这个理。不过我还有一个想法：你去当这个县长，我们柳家出了个当官的，也算是光宗耀祖了！你记不记得你还在穿开裆裤子的时候，祖父就一直是这样盼着你的？他到临终都没闭上眼哩。"

柳子谷在心里对自己说，这个倒还是记得的，只是自己实在对当官没有多大兴趣；更何况，若论爵位，他辞去的中央党部专员虽然是个闲职，但也肯定不会比县长小，宰相府里的丫环还七品官哩。但乡间人哪里懂得不同系列的官阶换算，只知道县长是他们见过的最大的官。

柳长华只管顺着自己的思路往下说："你是不知道，当我看到我们这里有些乡长、区长，甚至只是个保长、甲长，整天在老百姓面前吆五喝六，耀武扬威，走起路来像螃蟹一样横着来，衣裳角都打得人死，心里就特别来气！这些人也不想想，自己算个什么官嘛！"——听这口气，好像自己的老二儿子就已经坐在县长的交椅上了。等不得柳子谷接话，又说："其实，我说的光宗耀祖，也只是光耀在脸面上，图个名声。你不要觉得老爸是贪图虚荣，可我就是这么认为的：人生一世，草木一秋，人活的不就是个名声吗？名声这东西，古往今来，从帝王将相到平民百姓，又有几个人能绕得过去？更何况，只要不凭借名声做坏事，就没有妨碍谁，也就没什么可忌讳的。"顿了一下，又再次把小儿子说过的话加以强调："你四弟说的我认为完全有道理，家里肯定没人会仗着你当县长去胡作非为，做出让你为难的事情来，我们柳家不会出这样的活宝！"

柳子谷忙说："我倒不是担心这些，我不想当，真的是因为自己对当官没有兴趣。"

柳子益试图从另外的角度说服二哥："一县之长，可是全县黎民百姓的父母官。俗话说'为官一任，造福一方'，县长当得好，是全县百姓的福气，我觉得这个作用比你当画家来得直接，意义也就更大。"

父子几个热热闹闹地说个不停，韦秀菁在一旁静静地听着。她拿过信来看了，看后还是没做声。见大家一直拿不出个结果来，才说：

"信里不是说上任前还要到长沙参加培训的嘛，不妨先去长沙一趟，等见了张治中将军，把有关情况弄清楚了再做决定。"

父亲马上表示支持二儿媳的主意："对对对，先去长沙，去了看情况再说。"

先去长沙看一看的决定就这样敲定了。

当天夜里，柳子谷打开地图，沿着从玉山到长沙曲里拐弯的路径，先让手指头在地图上旅行了一遍，第二天便动身奔长沙去了。

这一去时间有点长，半个月过去了，没有任何信息；又过去半个多月，还是不见人回来。

家里人对他迟迟没回来的原因做过多种猜测。先是认为旅途耽搁，但很快就自行否定了这种可能。路途虽然遥远，交通虽然不便，但也不至于会这么久，就是靠两条腿走也差不多该回来了，除非像去三清山朝圣那样，三步一跪七步一拜。后来又觉得可能是他到了长沙以后，又同意赴任了，留下来接受培训，但是一想，他在临行前仍然表示不愿意当这个县长，怎么突然就改变了主意呢？猜来猜去，越猜疑问越多，也就越担心，甚至怀疑是否在来去的路上遭遇了不测——当今乱世，什么意外都有可能发生。与其这样，那还不如一开始就不理会张治中的来信，不去考虑当不当什么狗屁县长，老老实实留在柳村塘尾接父亲的班，安安稳稳当一名私塾先生好了……

就在一大家人越来越焦急不安的时候，柳子谷终于回来了。

其实，家人的前面两种猜测都没错，旅途确实耽误了一些时间，柳子谷也接受了张治中的邀请，参加了"全省拟任县长短训班"的学习。

柳子谷对家里说，他不是一去就答应的，见到张治中时，开始是这么说的：

"我只会画画，当不来官，我这样的人去当官，一点不像官的样子，会有损衙门形象的。"

张治中听了哈哈大笑，说："我相信你不但可以当得来，而且还会当得很好。我要的就是你这样没有官样子的人，那些官架子摆得十足、一口官腔、一身官气的人，我不需要。"还说："画竹，你都知道学郑板桥，并且还一直努力争取'青出于蓝而胜于蓝'；做官，为何就不能学他呢？当年郑板桥在山东范县、潍县当县令，政声不凡，深得百姓拥戴；你去绥宁、通道为官，也同样可以做出政绩来，不输古人！"

当天夜里，张治中还亲自来到柳子谷下榻的旅社，与他促膝交谈，直到门厅里的自鸣钟"当……当……"敲了十二下。

面对张治中的知遇之情，柳子谷只有恭敬不如从命，应允下来。

于是，听从张治中的安排，先在长沙城里待了几天，等到"全省拟任县长短训班"开学，参加完短训班的学习后才回家来。

知道柳子谷已经答应赴湖南当县长，兄弟们都很高兴。奇怪的是这时候父亲倒反而有点心思了，对柳子谷说：

"你到我房里来一下，我有话对你说。"

柳子谷想不出父亲要说什么，一脸茫然地去了。

"你马上就是县长了，又是上峰最信任的县长。"父亲表情严肃，缓缓说道，"在这个时候，我有一句话要交代你：越是顺风顺水的时候，就越要想想清楚：你虽然是一县之长，但切不可无

1939年初夏，柳子谷夫妇与长子明湖、次女咏絮在通道县署宿舍院子合影

法无天，只能吃自己的俸禄……"

柳子谷马上明白父亲的意思，说："爸爸你放心，儿子一定不会是贪官！"

柳长华似乎还是担心："在上任前就打定主意要当贪官的人不能说没有，但是我认为至少不全是这样。我听人说过，有些时候是人在江湖身不由己，不知不觉就变成了贪官。"

柳子谷为了让父亲放心，说自己在南京时有过不少次卖画赈灾，民国二十二年（1933年）江北发大水那次，他一下就捐了两千大洋，"……我自己的钱都拿出来捐掉，怎么还会想到去贪污？"

父亲一听愣了，说："你说什么？两千？"

柳子谷知道父亲又在心疼钱了，忍不住笑了："你刚才都叫我不要当贪官……"

父亲打断话，厉声说："不错，我是叫你不要当贪官，但没有说要你把自己的钱大把大把地送给别人！"说罢觉得还没有把意思表达清楚，又接上说："只要你不贪污，即使不把自己的钱拿出一分一厘来送人，也是清官！钱不送人是本分，送人是人情！桥归桥路归路，两码事！"话出了口又觉得说得有点过火，缓了口气说："就是要送，也没有必要一下送那么多，两千啊，数都要数好一阵的！"

柳子谷知道父亲是个很古板的人，好认死理，也就不指望一时间跟他讲得清道理，便扯开话题去说别的。他说，他这次一人同时担任两个县的县长，这种现象古往今来并不多见，主要原因是目前省政府还没有物色到足够的人选，只好一个萝卜顶两个坑。但张治中答应了，为了便于开展工作，他可以自己选几个助手带去，安排适当的职务，薪水等开销自然也都由财政拨付。父亲马上问：

"还可以带助手去？那你准备带吗？"

柳子谷说："带是肯定要带的，但我不想多带，带个把就行。"

父亲有点担心，说："就一个？会不会少了点？到了外面，身边自己人多一些还是好。"

柳子谷说："人在精不在多，要是带上不趁手的，多了反而坏事。"

父亲又问有了人选没有，柳子谷答：

"我想过了，打算带四弟去。现在他还不知道哩，我想先听听你怎么说。"

父亲一拍大腿，说："我看行！打虎亲兄弟，上阵父子兵。再说，他书也读得不错。"又问计划给四弟安排个什么职位。

柳子谷说："准备让他担任县长助理，这是一个干实事的职位，不是吃闲饭的。”

父亲倒是很同意这个观点，说："对头，人不经过磨炼不行，他还年轻，经历的事情少，你这个当哥哥的得多带带他，手把手教教他。"

柳子谷又说："去了以后恐怕我俩暂时得分开一段时间，我先要以绥宁为主，让他一个人先去通道，我是打算让他独当一面，让他自己学着干。我觉得，他能行的。"

父亲想了一下，说："反正你考虑好了就行。"

柳刘氏在一旁听说习斌要带她的小儿子出官差，很是高兴，想对他说些什么却又有点难为情，鼓着勇气说了半句："真难为你……"

柳子谷的回答也只有半句："自己兄弟……"

第二天，柳子谷对四弟说了自己的打算，问他愿不愿意同去。跟二哥出去做事，柳子益哪里还有不愿意的道理，忙说：

"我当然愿意！我马上就去辞掉教书的活。"

柳子谷先给他敲警钟："跟我出去是要准备吃苦的，不要认为是去吃喝玩乐。"

柳子益急了，说："二哥把我看成什么人了？"

柳子谷说："那就好！"

接着，他把自己刚掌握的有关绥宁、通道的情况做了简单的介绍。

这两个县地处湖南的西南边陲，东西相连，西南方向与广西毗邻，多是深山老林，苗、侗等多民族散居其中，交通闭塞，经济落后，加上匪患频发，老百姓日子过得极为艰难，是个说多苦就有多苦的地方，在这两个县当官肯定不会那么轻松舒服。这次一去，除去日常公务，还有两项至关重要的中心任务是要竭尽全力去完成的，一是募捐、筹粮和征夫，用以支援芷江机场的修建；二是整顿、组建两个县的原剿匪自卫队，清剿匪患。另外绥宁还要比通道多一项任务，就是修建抗日阵亡将士纪念碑。柳子谷说，张治中对修建纪念碑非常重视，明确要求这项工作不能拖后，因为这不仅是对阵亡将士的一种慰藉，也是对民众抗日激情的有力激发，尽可能越早越好。

"这次去我打算把办公地点设在绥宁，"柳子谷说，"这样有利于修建纪念碑的任务在今年内完成。你别看现在才7月下旬，但前面两项工作是火烧眉毛的事，要先抓起来。这样起码也要去掉两三个月的时间。山区的冬天来得早，修建纪念碑的工作如果不往前赶，一旦到了冰冻期就不好施工了。"

柳子益心想不就是建一座纪念碑吗，哪里会用得着好长的时间？他把这个意思说了，柳子谷道：

"你不要小看了一座纪念碑，不是那么轻而易举就能干好的，光是几百位阵亡将士名单的核对就很费时间。张治中将军再三叮嘱，这是一项出不得一丁点差错的工作，要逐村逐户上门核对。我向他保证过的，家里有人的一定要见到家人，家里没人的除了要见到保长，还要至少见到两个以上的村人。而这些将士的家庭所在地分散在方圆百里，又是一色的山路，全靠两条腿走，工作量一定会很大。"停了一下又说："这样一来，今年我只有把大本营安在绥宁，主要精力也是放在绥宁，通道那边只能抽空去一下，那边就只好靠你一个人先去顶着。你看行不行？"

这很出乎柳子益意外，他一下回答不出来，过了一会才说："没跟你在一起，我心里没底……"

柳子谷鼓励他说："你不要怕，拿着任命书，只管大胆去开展工作，先代我在通道履行县长职责。"

柳子益还是底气不足，说："我从来没当过这个县长助理……心里没有一点底，更何况连个商量的人也没有。"

柳子谷笑道："我不是也没有当过县长吗？还不是要硬着头皮上？只要肯去干，就没有什么会不会的。"

"你不同，你在中央党部干过的。"

"就不要提那个中央党部了，我在那里几年一直都是不务正业的，你还以为我真的是在当官啊？"顿了顿，又接着说，"你刚去通道情况不熟，就先做这两项工作：一是执行前任县长布置的募捐、筹粮和征夫任务；再就是把那里各方面的情况摸清楚，为下一步开展工作做准备。我争取年底过去与你会合。同时，我会先把绥宁的剿匪自卫队赶快弄好开始剿匪，把声势造大一点，抓住机会往通道那边突击几次，以减轻你那边的治安压力。"见四弟还是信心不足，又说："要不你就不要这么早一个人过去，先和我一块在绥宁干个把月，待适应了一些再去？"

柳子益想了想，又说："到时看情况吧，能早点过去我还是早点过去。"

接下来的一些日子，一大家人都在为两兄弟的出行做准备。光是梅干菜就晒了十来斤，红薯粉装了两布袋，怕是两个梅干菜的重量都不止。

全家人都在忙忙碌碌，只有柳子谷一个人显得清闲自在，在厢房里铺开宣纸画起画来，画好后又动手调制浆水，自行装裱。这是一幅枝干挺拔、竹叶婆娑的竖幅墨竹，画面左上角还抄录了郑板桥的《墨竹图题诗》：

衙斋卧听萧萧竹

疑是民间疾苦声

些小吾曹州县吏

一枝一叶总关情

　　柳子益见二哥画画，起初不明白在这档口他怎么还有如此闲情逸致，后来看到题画诗终于明白过来，知道之所以赶画这样的画，肯定是要带去任上的。于是，自己也好像有了一些底气，对自己说："有什么好怕的，郑板桥在当县令之前，不是也没当过官嘛！"

　　除了这幅赶出来的画，一同带去的画还很多，以前各个时期留下来的画这次基本上都清空了。为了减少体积和重量，把已经装裱好的画轴全部去掉，尽管这样，还是装了结结实实一大箱子。

　　家里人谁都没有刻意向外吐露过消息，但村里人还是很快就知道了习斌要去湖南当县长，并且是一人管两县，还是省主席亲自点的将，一时间传得沸沸扬扬。村人自是羡慕得很，看柳家人的目光都有些不同往日了。很可惜，当年那个预测柳村塘尾"早晚要出非凡之人"的地理先生已经作古，不然他现在可就有话要说了。

　　下镇乡那个酒糟鼻子乡长不知从哪里听到消息，带了几个乡丁赶到柳家，点头哈腰地问哪天动身，乡里好派人送过去。这家伙一贯对上吹牛拍马，对下作威作福，柳家人平常就看他极不顺眼，今天更是觉得讨厌。但是伸手不打笑面人，也就没让他难堪，只是说不用，告诉说按规定公家会安排的，玉山这边会派人送到省界，那边湖南方面会派人到约定的地点来接。酒糟鼻子乡长还在做最后的争取，喋喋不休地说哪里有我们自己人送贴心，弄得柳子谷一再说"心意领了"。

　　在动身的前三天，村里一个叫柳国多的年轻人来找柳子谷，说是看在同一个祖宗的份上，央求把他也带去。这人虽然也姓柳，但似乎与柳含春这一支系没有多大的关系，就算有，那也是五百年前的事了。柳国多今年二十出头，身强力壮，脑子也算灵光，可惜的是因为兄弟多家里穷，书读得不多。柳子谷在家乡的这大半年，很少见到他，原因是他大多数时间都是在外面躲壮丁。他今天来求柳子谷带他出去，不为别的，就是为了以后家里再不用被派壮丁——给县长当差，免除丁赋那是毫无疑问的。

　　柳子谷正在为难，父亲把他叫到一旁，悄声说，这后生仔为人正直，平时对柳家大大小小也都很有情义，人家现在有了难处，能帮就帮一下。何况你现在只带了子益一个人，再带一个也不算多；再说，子益和他，一文一武，各有各的用处。末了又加上一句：

"他的薪水又不要你私人掏腰包，有利无害的事情。"

柳子谷说："这不是谁掏腰包的事。"想了想，转身过去对柳国多说：

"如果要带你去，我就得为你的今后负责。你得让我考虑一下，明天回你的话行不行？"

转个身又去找四弟柳子益，问他平日里和柳国多接触多不多，如果和他共事，你们两人的配合能不能默契？

柳子益一听就明白了是怎么回事，高兴得答非所问："行行行，把他一同带去好了！"还说，有国多同去，遇事有人商量，那我就用不着先在绥宁待一段时间，可以直接去通道。

3. 旅店巧遇

动身的时候已经到了八月初。

这支队伍不算小，柳子谷一家四口，柳子益夫妻两个，还有柳国多，再加上玉山县政府安排的一个姓陈的干事和三个挑夫，一共十一人。

村里有史以来出了首个县长，不能不说是件大事。离开村子时，送行的除了柳家的亲属和看热闹的村人，还有乡里、区里的这个长那个长。这次远行，一路上一定会比柳子谷当年去南昌读书时省事得多。在江西境内的交通、食宿等相关事宜，均有陈干事负责联络安排，进入湖南境内又有对方接待。

出村时是步行，三个挑夫挑着行李，其他人走空手。一干人走了近十里乡间小道，来到乡政府所在地的下镇街口，只有这里的官道才通外面的马路。县政府派来的一辆带篷布的大卡车已经先到了，那个酒糟鼻子乡长早就守在卡车旁边。司机对柳子谷说，这是玉山县最好的车了，但也不能开快，一快就容易抛锚，从这里去鄱阳湖码头要开一整天。柳子谷说你是司机你做主，慢点开就慢点开。

果然开了一整天，总算把大家运到了鄱阳湖码头旁边的一家旅馆。路上多亏司机好几次及时发现车子有抛锚的先兆，当机立断停车稍事休息，待车子歇匀了气再继续前进，才算没有节外生枝。

卡车把运来的人和东西卸下来就调头回去了，因为汽车上不了船，过了鄱阳湖会有南昌的车子在那边码头接。陈干事和挑夫跟着在旅馆住下，他们要一直随着南昌的车子，把人送过萍乡，到达江西同湖南交界处的一个小镇，同来迎接的人办过交接手续才能返回。其实，那三个挑夫是完全可以跟汽车回去的，因为已经基本上没有他们什么事了，他们的作用主要是体现在从柳村塘尾出来的那十来里小路上。柳子益和柳国多也都劝他们回去，说从这里到码头没有几步路，后面的活儿自己能对付，但陈干事坚持挑夫要一道送到湖南边界。柳子谷到底是在官场上混过的人，知道这是公事公办的官样文章，也就不说什么，随陈干事了。

第二天一早，一干人早早来到码头。

当年柳子谷去南昌求学时，也是在这里上的船，如今码头的模样已经有了变化，主要是规模大了许多，一排系缆绳的缆桩也大都换过了，只有少数几个还是老的，已经被缆绳折磨得伤痕累累。

上船下船，上车下车，都很顺利，临近中午时分到了约定交接的小镇街口。前来迎接的是一个二十六七岁的年轻人，中等身材，利落精干。他自我介绍说，他叫王世柏，通道县苗族人，在通道县剿匪自卫队当差，是县政府派他来的。

柳子谷有些奇怪，心想怎么不是政府的人来，要从剿匪自卫队里派人？

王世柏人很机灵，马上就猜出了新任县长的心思，轻声说了句"如今世道不大太平哩"，又暗示地拍拍身上的褡裢。褡裢看起来沉甸甸的，很明显里面有短家伙。原来，派他来是要他兼任警卫员的。

没见他带挑夫，也没有看到卡车。他说，湖南境内用不着挑夫，从这里去目的地，一头一尾的路虽然曲里拐弯，但都是马路，有汽车可坐。只有中间一段七八里的山路通不了汽车，不过人可以雇轿子抬，行李可以雇骡子驮，也还是比较方便的。至于汽车，王世柏说山路这边由醴陵的车子负责送，山路那边通道的车子会来接。只是醴陵的车子碰到了一点特殊情况，由于连日暴雨，一处山体滑坡，把马路埋了半里长，抢修的临时便道只能过人，汽车要等两天后路通了才能开过来。现在只有先在小镇住下来，干等。

碰上这种情况实属无奈，一行人只好听任王世柏安排。

王世柏带着人来到一家事先已经订好的旅店，先安排好房间住下，接着吃午饭。饭后玉山来的人跟南昌的车子回去了。

下午没事，待在房间里又太热，于是大家就坐在旅店门口的树荫下乘凉。柳子益和柳国多两个去通道的人，在路上就已经开始"磨合"起来，有着聊不完的天。

四十来岁的店老板忙得像个陀螺，屋里屋外、楼上楼下团团转。他本来是蹲在店门口的大木盆边搓洗被单，听到屋里有旅客大喊老鼠把袜子叼跑了，又慌忙跑进去帮着追捕老鼠。处理完袜子失窃事件出来刚要接着洗被单，突然又想起了还有什么事忘了干，就又返身进屋。再次出来的时候，柳国多搭话说：

"老板，这么大一个店，你一个人怎么忙得过来？"

店老板苦笑一下，说："这只怪我自己啊！"一边干活一边和客人有一句没一句地闲聊起来。他说，本来是夫妻两个打理旅店的，忙是忙点，但不至于像现在这样顾得了头顾不了尾，可是因为前两天和老婆吵了架，老婆跑回娘家去了，才落得这个样子。

柳子益说："夫妻之间有什么吵的，你看，现在后悔了吧？"

"你们是不知道我当时有多气，"店老板似乎满肚子的委屈，愤愤然道，"我那幅画可是花了好大的价钱啊，被她'啪'的一下，成废品了！"

柳子谷只要一听到与画有关的事情，立马就有了兴致，插进话来：

"是什么画？花了多大的价钱？又怎么成了废品？"

店老板报出了价钱，柳子谷听到这价钱还有零头，禁不住"哦"了一声。店老板接着叹了口气，打开了话匣子。

说起来，店老板也是个文化人，在长沙念过高等师范，是镇里唯一的高等学历。毕业后阴差阳错没有去当教书先生，而是跟一个皮草师傅学做生意。这营生与文化没有太大的关系，但却比较赚钱。他跟着师傅把从当地收购的毛皮送去长沙加工，然后再运到上海、南京、杭州等地销售。几年后出了师自己单干，生意竟然做得比师傅还好。有了钱，再回过头来开始接触一些与文化有关的事情，比如收藏艺术品之类的，似乎只有这样才对得起十年寒窗。

年轻人性子急，柳国多忍不住问道："皮草生意做得好好的，怎么又会来开旅店呢？"

"不要提了，"店老板懊恼地说，"三年前，我在送货途中被土匪抢了，差点连命都丢了。后来想想都害怕，就改了行，盘下了这家旅店，宁愿少赚点，图个安宁……"

柳子谷还是想知道他关于画的故事，问道："那画是怎么回事？"

"那是在被土匪抢的头一年，"店老板说，"我到南京出货，遇上一个画展，看中了一幅画，就买了下来……"

　　柳子谷听到这里，连忙打断话说："是不是画的兰花？"

　　店老板奇怪了，反问道："你怎么知道？"

　　柳子谷不答，又问："不会是柳子谷的吧？"

　　老板越发惊奇，眼睛突得老大："就是柳先生的啊，你怎么这么清楚？"

　　不仅是店老板，连柳子谷带来的人也都很奇怪，心里都在说，天下的画多了去，怎么就知道是画的兰花？画兰花的画家也很多，怎么就知道是你画的？王世柏就更是云里雾里，他只知道眼前这个新来的县长叫柳子谷，怎么柳子谷还是画家？

　　柳子谷自己心中当然有数。他听店老板报出来买画的钱不是整数，顿时就有了几分底，因为当时南京城里只有他画的兰花是按叶片数量定价的，这就难免价钱不出现零头。

　　店老板自认为已经明白了事情的原因，猛地一拍巴掌，手上的洋碱水溅到了眼睛里，一边撩起衣襟擦眼睛一边说："你肯定也到过南京，听说过柳先生的名字。当时在南京城里只要提柳子谷三个字，很少有人不知道的。这位先生，我没猜错吧，你是不是到过南京？说不定也去看过他的画展，我一看你就觉得有点面熟哩。"

　　柳子谷道："不错，我确实到过南京，南京很多画展我都去过。"

　　"就是嘛！"店老板很得意自己的判断能力，又接着说："我十分喜欢这幅画，一直把它挂在房间里，天天都看，越看越有味道！谁知道……"说到这里，不禁又懊丧起来……

　　事情的起因小得不能再小。就在大前天夜里，蚊帐里不知怎么进了几只蚊子，把店老板夫妻两个身上都叮起了包，痒得难受。两个人只好半夜起来亮灯捕杀，其他的蚊子很快就逃掉了，只有一只花蚊子由于吸血过饱，行动迟缓，落在了后面。但是尽管这样，夫妻俩慌手慌脚还是没把它逮住。花蚊子逃出蚊帐，笨拙地盘旋了一圈，最后落在了墙壁上的一幅画上面。这幅画，便是柳子谷的兰花。丈夫忙叫："在画上！"妻子来不及多想，赶紧一巴掌拍过去，"啪"的一声。蚊子倒是一命呜呼，但却在第一现场留下了一摊猩红的血渍。这血迹瓜子般大小，形状也很像瓜子，一头圆润一头尖细。这该死的蚊子，屋里空间那么大，哪里不好落，偏偏落在这幅画上，并且还挑了画面的留白处。雪白的宣纸上一摊血迹，一白一红，色彩对比十分强烈，显得非常刺眼。一粒老鼠屎坏了一锅汤，一件价格不菲的艺术品，就这样被糟蹋了！

这样一来，下半夜夫妻俩哪里还有睡意，你怪我来我怪你，一直争吵不停。妻子说，不是你说蚊子在画上我就不会去拍；丈夫说，我是向你通报蚊子的行踪，又没有让你立刻去拍它！

天亮后，店老板把画取下来送到装裱店，问装裱师傅有没有办法处理这团血渍。装裱师傅仔细看过，确定血渍已经"力透纸背"，表示无力回天。回到家里，店老板又不停地责骂妻子。妻子一气，赌气跑回娘家了。店老板冷静下来仔细一想，才觉得这个事情似乎不能全怪妻子，自己也有推卸不了的责任，尤其是那一声"在画上"，无疑起到了唆使的作用。

听到这里，大家也都觉得惋惜不已。柳子谷却说：

"这幅画，可以拿出来让我看看吗？"

店老板虽然嘴里说着"不看倒还好，越看越难过"，但还是在围裙上擦干了手，起身进屋去拿画了。

空谷幽兰

画拿出来，还没展开，仅从外部装裱上柳子谷就认出了这东西确实出自自己之手。接过来，到厅堂的桌子上打开，果然是自己画的《空谷幽兰》，亲笔落款赫然在目。这类题材的作品由于社会认同度高，市场看好，他曾经画过很多幅，连题字也都大同小异。站在画轴前，纸上所有的笔触都非常熟悉，加上又是在遥远的异乡得见，所以又平添了几分亲切感。再看蚊子留下的那摊血渍，已经不再有新鲜时的那种猩红，而是变成了类似铁锈色的暗红。画面上出现这么一团污迹，确实大煞风景，说它毁了一幅画一点也不为过。

柳子谷的随行人员和王世柏也都围过来看，见到此画真的是出自主人之手，都觉高兴，但谁都没有说出来，只是互相交换着新奇、愉悦的眼神。

店老板无限惋惜地说："要是这摊血落在花朵上也要好一些，这蓬兰花本来就是开的红花，那就不至于会这么显眼。这该死的蚊子，落在哪里也不看看地方……唉，现在说什么也晚了！"

柳子谷将画仔细观察了一遍之后，说："这画，还有得救。"

店老板有点不相信自己的耳朵，说："你说什么？还有救？"

柳子谷说得很肯定："对，有救。"

店老板半信半疑："怎么救？"

柳子谷说："只要把它改画成一朵兰花就可以了。从构图上看，这个位置不偏不倚，正是地方。"

店老板疑惑地说："改画兰花？这蚊子血都成暗红的了，和其他的花朵的颜色不搭啊！再说，就算是搭，又叫谁来画？这可是柳子谷先生的画，他笔下的兰花，不是随随便便的画家能画得出来的，叫我到哪里去找这种本事的人？"

柳子谷缓缓说道："我来试试。"

"你？"店老板打量了柳子谷一眼，满脸的疑惑，有一句话没有说出来："你可不要把聋子救成了哑巴。"

柳子谷明白对方不会轻易相信自己，便说："这样好了，等下画完，你如果觉得不满意，我就按原价把画买下来，这总可以吧？"

店老板一听，心想这人既然敢这样说话，就应该有些本事。但还是有点不放心，追问一句："此话当真？"

柳子谷说："说话算数。"

店老板为了把事情进一步砸实，以半开玩笑半认真的口吻说道："若是画得不遂我意，我可是真会要你赔钱的哦。"

两个人说话的时候，柳子益已经跑去房间打开行李，取了画画的家什过来。他很想二哥在这里露上一手，让人家见识见识。

柳子谷铺开家什，往调色盘里加了几种颜料，又提起笔来在清水里湿润了笔锋，在调色盘里这里舔几下那里舔几下，对着那团血渍就要下笔……正在这时，屋里楼上突然有旅客喊起来：

"老板，这里闹旱灾啦！"

店老板嘴里应着"马上就到"，急忙转身几步跨到厨房，提起灶台上的铜壶就往楼上跑，上楼梯时还被绊得打了跟跄，他是生怕因送水耽误了看画画。可还是耽误了，等他扛完旱回来，画面上哪里还有什么蚊子血渍，取而代之的是一朵红色的兰花，似乎刚从兰草中探出身子，开得鲜亮，开得撩人。更令人叫绝的是，明明知道这朵兰花是从那团血渍演变而来，却找不到半点原来的血迹影子，几笔深浅有别却又恰到好处的红色，将一朵含羞初放的兰花表现得无比自然、生动。那铁锈色的暗红，已经变成了花朵的背光面。并且这迟开的花朵与先期开放的伙伴们是那样的相容合群，分明是"一奶同胞"！

店老板十分惊喜，击掌叫道："神来之笔！化腐朽为神奇的神来之笔！"

柳子谷对店老板说："我索性再题几个字吧？"

店老板已经高兴得不行，连声说道："题，哪能不题！"

柳子谷换了一支墨笔，在画面左边偏下的空白处写道：

> 饱去樱桃重
> 反掌落锈红
> 今着丹颖色
> 莫要负朱荣

柳子益和店老板这两个读书人肯定看得出，诗的第一句出自宋朝文学家范仲淹的《咏蚊诗》，描绘的是蚊子吸饱了血的状态，第二句系从清代浙江名士单斗南的《咏蚊诗》"反掌陨微躯"一句化出，第三句的"丹颖"和第四句的"朱荣"，均为红色兰花的雅称。全诗将今天补写兰花的缘由巧妙道出，别有情趣。柳子谷一边写，两人在旁边不住地喝彩叫好。

接着，柳子谷又写下落款：

> 子谷戊寅新秋于赴任途中

店老板一看"子谷"二字，顿时呆了，嘴巴先是无声地张合了几下，最后才说出话来："你、你、你原来就是柳先生？哎呀呀，怪不得有点面熟呢，我真是有眼不识泰山啊！"

柳国多故意说："老板，我这里还是把钱赔你吧，这幅画就归我了。"

店老板不好意思起来，连忙说："多有得罪，见谅见谅！晚上我设宴谢罪，到时我先自罚三杯！"

柳子谷笑道："那就不必了，你还是赶快去把妻子接回来吧。"

……

关于这件趣事柳子谷自己也觉得很有意思，到了晚年还对晚辈提过几次，说可惜当时没有拍下那幅画的照片留个纪念。他还特别交代，日后家里有谁到那边去，就顺便去找一下那家人。店老板是姓陈还是姓程不能确定，那家旅店叫"平顺旅店"倒是可以肯定的，是一幢两层木楼，十多间客房；地点有些模糊，只知道是萍乡与醴陵交界的地方，虽属醴陵境内，但离萍乡的上栗不很远。若是找到了，那幅画又还在，就拍张照片回来。可是，在先生的有生之年，由于家人基本上都散落在北方各地，山高水远，加上其他种种原因，一直没人去过那地方。直到2015年，先生的后人为了探寻先生人生旅途的轨迹，专程去了绥宁和通道，途中特意去过那一带寻找。不过遗憾得很，由于年代久远，线索有限，结果无功而返。

4．路过洪江

大家在旅社等到第三天早上，都等得不耐烦了，路才通，车才来。来的也是一辆蒙着篷布的大卡车，车子载着人和行李上了路。

车子弯来拐去一路往前。越开到后来，路上来来往往的车辆就越多，砂石马路扬起的灰尘几乎就没有断过。车辆大多是运货的，车厢里的货物有桶装的也有打包的，也有的是整车的粗大原木。柳子谷有些意外，说：

"看来，这大山里面的经济还是蛮发达的。"

王世柏介绍说："再往前不到两百里，有一个叫洪江的地方。在我们湖南，除了长沙可能就数那里繁华了。"

一听"洪江"二字，柳子谷马上问道："我们要从那里经过吗？"

王世柏告诉说："今天晚上我们是要在那里过夜的。"

洪江的名声，柳子谷早有耳闻。别看它在历史上只是湘西南的一个边陲小镇，但却在清末民初不足百年的时间，发展成为大西南著名的物资集散地，集散的物资在全国占据举足轻重的地位，尤以桐油、茶叶、白蜡、松香、木材、鸦片闻名于世，因而使得这里成为湘西南地区经济、文化、宗教的中心，享有"湘西明珠""小南京""西南大都会"等美称，其繁华程度远远不是一般的县城可以比拟的。柳子谷之所以对洪江这名字有深刻印象，主要还是听说这里的古商城和古民居很有特色，堪称《清明上河图》的活版本。南京的一些画友曾经几次相约来这里采风，只是由于各种原因未能成行，没想到今天竟然"无心插柳柳成荫"了。

从早上颠到下午，终于颠到了要岔下马路的地方。

前面要走的是需要步行的山路，有七八里远。其实，本来也是可以继续坐汽车从马路走的，但是得绕上百十来里，弯子打得太大，所以王世柏选择了从山路步行。

只见路口有二十来个抬轿子的汉子候在那里，短衣短裤，皮肤晒得黝黑发亮。这些都是家住附近的乡民，所谓的轿子也只是固定在两根竹篙上的大号竹椅而已，顶上撑着一块刷了桐油的龙头细布，用作遮阳避雨。轿子虽然简陋，但却是他们赚取铜板必不可少的生产工具。利用农闲时间出来找活干，赚几个脚钱，是近边乡民最擅长的谋生手段，轿夫便成了他们的第二身份。在他们不远的路边坡地，还拴着十多头骡子。轿子抬人，骡子驮货。这些轿夫和骡子客，在等生意时三五成群聚在一块聊天嬉闹，十分友好的样子，一旦来了客人，就蜂拥而上围着客人抢生意，方才的友情在可能产生的经济利益面前，显得不堪一击。

柳子谷一行风尘仆仆地从汽车上下来，自然也引起了一阵哄抢。王世柏上前拦住他们，说且慢且慢，我们还没吃午饭呢，等吃过饭再说。

路边大树底下有卖吃食的摊子，小吃和炒菜、米饭都有。吃饭时身边围着一圈轿夫和骡子客，与看猴戏没有多大区别，大家都不习惯这种用餐环境，于是只是随便填了一下肚子。两个女眷每人只吃了一个茶叶蛋就说饱了。

王世柏选择性地点了两头骡子，又点了五抬轿子，让大人都去坐轿子，两个小孩就由大人抱着。没被点到的轿夫还在努力争取，说你们有六个大人，还差一抬哩。王世柏朝他们嘻嘻一笑：

"爸妈没生我坐轿子的命哩。"

柳子谷过来对王世柏说："有两抬就够了，三个男人和你一样，都走路。"

王世柏忙说："那怎么行？不行的！"

柳子谷说："怎么就不行，坐了这么久的车子，正好活动活动身子骨。"

王世柏退了一步，说："至少你是要坐的。"

柳子谷问："为什么？"

"你是县长。"

"既然我是县长就听我的，让两个女眷坐就可以了。"

轿夫们听说面前这个瘦削的人是县长，先是愣了一下，随即又你一言我一语起来，说那更要坐，从来没见过县长走山路不坐轿子的；就是戏台上演的县太爷，也是一个个都坐轿子的。

柳子谷坚持说："县长的脚生来也是走路的。就这样定了，只要两抬。"

刚才被点中的五抬轿子十个轿夫，生怕自己在精简之列，都争着说自己力气大，轿子抬得稳。王世柏也不同他们多说，只管按自己心目中的标准在五抬里面选择了两抬。

上了路，柳子谷走到四弟旁边，悄声说："你注意到没有，这个王世柏人品不错。"

柳子益点点头："我也觉得是。我看他前后两次选轿夫，都是挑年纪偏大的，现在这四个轿夫没一个是年轻力壮的，连牵骡子的都是瘦弱的小个子。他们抢生意肯定抢不过其他人。一个人能够同情弱者，至少说明这人心地善良。"

柳子谷又说："你和国多去通道，人生地不熟，可以通过他熟悉情况……"

两个人正说着话，前面有人争执起来。原来是王世柏和柳国多两人要帮忙抬轿，说是让轿夫换肩歇一下，而轿夫却生怕会因此被扣脚钱，说什么都不答应。

走完这段山路，通道来的汽车果然在路口等。坐了一阵汽车，掌灯时分到达洪江。柳子谷没让汽车开到旅馆门口，说是走一段路，看一看这地方的夜景。县长开口，众人当从。

洪江这地方虽然只是一个镇，却非一般县城可比，一路过来极少看到有这么热闹的地方。主街道很长，两边的店铺挤挤挨挨，在灯笼光的映照下，五颜六色的商品幌子从两边伸向街道，幌子底下的行人来来往往。

一行人边走边看，突然从旁边巷子里跑出四个涂脂抹粉的女人，二话不说，两个扯住柳国多，两个扯住王世柏，就要往巷子里拖。

一干人马上明白了是怎么回事。两个当事男人赶紧用力挣脱，怎奈这种女人的粘性要比牛皮糖强大得多，刚扳开这只手另只手又上来了。两位非当事男人还是第一次这样近距离见识这种事情，一时手足无措。两位女眷也只有干着急，只是徒劳地大骂不要脸。

这些做皮肉生意的女人瞄准的目标主要是外地商客，她们眼睛很毒，不仅能轻而易举分辨出你是不是外地人，还能迅速从一群人里面判断出谁是没带家眷的单身男子。骂这种女人不要脸，其实是在变相夸赞她们的业务素质，说不定还会起激励作用。

王世柏这时候虽然意识到自己的职责所在，却由于本人也被缠住，自身难保。一番拉扯过后，终于急中生智，猛地一声大喝，趁那个大胸脯女人惊得一松手的工夫，迅速腾出手从裆裤里掏出枪来，退后一步，把四个女人当作移动目标作瞄准状。

女人们顿时花容失色，一阵鬼叫，连滚带爬撤回巷子里去了。

虽然是一场虚惊，但大家都说不再逛了，赶紧去旅馆。

住了下来，洗漱完毕，旅馆的饭点已经过了。大家正商量着晚饭到哪里吃，突然从窗口发现外面站了一排端着枪的警察。王世柏笑起来，说这个误会闹大了，叫大家不要急，他出去解释一下，没事的。

果然他出去不多时就回来了，为首的大个子警察也跟着进来，连连向柳子谷表示歉意。原来，因为刚才在街上王世柏亮了枪，被人误认为是歹人，才招来了警察。

饭馆老板听说柳子谷是赴任的县长，连忙过来相见。听说客人来自江西，又忙说自己也是江西人，老家永新。得知大家还没吃晚饭，连忙朝厨房大喊："赶快把火打开——"

……

众人在洪江舒舒服服住了一夜。

第二天吃过早饭，柳子谷又到街头巷尾上兜了一圈。要不是公务在身，他真想在这里待上几天，画它一摞写生。

半下午时分，一行人终于平安到达绥宁县城寨市。

王世柏在路上得知柳子谷这次要留在绥宁，不跟他去通道，不禁有些失落。他一直以为通道县政府派他来接人，人就自然是跟他去通道的。柳子谷把暂时去不了的原因向他做了解释，又说柳子益和柳国多会随他一起去的，还说他俩到了通道，工作上还需要他的大力支持。

在绥宁住了一晚，第二天柳子益夫妻和柳国多随王世柏继续前进，往通道去了。

5．画家县长

绥宁县政府办公房后面有个幽静的小院子，立着两间瓦房。县政府已经提前收拾好了，作为新任县长的安家之处。这里环境还算不错，一大一小两棵樟树，树荫能遮住半个院子。

安顿下来后，柳子谷第一件事就是往卧室的墙上挂一幅画。毫无疑问不可能是别的画，只能是从家乡出来前特意赶画的、写有郑板桥题画诗的那幅墨竹。挂好，退后几步端详一番，看看歪没歪，接着又把题画诗默念了一遍：

衙斋卧听萧萧竹
疑是民间疾苦声
些小吾曹州县吏
一枝一叶总关情

看来，二百多年前这位同行的亲民情怀，竟然成了今天柳子谷的为官之道。新任县长便是怀着这样一种情感，开始他的官场生涯的。

张治中布置的三项任务，每项完成起来都非常不容易。

先说第一项，为芷江机场建设服务的募捐、筹粮和征夫。

芷江机场位于绥宁以北的芷江县境内，距遂宁县城的直线距离差不多两百来里，距通道就更远。修建这座机场，是迫于当时抗

墨竹·1981

日战场的严峻形势。为了遏制日军的空中优势，国民政府军事委员会决定在日本人意想不到的地方修建一个秘密机场。之所以选址在湘西的丛山峻岭之中，其中一个重要的原因就是为了保密——周围都是连绵的高山峡谷，日本人做梦也不会想到，"狡猾的中国人"会在这几乎不可能的地方修建机场。为了保密，当时募捐、筹粮都是打着赈灾的名义，征夫则是说去开山修路。就连民夫们自己，也不知道他们是在修建机场，还说这路怎么用得着这样宽？由于地势的原因，使得机场的工程量非常浩大，施工异常艰苦。最多时一共调集了周围11个县的5万民夫，1936年10月开工建设，计划6年建成。因条件所限，施工方式极其原始，锄头、铁锹和撬棍成了施工的主流器械。每一包水泥，每一粒沙石，都要靠骡子翻山越岭驮来。由于环境十分恶劣，条件太过艰苦，民夫伤亡事故频发。

柳子谷上任时，正是机场建设最为紧张的时候，募捐、筹粮和征夫的任务十分繁重。要在穷乡僻壤的辖区完成省政府下达的这些任务，其困难程度超乎了想象。

这项工作无捷径可走，只有到老百姓中间去做动员工作，求得支持。柳子谷将县政府的公务人员除了几个看家的，其余人分成三组，分别都下到民间去。他自己也带着几个随从，爬山过岭，走村串户。晴天一身汗，雨天一身泥，哪里还有半点县太爷的样子。随从们都说，长到这么大，还没听说过有这样自己找罪受的县长。

没有同当地老百姓接触以前，柳子谷想当然地认为，募捐和筹粮相对会比征夫容易一些，哪里会料到却有不少人家宁愿出人也不愿意出钱出粮。问为什么，得到这样的回答：出人，只是一个人吃苦，咬咬牙，能挺过去就过去了，万一挺不过去也是命里注定的；出钱出粮，那全家就要受苦受难了……几句话把柳子谷说得心里难过无比。

柳子谷因此特地召集机关所有公务人员开了个会，宣布大幅度削减行政经费，同时号召大家每月都捐出自己的部分薪水，为全县的老百姓起个带头作用，时间暂定一年。他说：

"我知道大家都指望这点薪水养家糊口，但是不管怎么说，在座的毕竟有皇粮可吃，再怎么困难比乡间的黎民百姓总要好一些。至于捐多少，不做硬性规定，同仁之间也不搞攀比，大家各尽所能就是了。我是一县之长，带头捐资更是责无旁贷。我每月捐多少，已经告诉了财务人员，他会为我代办。"

会开完，布置好当前的工作，柳子谷又下村去了。

至于当时柳子谷每月捐多少钱，除了那个经办的财务人员没有谁知道。曾经有好事者去问过那个经办人，得到的回答是："柳县长不让我说，但是我可以告诉大家这一点，不论是谁，再捐多少都不可能有他多。是怎么回事，你自己去想吧！"于是一传十，十传百，大家都说柳县长每月捐的钱比谁都多。到底多多少？又是怎么个多法？还是没人说得清楚。

最爱此花月月红·1962

一天，柳子谷和几个随从下乡回来路过一个村子，老远就听到有妇人的哭声。走近一看，只见村边大路上躺着几只死鸡，一个妇人坐在地下，披头散发，哭得缓不过气来。村里人告诉说，这是一位寡妇，上有多病的公婆，下有尚未成年的儿子，家里经常是米缸里没米，油罐里没油，就连炒菜的咸盐，也全靠用鸡蛋去换。但即便是这样，在前段时间保长敲锣募捐时，她二话没说，捐了二十四个鸡蛋。可是哪里会想到，肩负补贴家中生活来源之责的五只下蛋母鸡，竟然因为误食了村人用来药蝼蛄的毒饵，死了个精光！

柳子谷看她哭得可怜，便上前安慰道："莫哭莫哭，我来赔你的鸡就是了。"

妇人听说县长要赔鸡给她，哪里肯信，但也止住了啼哭，想看看到底是怎么个赔法。

只见柳子谷吩咐随从取出随身携带的笔墨宣纸，选了一小块干净的平地，就地作起画来。不一会，一只母鸡领着一群雏鸡觅食的画面就跃然纸上了。其中两只雏鸡争抢一条蚯蚓，各啄住一头，像拔河一般死命拉扯，憨态可掬，令人忍俊不禁。画完鸡，又在旁边添了几笔灌木衰草，然后题下诗句：

豪门酒桌一道菜
农家锅中半年粮
侠客义士购此画
保你全家得安康

柳子谷对妇人道："你不用难过了，这就是我赔给你的鸡。你可不要小看了，说不定比你的生蛋母鸡还值钱哩。"

妇人一看原来还是这种赔法，认为自己受了戏弄，立刻大叫大嚷起来："好你个县太爷，净拿我们穷苦老百姓寻开心，画几只这样的鸡来哄我寡妇人家！"一边骂一边推了一把过去，把柳子谷推得打了个趔趄。

几个随从慌忙上前扶住，一个随从朝妇人呵斥道："没见过你这样不识好歹的人！"

柳子谷倒一点也不生气，对妇人说："你只管把这幅画挂到村口去叫卖，价格嘛，你愿意卖多少就开多少。"

妇人半信半疑："这纸上的鸡也会有人买？"

柳子谷说："以一天为限，如果明天这个时候还没人买，你就到县政府来找我，我出钱把它买回来。你看这样行得不？"

第二天一早，柳子谷就得到禀报，说那妇人当天就把画卖了。她不敢开高价，说自己被毒死了五只鸡，就卖五只鸡的钱好了。一个过路客商喜从天降，还主动多付了一倍的钱，把妇人高兴坏了。

这个"画鸡赔鸡"的传奇性故事，随后迅速在全县流传开来，据说中华人民共和国成立后还被县文化部门收入了民间故事汇编。2017年，居住在寨市西河街18号的84岁老人王海柏都还记得这个故事，讲起来绘声绘色。老人还说：

"柳县长人很随和，我父亲那一辈的人都是喊他'画家县长'。当时县城里只要家中稍微有点钱的，都向他买过画，实在喜欢他的画而又没钱的，他就送人家一幅。可惜，那些画在'文革'期间基本上都被当作'四旧'，一把火烧了……"

当时虽然募捐、筹粮的工作十分艰难，但由于县长以身作则，县政府上上下下也就不敢懈怠。在大家共同努力下，没发生过半点拖机场建设后腿的情况。1942年机场如期建成，成为中美空军的重要军事基地，有"远东第二大机场"之称。从这里起飞的战机，多次给了侵略日军致命的打击，在中国抗日战争的战场上立下了汗马功劳。

有意思的是，1945年日本战败，交战双方就是在芷江举行举世瞩目的"洽降会议"，芷江机场成为中国人民取得抗战胜利的首位见证者。其实，关于这件事还有一个鲜为人知的小花絮。那就是这次使国人扬眉吐气的洽降会议，原本是选择在江西玉山召开，后来只因当时玉山机场跑道损毁严重，短期内修复无望，飞机无法起落，国民政府只好在只剩下最后十天的时候，临时决定改址芷江。会议改址，这事本来倒没有什么特别之处，战争年代任何意外的变故随时都有可能发生，而叫人难以解释的是，洽降会议的会址不论是在玉山，还是在芷江，竟然都神差鬼使地与柳子谷有着无法剪断的关系：一个是生他养他的故乡，一个是他倾注过殷殷心血的地方。

柳子谷当时到底每月捐出了多少薪水？连妻子韦秀菁也不是很清楚，她问丈夫，丈夫只是笑笑，说："你管这些做什么，只要我们不冻着不饿着就行了呗。"一直到晚年，他也没有再提过这事。对于后辈，这几乎成了一个永远的秘密。

时间到了2017年，先生后人到绥宁县档案馆查阅有关先生当年的档案资料，决意要从故纸堆里寻找答案。可是，有关先生当年的其他资料一应俱全，诸如签发的文件、亲自起草的电报稿……还有张治中颁发的任命书以及先生发给省政府的电报文稿，政无巨细，一样不缺，可就是没有要找的东西。于是又另辟蹊径，改从工资档案入手，希望能够从中发现蛛丝马迹。然而万万没有想到的是，查遍当时所有的工资表，其他人员的薪资都一一登记在册，清清楚楚，唯独找不到柳子谷的。难道说，先生竟是一名不领薪水的县长？莫非当年那个财务经办人说的"不论是谁，再捐多少都不可能有他多"，就是暗指他给自己"停薪留职"？这也未免太出人意料了！

这个消息传到分散在全国各地的儿女们那里，大家在惊讶之后，仔细一想，也都觉得这种可能性很大，因为这同当时家中的实际情况以及父亲的人品都非常吻合。儿女们早年从母亲口中得知，当时家中的日常生活开支及来往的盘缠，都出自卖画所得；父亲赴任时带去的满满一木箱画，还有后来在当县长时画的画，几乎全被卖光，所得的钱除了留下不多的生活开销，其余也全都捐出去了……

上面说的是省政府布置的三项任务中的第一项，下面说第二项：清剿匪患。

有人说，"穷山恶水出刁民"，看来绝非胡说八道，地无三尺平、人无三分银的湘西，素来匪患不断。民国以来，东一股西一股的"绑老二"（当地人对土匪的俗称）多了去，但大多是十来人的小股势力。这些绑老二多属业余性质，农忙时各自在家务农，农闲时结伙外出打劫。当然，真正成气候的绑老二虽说不多，但也有那么几股。闹腾得最凶的这一股，头目是李氏两兄弟。哥哥李伯奎虽说也是心狠手辣、阴险狡诈，但先长的眉毛不如后长的胡子，跟弟弟李仲奎比起来却是小巫见大巫。李仲奎仗着练武多年，三五个壮实汉子不是他的对手，烧杀掠夺更是肆无忌惮。也许正是这个原因，李仲奎虽排行老二，但却雄踞"大当家"的交椅，人送外号"大阎王"，哥哥李伯奎反倒成了"二阎王"，得服从弟弟的指挥。两个阎王手下有一百五十多号人马，吃饭家什除了百十根老套筒，还有十多把驳壳枪、一挺半机关枪（其中一挺时不时卡壳，谓之半挺）。由于势力庞大，虽然坐镇在通道的深山老林，但活动范围不仅横跨通道、绥宁，还向周边县域辐射。其他小打小闹的小股绑老二每年到了端午、中秋、春节这三个重大节日，还得向他们进贡，求其赏口饭吃。老百姓对这股绑老二又恨又怕，如果哪家有幼儿不听话，大人只要说一句"阎王来了"，小孩立马就老实了，哭都不敢出声。其实，不仅是小孩怕，大人也怕。据说有一次在通道县城街道，两个小贩为一桩买卖吵得不可开交，这时有人故意大喊一声"阎王来了"，两人顾不得争吵，撒腿就逃。

民国二十三年（1934年），李仲奎考虑到自己战线拉得过长，增加了打劫成本，便让哥哥带了三十多个喽啰出去另立山头，并划给绥宁的一块地盘作为其活动区域。李伯奎一下由"凤尾"变成了"鸡头"，成了一方诸侯。但这两股绑老二并非平起平坐，而是从属关系，遇上联合行动，二阎王还是要听从大阎王的调遣。他们时分时合，杀人越货，无恶不作，给当地百姓带来了无尽的灾难。

柳子谷到了绥宁以后，把原来的县剿匪自卫队立马进行改组整编，并亲任队长。人员尽一色嗷嗷叫的后生仔，武器也要比绑老二的好不少。在清剿开始之前，还请军队派人帮助训练了半个月。

小股绑老二本来就是乌合之众，也就只是在手无寸铁的老百姓面前耀武扬威，见官府动了真格的，立即作鸟兽散。李伯奎开始还以为自己这些人玩枪弄棒多年，没这么容易被官军剿灭，心想只要注意避其锋芒，还是可以生存下去的。所以有一次遇上剿匪自卫队的一个小分队时，还想较量一下。可是一交火就很快败下阵来，死三伤四。队伍被打散，大部分人藏了枪回家种地，只剩下李伯奎和少数几个骨干分子拖着枪东躲西藏。

怒吼·1949

剿匪自卫队再接再厉，瞄准机会又向通道境内的大阎王李仲奎出击了两次。虽然没取得什么实质性战果，只是在追击中捡到了一条子弹带和一只鞋子，但也算给了李仲奎一个下马威。

李仲奎不愧老奸巨猾，发现这次官府来势凶猛，苗头不同以往，便立即宣布停止活动，吩咐大家先各回各家，自己也躲到了一个外人不知道的地方。不吃眼前亏，先避过风头再说。

李伯奎在山林里躲了一段时间，连吃的都快没了，又不敢再去做绑票之类的勾当，便想去找李仲奎，两兄弟商量个对策，可是却一时不知道他如今躲在哪里。

一时间几乎所有的绑老二都销声匿迹了，哪里也不见他们的踪影。

绑老二一般成员的大致去向，柳子谷心里还是有点底的，但两个阎王究竟躲在什么地方，就不清楚了。自卫队有人说，不管这两个人逃到哪里，只要他们不敢再出来打家劫舍，我们剿匪的目的也就达到了。柳子谷不同意这个观点，说除恶务尽才是道理，眼前的平静只是个假象，不把这两个匪首抓获归案，只要风头一过，他们又会死灰复燃，继续出来祸害老百姓。又有人说，那该怎么办呢？我们在明处，人家在暗处，要找他们如同大海捞针。其实柳子谷已经有了打算，他计划利用目前这暂时的安定环境，抓紧时间在年内完成张治中交办的第三项任务

——修建抗日阵亡将士纪念碑，然后把办公地转移到通道去。因为通道是大阎王多年来主要的活动区域，在那里找到其行踪应该相对容易。

就这样，绥宁这边清剿匪患的工作暂时告一段落，工作重点转到了修建抗日阵亡将士纪念碑。

修建纪念碑，看起来只是一项事务性的工作，但却远远没有这么简单。几百号阵亡将士的名单虽然早就摆在了柳子谷的办公桌上，但在把这些姓名刻到碑石上去之前，还得进村入户逐一核对，这个工作量大得惊人。没来绥宁之前，柳子谷对这项工作的难度虽然已经有了思想准备，但前些天下乡一走一看，还是大吃一惊。这些阵亡将士的家庭大多分散在方圆百里的山区，这里的山路可不是一般的陡峭，有些地方对面喊得应，走走要一天。

柳子谷把不久前成立的那三个下乡小组又重新召集起来，布置了核对名单的任务。他再三强调说：

"我们只不过是辛苦一点，总还不至于付出生命的代价吧？想想那些长眠在地下的将士们，我们没有理由不把这事情做仔细、做好！"

他仍旧亲自带几个人，按照分配的名单，逐一进村上门。

前前后后用了半个多月，核对工作总算结束了，其中发现原来各乡报上来的名单错了好几处，有一处甚至连性别都弄错了，幸亏这次改了过来。不过，柳子谷在做最后一遍审查时还是发现了问题：名单一式两份，同一个人的名字却出现了两种写法，一份是"才"，另一份是"财"，多了一个"贝"。把当事人喊来问，那人抓了半天后脑勺，最后还是说不清孰是孰非，只有硬着头皮等着挨训。出人意料的是柳子谷没有发脾气，只是说："以后注意。"

第二天，县长亲自出马，天一亮就出发，掌灯时分才回来，终于把问题弄清楚了。妻子看到他疲惫不堪，说他是不是太认真了，他说：

"人家连命都没了，留个名字都给弄错，对不住人啊！"

接下来，柳子谷亲自设计纪念碑的式样，还带着石工挑选青石板材，又亲笔把几百名阵亡将士的名字写到碑石上，让石工雕刻。

有一位阵亡战士的家是在三十里外的村子，纪念碑建成以后，他七十多岁的老娘特地捎信把娘家两个外甥喊来，一定要他们把她翻山越岭抬到纪念碑跟前。她不识字，向别人问清楚儿子的名字在哪里，扑上去双手在儿子名字上不停地抚摸，老泪纵横：

"儿啊，你没白死，柳县长把你的名字上了碑，是千年功德碑啊！你就睁开眼睛看一下吧！……"

围观者无不动容。

全国解放后，纪念碑虽经两度迁址，式样也越建越漂亮，但镶嵌在新碑内那块饱经岁月沧桑的竖条形石碑，分明还是当年的旧物。上面"抗日阵亡将士纪念碑"九个阴刻隶书大字，乃先生亲笔。

在纪念碑施工期间，柳子谷抽空去了通道，在那里住了几天，和柳子益、柳国多碰了头，对他俩在通道的工作感到很满意。并且按照省政府的要求，主持成立了为抗日部队输送兵员的通道县义勇壮丁常备队，柳子谷兼任队长。下设200多人的独立分队，由当地侗王粟昌福任分队长。

到了年底，就在柳子谷准备移师通道的时候，发生了一件很偶然的事情。当时正值国共第二次合作，有一支共产党的小分队进城筹集粮食和药品，请求县政府给予支持。柳子谷二话不说，积极协助，并主动组织人马将筹集的物资翻山越岭运抵共产党的部队。当时这支部队的上级首长，就是后来成为国防部副部长、军事学院院长、全国政协副主席的萧克，他很感动，向送物资的人打听县长叫什么名字？说日后有机会一定要当面感谢他。送物资的队伍回来后，向柳子谷报告了这个情况。柳子谷听后笑道，都是为了打鬼子，还谢个什么？

第六章

轰轰烈烈的两件大事

1. 定计

按照计划，1938年底柳子谷移师通道，与柳子益、柳国多汇合，公历、农历两个年都是在通道过的。

募捐仍然是摆在面前的一项重要工作，几乎贯穿了柳子谷在通道任上的全过程，名目先后有防空捐、飞机捐、物资捐等，任务非常繁重。

然而，比募捐更为紧要的工作是清剿匪患。匪患不除，不仅直接威胁到老百姓的生命财产安全，也严重妨碍募捐乃至其他一切工作的开展。于是，和在绥宁时一样，柳子谷对原有的县剿匪自卫队进行整顿、健全，并亲任队长，副队长由王世柏担任。同时，派人暗中打探匪首的下落。一段时间过去，几路撒出去的人马陆续回来报告，都说没听到两个阎王的任何消息，他们就像从人间蒸发了一样。一下失去了清剿目标，县剿匪自卫队有些茫然不知所措。

柳子谷心想，这样找人无异于大海捞针，但却又一时找不到更好的办法来。思来想去，决定先采取措施瓦解土匪的力量，团结、争取绝大多数一般成员，孤立、打击极少数骨干分子。至于再往后怎么对付两个阎王，只有到时看具体情况再说。主意打定，便出了一个布告（其实是劝降书），城里乡下到处都贴。布告里说，凡干过绑老二者，只要到县政府或区公所如实登记，交出枪支，便可既往不咎。并且交出一支长枪，还可奖励银元两块；交出一支短枪，奖励三块。同时警告，如果在布告发布以后一月内拒不登记交枪，甚至继续打家劫舍、祸害百姓者，将严惩不贷。

布告贴出去以后，过了两天就有人来登记缴枪了。开头一些日子每天只有寥寥几个人来，柳子谷知道这肯定是来试探虚实的。果然，后来慢慢地人就多起来了，有些是三五成群结伴来的。从收到的枪看，有些是刚从泥地里挖起来的，缝隙里还沾着没擦干净的泥土，有的枪都已经有了星星点点的黄锈。这部分人很可能已经打算洗手不干，把枪埋掉了事，现在看到多少还能换点钱就又挖了出来。这种现象维持了一段时间以后，似乎高潮已过，来缴枪的人又慢慢地少了，有时接连几天还收不到一支枪。

时间过去了一个月，大致估摸了一下，来登记缴枪的应该过了总人数的大半。不过大都是一般成员，骨干分子极少，两个阎王更是没有一丁点消息。

柳子谷从自卫队里抽调了七八个比较机灵的队员，由王世柏和柳国多分别带队，乔装出去摸情况。还特别交代，一旦发现线索就赶紧回来报告，切不可擅自行动，以免打草惊蛇。

这天，柳子谷正在县政府院子里的井台上洗画笔，王世柏风风火火跑来报告说，在街上发现了李伯奎。王世柏虽然压低着声音，但还是按捺不住内心的激动，声音都有点颤抖了：

"……他化了妆，穿件破褂子，头上遮着一顶烂边草帽，以为这样就没人认得他了。就是烧成灰，也休想瞒过我的眼睛！我可以保证就是他，错了拿我是问！"

柳子谷忙问："就他一个人？"

"我留意了，就他一个。"

"他现在在哪里？"

"进十字街口那家茶馆里去了，要了一壶茶，正喝着哩。"王世柏说，"正好有几个弟兄在街上巡逻，要不是你事先有交代不要打草惊蛇，人我都给你绑来了！我让弟兄们不要擅自行动，只管把茶馆的前后门都看牢，就跑来报告你了。"

柳子谷说："这么大的阵势，还不把人给吓跑了？"

王世柏说："你放心，我叫大家躲在远处悄悄盯着，没敢惊动他。他要喝完那壶茶，应该还有一阵工夫。"

柳子谷想了一下，叮咛道："等我先去会会这个二阎王，你们就在外面等着，没我的命令，谁也不要进去。"

王世柏有些不放心，说："就你一个人进去？"

柳子谷说："人多了不行。"

"他身上很可能带着枪哩！"

"这种情况，借他一个胆子也不敢动枪。"

"那你好歹也要带上枪，以防万一。"

"听说他跟弟弟学过功夫，身手也是相当不错的，"柳子谷思索着说道，"我俩真要动起了手，不论带不带枪我都不是他的对手，还不如不带。"

王世柏还是不明白："弄得这么复杂做什么，我多带几个人，直接冲进去把他抓起来不就行了吗？"

柳子谷说："我有我的打算。这次，我们不抓他。"

王世柏越发不解：“送上门来了还不抓？”

柳子谷还是说：“抓了李伯奎，那李仲奎呢？他只会藏得更深，我们更难找到他。今天不抓李伯奎，就是为了两个阎王一起抓。你也不用替我担心，我心里有数的。”

两人很快到了十字街口。王世柏远远一指那家茶馆，示意人就在里面。柳子谷又交代了一遍，说没有他的命令其他人不许进去。

柳子谷进了茶馆，眼光四下扫了一周，发现靠里面角落的座位上坐着一个戴烂边草帽的汉子，正在勾头喝茶。柳子谷心想，应该就是他了。径直走过去，隔着桌子在这人对面坐下，高声叫了一句：

“来壶香片——”

茶馆伙计闻声过来，发现是县长大人驾到，连忙招呼：“是柳县长啊，难得难得！香片一壶，马上就到！”

柳子谷来通道的时间不长，还有一些老百姓认不到他。戴烂边草帽的李伯奎就更是不认识他，听了茶馆伙计的话，才知道这人就是新来的柳县长，自己的冤家对头。心中不免一惊，连忙把已经压得很低的草帽又往下拉了一下，连眉毛都盖住了。随之立起身来，打算开溜。

柳子谷客气地向他打招呼：“这位朋友，我看你一个人在这里，想过来给你做个伴，聊会天；怎么我一来你就要走，就这么不给面子？”

李伯奎心想柳子谷也不可能会认识自己，用不着这么紧张，便硬着头皮又坐下来，打着哈哈应付道：“我坐不了多久，有事要忙哩。”

柳子谷看了他一眼，说：“你这个朋友可真有意思，在屋里还戴顶草帽，一没太阳二没风雨，遮什么呢？”

李伯奎有些坐不住了，装作随意地把草帽往上掀了一下又遮回去，尴尬道：“习惯了，戴不戴都一样，都一样……”

柳子谷又探头看了一眼他的茶杯，说：“哦哟，你怎么喝起这么便宜的粗茶来了？还是喝我的香片吧，我请客。我听人说过，你这人一贯都是吃香的喝辣的，肯定不会喝这么没档次的茶，今天到底是怎么了？”

李伯奎听到这里，估计自己的身份十有八九已经暴露了，脸上虽然还是极力绷着，一只手却悄悄地往腰间衣服里面摸去……

柳子谷立马用手指“笃笃”地敲着桌子，轻声但却正色道：“家伙，我看你还是不用掏了。你想想看，我既然主动来见你，难道会给你拿枪指着我的机会吗？”

　　能够当得了绑老二头目，就肯定不会是猪脑子，李伯奎立即明白这枪真的是不能掏，说不定这会儿就在某个隐蔽的角落，已经有多个黑洞洞的枪口正在同时瞄准着自己，还没等枪掏出来，人就先要被打成筛子。

　　今天他来县城，本来是想到茶馆里来探听风声的。

　　任何一个地方的茶馆，向来都是当地的民间信息交流中心，从茶客们嘴里出来的，上到国家大事，下到家长里短，内容十分丰富，来这里坐上小半天很可能会有意想不到的收获。

　　出这个绝妙主意的不是别人，正是他的弟弟大阎王李仲奎。前些日子，李伯奎利用过去的老关系，终于辗转打听到弟弟已经躲出了湖南省界，藏在广西一个拜把子兄弟家的阁楼上。便跋山涉水寻了过去，找到了他，告诉了这边的情况，问往后该怎么办？李仲奎现在已经是泥菩萨过江，自身难保，哪里还拿得出什么好办法来？两个阎王绞尽脑汁商量了半天，也商量不出个子丑寅卯来。最后李仲奎说，只有先按兵不动，躲过这个风头再说。可李伯奎却忧心忡忡，说这次看来不比以往，不像一阵风就刮过去的样子，新来的县长很可能是会长期清剿下去的。于是李仲奎说，你干脆去一趟通道县城，探探风声，打听一下那个姓柳的县长到底是个什么打算，我们看具体情况再做决定。李伯奎为难了，手下的喽啰都散了，没了耳目，实在不好打听。李仲奎说，你不妨自己出马，换一下装束，到街上找家茶馆坐下来，叫壶茶，慢慢喝，不愁打听不到。你不要怕，没听说过"灯下黑"吗，危险的地方有时反而更安全，没人会想到你胆敢跑到县城来，只要人放机灵点，应该没事的。

　　虽说这样做风险不小，但因为实在想不出更好的办法来，李伯奎也就只好照办。心想只要谨慎一些，应该不至于送肉上砧板。哪里知道今天进茶馆来，屁股都没坐热，就遇上了这么一出。这会儿虽然表面看来自己还是自由的，但无疑已经是瓮中之鳖了，只要坐在对面的这个县太爷一声令下，周围一定会突然蹿出来一群早就按捺不住的壮实汉子……看来，今天伸头是一刀，缩头也是一刀，任何反抗都是徒劳的，只有听天由命了。

　　柳子谷说："既然我们都已经知道对方是谁，也就不用再藏着掖着，都打开天窗说亮话好了。我问你，县政府的布告你看了没有？"

　　李伯奎知道，在这种情况下不顺着对方的话说，对自己肯定是没好处的，于是摆出貌似老实的样子，说："看过，哪能不看。"

　　"那你为什么至今还没来登记缴枪？"

　　李伯奎的脑子飞快地转着，说："我，我今天不是来了吗……"

"呵呵，你今天来了？这话，你自己相信吗？"

李伯奎的脾气倒也爽快，既然知道蒙混不过去，便长叹一声说："柳县长，我今天落在了你手里，就认栽了，你也就不要调侃我，要杀要剐，随你便好了。"

柳子谷微微一笑，说："你这话从何谈起？我今天不仅不杀你不剐你，还不准备抓你，要放你走。"

这太出人意料了，李伯奎不禁莫名惊诧："你说什么？……"

这音量难免有点偏高，引得其他的茶客转过头来看这边。柳子谷朝李伯奎竖起一个手指"嘘"了一声，轻声道：

"大家都有生意要谈，我们声音小点，不要打搅了别人。我今天就只是来问你一件事：打不打算登记缴枪？"

李伯奎谨慎地回答问话："打算，真心打算……我现在就可以把枪给你。"说着就掀开衣裳要取枪。他是这样考虑：今天能够用一把枪换得全身而退，怎么说也是一桩十分划算的买卖。

谁知柳子谷却马上伸手作制止状："莫动，千万乱动不得！"同时辅以一个神秘的笑容。

李伯奎立即醒悟过来，背脊一阵发凉——心想若是县太爷慢一点制止他，很可能"乒乒乓乓"的枪声就已经响成了一片，误会的子弹制造的人肉筛子便宣告竣工了！

柳子谷说："我今天不要你的枪，免得过几天又要发还给你。"

李伯奎越发听不明白："……"

"我给你透露一下我的打算，"柳子谷说，"如果你能够真心改邪归正，县政府不但可以既往不咎，还准备重用一下你。"

李伯奎难以相信这是真的，试探着说："什么？柳县长你说，县政府还准备重用我？不会是逗我吧？"

柳子谷说："我可没这个闲工夫逗你。给你三天时间，你回去好好想想，想清楚了，就来县政府找我；如果想不通，也就省得回来，继续去当你的绑老二，看我怎么剿灭你。今天我就说这么多，现在你可以走了。"

李伯奎有点像在做梦，使劲甩了甩脑袋，又暗暗掐了一下大腿，证实是真真切切的现实。但仍有点不相信，问："我这就能走？"

答复很肯定："当然能走。"

李伯奎还是将信将疑，问："柳县长，你能不能告诉我，是打算怎么重用我？"

柳子谷故意激一下他，说："你现在连一个明确的态度都没有，我怎么跟你谈以后的事？"

李伯奎忙说："我明确啊，我肯定听柳县长你的，听县政府的。"

"真的想好了？"

"千真万确！"

"那好，"柳子谷说，"现在就可以告诉你：我想把剿匪自卫队交给你来带。"

"什么？"李伯奎一下觉得脑子不够用了，"让我来带剿匪自卫队？"

柳子谷缓缓说道："这件事情我考虑很久了。现在我当这个队长真是勉为其难，我一介书生，哪里是冲冲杀杀的料？如果你能和县政府一条心，让你来队里当第一副队长，并没有什么不可以。以后我这个队长就只是挂个名，应付省政府，其实自卫队的家还是由你来当，王世柏这个副队长也退后一步，当你的助手。这样一来，以后的剿匪工作就好开展了，因为绥宁、通道县的情况你最熟悉，哪方来的绑老二都躲不过你的眼睛，社会治安也就好办了，这样坏事就变成了好事！""不过，这得有个先决条件，就是你要脱胎换骨地改邪归正，不能把绑老二的那一套习气带到自卫队里来，这点你做不做得到？"

李伯奎心里有了几分快慰，先前的紧张和恐慌已经几乎不存在了，但脸上却没有表露出来。沉思片刻，说：

"做到这点保准没有问题，就是这个担子实在太重了，我一点思想准备也没有，真怕自己没这份能耐，把事情办坏了，辜负了柳县长你的一片心意……我得好好想一下。这样行不行，多给我一天时间考虑，四天以后答复你怎么样？"

柳子谷心想，考虑这个问题怎么就会少了这一天？这只能说明他要利用这几天的时间去外地见什么重要的人物，至少需要四天才能打回转。他到底是要去见谁呢？是大阎王李仲奎吗？

"可以。"柳子谷爽快答应道，"四天后，如果同意我说的就来找我；如果不同意就省得回来了。"

"我一定回来，肯定回来！"

见面到此结束，柳子谷把李伯奎送出茶馆。

王世柏眼睁睁地看着李伯奎的背影越走越远，上前请示柳子谷："要不要派人跟上去？"

柳子谷说："跟不得，一旦他发现有人跟踪，事情就砸了。"

王世柏心有不甘，说："就这样让他走了？"

柳子谷很有把握地说："过几天他还会回来的。"

"我就怕他回去一想，又不敢来了。"

"我们今天能够抓他都没有抓，他还有什么可担心的？应该会回来。再说，我给他预备了一个大诱饵，哪能不咬钩呢？"

柳子谷嘴上是这么说，心里也还是有些不踏实，如果万一自己判断失误，那岂不是放虎归山吗？不管它，做都已经做了，也就不去想那么多了，四天后再说吧！

2. 匪首落网

时间真是个怪东西，有时快得离谱，有时慢得出奇，这四天真可以用度日如年来形容了。

四天终于过去，第五天一早李伯奎回来了。

李伯奎见了柳子谷，煞有介事地说，他经过四天四夜的考虑，觉得没有理由不听柳县长的，决定从今以后就鞍前马后地跟着柳县长干，也好奔个前程。

柳子谷呵呵笑道，说："你想通了就好！"接着又说："我这里等着用人，你回去抓紧时间把自己的事情处理好，这一两天就来上任，来了以后就得守这里的规矩，不能随便请假了。"

李伯奎高兴都来不及，连忙说："我没有什么事情要处理的，我今天就算是来报到了！"

柳子谷也分外爽快，说了声："那最好！"马上叫柳子益过来，吩咐道："第一副队长今天上任，你去通知伙房，中午加几个菜。"

剿匪自卫队的伙食标准低，平时难见荤腥，今天的午饭不仅烧了一大锅的麂子肉，打了一大桶的蘑菇肉片汤，还破天荒地上了地瓜酒，算是让大家打了个牙祭。

把李伯奎安排到队里当第一副队长，柳子谷事先和队里几个中层头目交代过了，大家都配合得很好，吃饭时还一个个向他敬了酒，要他以后"多多关照"。

一般队员不知其中奥妙，难免有不少人想不通，背后说政府的政策也未免太过宽松了，但上峰决定了的事情也没什么好说的，只是私下发发牢骚而已。

在大家吃得满嘴流油的时候，柳子谷当众交代李伯奎，叫他以后就领着自卫队操练，传授拳脚功夫。还说现在土匪都躲得不见了，没地方剿去，就天天在大院里操练，哪儿也不要去，反正练好功夫总是不吃亏的。并且规定，自卫队的人要出这个大院都必须请假，一个时辰以内经过王世柏批准，两个时辰经过李伯奎批准；王世柏和李伯奎自己要出去，那就要经过柳子谷批准。

做出这个规定，其实就是为了让李伯奎尽量在外少露面，因为县城有不少人认得他，若是被人发现二阎王在剿匪自卫队当差，劫贼居然成了官军，老百姓定当哗然，事情很可能节外生枝。当然，时间长了纸肯定是包不住火的，但包得一时是一时，只要在事情暴露之前把大阎王钓来就行。

从第二天起，大院里天天一大群人便"嘿嘿哈哈"地打拳踢腿蹲马步，没完没了。柳国多也在练功的队伍中，柳子谷给了他一个特殊任务，暗中监视李伯奎。

柳子谷心里很急，但脸上看不出来。他在同李伯奎比耐心，看谁沉得住气。每天他都会来看一下操练，袖着手站在一旁，一脸满意的样子，也不说话，看过一会又转身离去。

就这样过了一个礼拜。这天，柳子谷又来看操练，又是袖着手站在一旁不言语，又是一脸满意的样子。

李伯奎见了，叫队员们自己先练着，他一边做着扩胸动作，一边缓缓向柳子谷走过来。

柳子谷知道，这家伙终于憋不住了，要来同自己说些什么了。

果然，李伯奎走到跟前，打过招呼，没话找话："这鬼天气，才什么季节啊，就开始热了。"

"是啊，老天爷的事情，谁弄得清楚？"柳子谷接着他的话往下说。

李伯奎一时不知怎么把话自然地引入正题，沉默了。柳子谷觉得应该给对方一个话茬，便说：

"蛮好蛮好，你到底是有些功夫的，把弟兄们调教得不错！就照这个样子练下去，蛮好。"

"哪里哪里，"李伯奎客气了几句，开始说早就想说的话了："其实，有一个人比我更有功夫，若是他来带这个队，肯定会调教得更好！"

一听这话，柳子谷不由得高兴，便等着听下去，同时给了对方一个"引子"："哦，还有这样的人？"

李伯奎兴奋起来，说："有啊，我的功夫就是他教的！"

话说到这里，情况已经很明朗了。柳子谷断定，李伯奎说的这个人无疑就是李仲奎，那四天，他一定是去见了李仲奎。从四天才能来回的路程计算，大阁王的藏身之地离这里应该近不了。

柳子谷的分析完全正确。

那天李伯奎去广西见了李仲奎，把茶馆里发生的事情从头到尾详详细细地说了，然后问："你说我该怎么办？那个自卫队，是去得还是去不得？"

李仲奎思索良久，最后说："我看可以去得，不用害怕会有什么危险。我是这样想，如果他们真正要抓你，在茶馆就抓了，何必自找麻烦，又不是三国演义里面的捉放曹。"

李伯奎十分赞同这个看法，却又说："我就是不明白，我们这些人是入了绿林的，枪下收过命，刀上见过血，按常理说与政府水火不容，那个姓柳的县长为什么要用我，而且还是重用？"

李仲奎有点不以为然，说道："听说那个姓柳的县长是个只知道画画的书呆子，他很可能是想学水浒里的招安。你想想，梁山一百零八将，有几个没有命案在身？还不是都被朝廷招去了吗？我看，他就是想把我们这些人都招了安，图个天下太平，好得到上峰的赏识，继续往上爬。"

李伯奎觉得有理，说："那我就真的去了？"

"不过你也要多长一个心眼，"李仲奎又说，"去了以后，要注意观察，看那个县长是不是真心招安。如果是，我也想换一种活法，这样东躲西藏毕竟不是长久之计。事情不要操之过急，你眼睛一定要亮，要看清楚。"

李伯奎高兴道："好的，我看应该行！那我们兄弟就又可以在一起了。到那时候，我们联手把那个书呆子县长架空，自卫队由我们两兄弟说了算，我们照样吃香的喝辣的……"

李仲奎一咬牙，脱口而出："那是当然的！要不然，我们兄弟野惯了的，怎么受得了官府的那套约束，还不憋出病来？"说罢却又立刻挥挥手，说："这事急不得，得一步步来……"

于是，李伯奎踌躇满志地来剿匪自卫队上任了。通过几天的观察，他觉得时机成熟了，可以提出李仲奎的事了。

柳子谷一听，心中暗喜，却明知故问："这人是谁？他愿不愿意到这里来？"

李伯奎说："他跟我一样，原本也是绿林中人。"见柳子谷饶有兴趣地听着，便接着往下说："在道上，他是公认的通道、绥宁两县的第一把交椅。"

柳子谷佯装恍然大悟："莫非你说的是你的同胞弟弟李仲奎？"

李伯奎一点头，注意看柳子谷的反应。

柳子谷好像随意发问："他不是躲起来了嘛，谁知道他现在在哪里？怎么找得到？"

李伯奎说："我现在也不知道他猫在哪个角落里。但只要去找，总应该找得着的，还能上天入地不成？如果县长打算用他，这事就包在我身上，我就是跑断腿，也要把他找出来；就是磨破嘴，也要把他说过来。"

柳子谷心里一声冷笑，故意想了一下，说："这个人，我不能要。"

李伯奎奇怪了："为、为什么？"

柳子谷皱着眉头，欲擒故纵："他不比你，听说他这个人野得很，不好共事，再说他现在躲起来了，反正也不会再给我们添麻烦了，我看还是多一事不如少一事，不去招惹他。"

李伯奎松了口气，说："绿林中人，有哪个不野啊，我以前也野哩，但一到了这里，在县长你的调教下，不也就守规矩了嘛。"

柳子谷仍然说："我看还是算了吧。"

李伯奎不死心，力争道："他来了，对自卫队只会有好处，往后通道的治安，就包在我兄弟俩身上了，包准全县太太平平的，不用县长你费半点心思。"

柳子谷话锋一转："据说，他武艺很高的？"

李伯奎赶紧说："比我高多了，他一掌能劈断七块青砖！"

柳子谷略一思忖，说："那他要是来了，对你可就没好处哩。"

李伯奎完全被牵着鼻子走了："这……怎么说？"

柳子谷说："你弟弟要是来了，因为他的功夫比你强，我只有把你现在的位子给他，你的位子就要往后挪了。"

李伯奎连忙表态："那没问题啊！"

柳子谷把对方的注意力继续往歧路上引："真没问题？你可要想清楚，日后后悔就晚了。"

李伯奎只差没赌咒发誓了，再三表明自己完全是为公事着想，没有半点私心。

磨到最后，总算把招安大阎王的事情敲定了。戏做得很足，铺垫很到位，没有引起李伯奎的一丝怀疑。

第二天吃过早饭，李伯奎急不可耐地把操练的事情交给王世柏，便出发去找大阎王了。临行前他拍着胸脯对柳子谷说，就是跑遍天下，也一定要去把人给找来。

又是漫长的等待，到了第四天傍晚，李伯奎回来了。一来就向柳子谷摆功，说他把脚脖子都走肿了。

"人总算让我找着了，他明天上午就能到。我是担心县长着急，就先赶回来报告。"他说。

柳子谷似乎很高兴，说："那就好！这样吧，你再辛苦一下，现在就带上几个弟兄，去附近的农家买头大肥猪回来，吩咐伙房连夜杀了，明天中午好为第一副队长接风。明天上午自卫队就不操练了，让大家休息半天。你可不能休息，上午还得再去把人给我迎到这里来，我要先跟他见个面，有些事情要交代他，有些规矩要给他定好，不要让他把绑老二的那套作风带到自卫队里来。"

李伯奎自然满心欢喜，连连满口答应："那是自然的，自然的。"

去买猪的时候，李伯奎有点得意忘形，绑老二的真面目不经意间暴露无遗，竟然不想付钱，让人捆了猪抬起就要走，还说是给农家一个慰问剿匪自卫队的机会。

同去的柳国多对他一拱手，呵呵笑道："佩服佩服，你不用花钱就能把猪买下，这本事可就大了！我一定要去柳县长那里给你报功。"

李伯奎当然清楚这事要是被县长知道了，笃定没有好果子吃，很有可能会因小失大，坏了即将到手的好事，便马上改口说："还能真的不付钱？我是开玩笑哩。"心里却在直骂柳国多：愚笨一些倒算了，还偏偏喜欢多管闲事！

猪买回来，李伯奎乐得一夜没合眼，天一亮就出去了。半上午时分，乐滋滋地把李仲奎接到了自卫队。

裤子里面别着驳壳枪的大阎王李仲奎满脸络腮胡子，一身横肉，凶头凶脑。

王世柏早就等在院子门口，先满脸堆笑地说了一些表示欢迎的话，又说柳县长这会儿在县政府那边，我们先过去见个面，然后再一块过来开席喝酒。

自卫队的侧门就对着县政府的后院。到了县政府，县长助理柳子益把他们拦在大门外，也不说话，例行公事地朝三个人伸出手来。王世柏当然明白，装作漫不经心地掏出配枪交到他手上。李伯奎一边照此办理，一边示意李仲奎也交出驳壳枪。李仲奎见要交枪，一下警觉起来，有点紧张地按着腰间不松手。李伯奎连忙向他解释，说这是这里的规矩，他每次进县政府也都是这样，先把枪交给县长助理保管，出来时再领走。李仲奎听说是这样，又见那个王世柏带头交了枪，也就放心掏出枪来交了。

县长办公室里，除了柳子谷还有一个身穿邮政工作服的后生仔，正在埋头修理电话机。电话机已经被他开膛破肚，零件摆得一桌。

柳子谷见王世柏已经把人带到了门口，便先打了声招呼，回过头去对那后生仔说："你还要修多久？我这里有事了。"

后生仔歉意道："线圈都烧坏了……要不，我先把机子拆走，等下给你换过一台新的来？"

柳子谷挥挥手，示意赶快将电话机拆走。后生仔一走，王世柏把两个阎王引进室内，像个勤务兵一样让座、倒水，然后退出来，带上门，让柳县长单独同他俩说话。

柳子谷刚刚说完几句开场白，门"吱呀"一声被推开一条缝，柳子益从门缝里探进脑袋来，说：

"柳县长，你的电话，这里打不通就打到我那里去了。"

柳子谷有点不高兴："你没看见我这里有重要事情吗？叫过半个小时再打过来！"

柳子益面有难色："是……是省政府的电话。"

柳子谷做出"官大一级压死人"的无奈样子，对屋里两人说他去去就来，请稍候片刻，起身出去了。

柳子谷把门拉得半开，侧着身子出去。就在他那双老布鞋刚迈出门槛的一刹那，"哗啦"一阵山响，办公室门及两扇窗户几乎在同一瞬间被猛然打开，五六支枪同时出现在门窗口，一齐从不同方向瞄准着里面的两个阎王。推开大门的是王世柏，刚才交给柳子益的佩枪早已回到了他手中。只见他金刚怒目，黑洞洞的枪口直指过来，厉声喝道：

"不准动！谁动就打死谁！"

这一切，发生得太突然，没有半点先兆！

两个阎王顿时懵了。李仲奎很快反应过来，习惯性地往腰间去摸枪，当然是摸了个空。李伯奎半天回不过神来，还以为是在做梦。

……

那只猪并没有白杀，只不过庆贺的名目改了，不再是欢迎李仲奎到任，而是庆祝两个阎王落网！

庆祝的标语柳子谷已经在昨天夜里就把它写好了，藏在床垫下面。今天这边刚把两个匪首五花大绑地送进班房，那边就叫人把标语拿出去贴了，贴满了大街小巷。

老百姓听说抓住了两个阎王，欢天喜地买了鞭炮，拿到县政府大门口来放。没防备一个爆竹炸飞起来，落到临街一家卖油纸伞的店铺里，烧了五六把伞。幸好没有酿成大的火灾，只是害得柳子谷上门去赔人家的伞钱。店老板说什么也不让赔，还说官府帮我们除了绑老二，高兴都来不及，烧了几把伞算得了什么；再说伞又不是县政府烧的，就是要赔也不能让你县长来赔。最后看到县长比他还拗，非赔不可，便改口说：

"实在要赔，那就赔我一张画，给我画几把伞，我好把它挂在店里当招牌。"

据说，柳子谷后来还真的给这家店画了一幅《卖伞图》，使得这家店的生意特别好，一些买伞的顾客宁愿舍近求远也要到这家店来。

画家县长计擒作恶多端的绑老二头目，这件事大大超出了人们的意料，一时间在湘西南传得沸沸扬扬。邻县有个县长，本也是个翰墨之人，早就听说过柳子谷的名字，内心一直很钦佩，去年与柳子谷同在长沙任前培训班上不期而遇，分外开心。这次听说这事，便想借此机会送个礼物以表同仁之情，却又一时不知送什么合适，思来想去，最后请能工巧匠精心制作了一根手杖。这手杖以当地出产的斑竹为原料，色泽犹如琥珀，花斑形同豹纹。做工也是颇为考究，两端包有精美的铜饰，黄灿灿光亮亮。上面还刻有一首小诗，书法和雕工都是十分了得：

> 每望邻封遥拜嘉
> 愧无琼玉报名家
> 试拄竹杖平安行
> 喜看云程锦树花

柳子谷收到这件不同寻常的礼物，也是喜欢得很，时不时拿出来把玩一番。

匪首落了网，绥宁、通道两县的绑老二们成了无头苍蝇。柳子谷又一鼓作气，指挥剿匪自卫队又把残余的绑老二收拾了大半。剩下的一些游兵散勇，一时成不了什么气候。

由于匪患得到了遏制，老百姓谈匪色变的情形大有好转，主要社会矛盾已经转变为同日本侵略者的民族矛盾了。

3. 组建抗日自卫团

柳子谷在通道任职期间，干过的轰轰烈烈的大事除了智擒匪首外，还有一件更是震撼了整个湘西南——组建500人的通道县民众抗日自卫团，奔赴广西昆仑关参加"桂南会战"。

先是在1939年2月间，刚从绥宁移师通道，就结合整顿原剿匪自卫队，成立了通道县抗敌后援会，第二个月又成立了民众抗日自卫团，均由柳子谷亲任会长和团长。民众抗日自卫团属省第七区团部，下设直属任务队和6个联乡大队。之后，民众抗日自卫团成为常设组织。自卫团先后为军队输送过不少战士，他们都是到绥宁集结后奔赴全国各地的抗日战场。

关于当年柳子谷组建民众抗日自卫团的事情，在如今的通道县档案馆还存有这样一张《委任令》，上书"暂委×××上尉连长，×××中尉排长，×××少尉排长"。县长可以任命带军衔的官员，在今天看来有点不可思议，可当年就是这样真实地发生着。

到了同年11月，日军将第5师团、台湾混成旅团、第5舰队等部先隐蔽集结于海南岛南端的榆林湾，然后突然迅速出动，从西面绕过海南岛，渡过北部湾，闪电般地在广西钦州登陆，攻陷中国守军防城。24日，占领南宁和昆仑关。形势非常危急。国民政府军事委员会从数百公里外紧急调动第5、第99、第36军向广西增援，同时命令湖南省从距离战场相对较近的有关县火速组建民众抗日自卫团，奔赴广西协同作战。

省里向通道县下达的任务，是组建500人的民众抗日自卫团。当时通道的民众抗日自卫团才两百多人，该县地广人稀，总人口才一万余，要在短时间征集这么多兵员，困难可想而知。柳子谷接到任务，立马部署工作，进行紧急动员。他采取募捐、筹粮和征

1939年柳子谷任通道县
县长时的委任令

夫的工作方式，亲力亲为，深入民间，宣传抗日主张，激发民众的抗日热情，硬是在规定的时间内，一个不缺地完成了兵员征集任务。

在这次征兵工作中，同样呕心沥血、竭尽全力的还有不少当地人。最具代表性的人物有两个，一个是义勇壮丁常备队独立分队队长粟昌福，另一个是剿匪自卫队副队长王世柏，两人都是柳子谷的得力助手，也成了感情深厚的朋友。若是没有他俩的帮助，组建人民抗日自卫团的任务不可能圆满完成。粟昌福，解放后成为通道县的第一任县长。王世柏这个体格强健的后生仔，却在繁重的征兵工作中累倒了，一病不起，一个活蹦乱跳的生命定格在28岁的年华。柳子谷一边流泪一边写下"壮士可风"的挽联，滴在挽联上的泪水把字都渗糊了。王世柏在弥留之际对家人说："我走了，家里一定要永远把柳县长当好朋友对待！"……

抗日自卫团出发前，柳子谷含着眼泪为大家送行。他望着眼前这些虎虎生气的热血男儿，他们有些不久前还是老实巴交的农民，还来不及经过系统的军事训练，仅仅刚教会他们怎样把子弹压进枪膛，怎样把枪口瞄准敌人，怎样扣动扳机，而现在他们就要义无反顾地奔向抗日战场。此番一去，吉凶难测，是高歌凯旋？还是马革裹尸？没有谁能够预料！

就在这时，有一个头上盘着辫子的老头拉着一个后生仔挤过周围的人群，吵着要见柳县长。

"我倒要问问，"老头情绪十分激动，来到柳子谷跟前，手中的拐杖重重地戳着地面，"是谁规定独子不能上火线的？"

原来，这老头就这一个儿子，两人相依为命，前些日子县政府派人下乡征集兵员时，因为独子家庭不在征兵之列，便没有上他家的门。老头以为还没轮到他家，便在家里一心等候。一直等了好些天，队伍都要出发了，还是不见人来。一打听，才知道原因何在，所以今天就急慌慌地拉着儿子赶来了。

柳子谷问明情况，很受感动，刚开口解释，老头发脾气了：

"柳县长，你不就是担心我儿子走了，我一个孤老头子没人照应吗？那好，我今天就死，死了也就省得再用人照应，这样我儿子就无牵无挂了！反正我早已过了六十，按我们这里的规矩，年满一个甲子就不算打短命，就进得了祖坟山！"说罢，不由分说低下脑袋就往旁边的墙角上撞过去……

几个人慌忙七手八脚将他拖住。柳子谷还是第一次遇到这么倔的老头，正在想应该怎样才能说服他，老人家又叫起来了：

"柳县长啊，人家都欺负到我们家门口来了，我憋不住哇！老古话说，'叫花子门前也有三尺硬土'，哪里容得东洋鬼子来撒野！要不是我多了几岁年纪，我也要一块去！"

最后的结果，还是县长向老人家让了步。

队伍开拔了，柳子谷陪着留下来的百姓，天天翘首盼望来自前线的消息，为战场的形势和500名通道子弟牵肠挂肚。

等待的日子是很折磨人的，说是度日如年一点也不为过。

这时，柳子谷突然想起了好友徐悲鸿花了两年时间创作、于1930年完成的大型历史题材油画《田横五百士》。创作此画时，正值中国政局动荡，日寇已经开始向中国伸出了魔爪。画面选取田横与500壮士诀别的场面，意在弘扬威武不能屈的民族精神。此画1932年在南京展出时，反响很大。柳子谷由通道抗日自卫团的战士联想起了这幅油画，竟然这般凑巧，都是500人。不由得冒出一个念头来：我要为抗日前线的热血男儿创作一幅大型国画！

几天之后，一幅抗战题材的大型国画《田横五百士》诞生了。画面人物众多，近景是着意刻画的几个主要人物，个个义愤填膺，表现出对侵略者不共戴天的英雄气概，隐于身后群山之中的战士，则是无数抗日民众的真实写照。画面题诗为：

> 神州到处听悲笳
> 只恨仇雠不为家
> 安得田横人五百
> 并骑跨海看樱花

诗的末句，一股"直捣黄龙，与诸君痛饮"的豪迈气概迸发而出，充满了抗日必胜的坚定信心。柳子谷把画挂在县政府的大厅里，进行公开展览，谁都可以来看。

每天来探听前线消息的老百姓吃过早饭就来，等到肚子饿了又回家去吃中饭，下午接着又来，比上班点卯还准时。他们来了也不上别的地方去，都聚集在大厅里默默地看这幅画，却怎么也看不够，因为画面中似乎有一种无形的力量，一直在召感、鼓舞着大家……

终于，前线有消息传来！

开始是激动人心的好消息：1939年底，中国军队以步、炮、坦、空联合立体攻坚，向昆仑关猛烈反击，击溃了赶来支援的日军第21旅团，击毙旅团长中村正雄，取得昆仑关大捷。通道人民抗日自卫团的五百战士表现得非常勇敢，没有给通道的父老乡亲丢脸。

过了一些日子，是不如人愿的坏消息：1940年1月，日军增派第18师团和近卫混成旅团，进行疯狂反扑。中国军队誓死抵抗，仗打得异常艰苦。坚持到2月3日，伤亡惨重，昆仑关再度失守。500名通道人民的儿子战斗到弹尽粮绝，全部壮烈牺牲！

消息传来的这天，通道县城通宵无眠，悲声撼天！

第二天一早，县政府大门口围满了激愤的人群。大家吵着要县政府再组建第二批民众抗日自卫团，争着要报名，其中就有那个头上盘着辫子的老头⋯⋯

沧海桑田，世事无常。后来由于种种原因，柳子谷离开了通道，与当地的百姓失去了联系。一直到抗战胜利七十周年的时候，柳子谷的后人和王世柏的外甥婿杨思发、粟昌福的外孙杨进余才得以相聚。这次承载着先辈重托的见面，在时光流逝半个多世纪后才得以实现，杨思发无比激动，说道：

"我这次回去，第一件事就是要到外公、外婆的坟头上去，告诉他们，我找到了柳县长的后人！"

4. 卸任

1939年11月13日，即桂南会战开始的前夕，被称为"千古奇闻"的"长沙大火"开始燃烧。

因应日寇的进犯，国民党当局采用"焦土抗日"的对策，制订了焚烧长沙的计划。但在实施过程中，一些偶然因素使得这场火灾变得完全不受控制，五天五夜的大火使长沙成为抗战时期损失最惨重的城市之一。"最高军事当局的战略失误，湖南军政当局辱职殃民"被认为是这场劫难的直接原因。张治中作为湘省军政魁首，自然难辞其咎，数天后被蒋介石以"用人失察，防范疏忽"为由，给予"革职留任，责成善后，以观后效"的处分。

柳子谷当初之所以来绥宁、通道当县长，应该说在很大程度上是冲着张治中来的，颇具"士为知己者死"的气概；现在张治中不是省主席了，接任的是薛岳，他没与其打过交道，只听说自己的性格可能与他不合，便萌生去意。再加上当时官场的腐败现象愈演愈烈，令他十分反感，就更加不想再待下去。到了1940

年夏秋之交，终于辞去了县长之职。

辞职离任，即面临一个何去何从的问题。南京现在还被日本人占着，自然回去不得。其他还有什么地方合适，一时也难以决定。妻子韦秀菁提议，既然一时决定不了，那就还是暂时回玉山老家待一段时间，总比在异乡漂泊要好。这个主意得到大家的一致赞同，柳子益的妻子兰仙也说，外面金窝银窝，不如自己家里的狗窝，还是回去好。

离开通道的头一天，柳子谷对家里大家说："东西晚上大家都收拾好，明天起早点，挑夫一来就走，动静不要弄大了，免得惊动左邻右舍。我们先步行到城外，汽车在那里等。"

第二天天刚麻麻亮，几个挑夫如约而来。大家很快就收拾停当，一行人出了县政府。柳子谷不到一岁的小女柳依依坐在箩筐里，歪着小脑袋睡着了，由挑夫挑着走。

转过一个弯，来到街上，意外发现长长的街道两边已经有很多老百姓等在那里。人群中有两幅被高高举起的写在幡旗上的对联，十分引人注目：

万家生佛千秋泽
一代艺人百里侯

板桥三杰诗书画
靖节一官归去来

原来，不知是谁走漏了县长辞职离任的消息，县城的老百姓起了个大早，在这里等着送父母官一程。

此情此景，顿时令柳子谷鼻子一阵发酸，泪水立刻模糊了双眼……在通道当了不到两年的县长，换得这般评价，也算值了！对联的内容，他一直到垂暮之年还是记得一清二楚，只要后辈们一提起，他就激动不已，感慨万分，一字一句道：

"人心换人心哪！"

赴任途中的最后一站洪江，自然是卸任归去的头一站，住的还是上次那家旅馆。虽然不是县长了，但旅馆老板还是热情有加，说：

"柳先生，你在通道的为人处事，在我们洪江都传遍了。不管你当不当县长，在我们心里都是这个——"一边说一边把大拇指翘得老高。还说："先生日后如果有机会到这边来，不论是公事还是私事，只要不嫌弃，小店随时欢迎。"

吃过晚饭，柳国多来到柳子谷房中，踌躇多时，才说他有一个打算，但一直拿不定主意。他还没开口说什么打算，柳子谷就猜了个八九不离十，说：

"你是不是想留在这里？"

柳国多说他正是这样想的，因为考虑到回柳村塘尾，又是免不了要被抓壮丁的，不如在外面找个什么营生做，如果运气好，也许还能有所发展。他觉得洪江这地方适合做生意，那么多人在这里都有饭吃，相信自己在这里也不会饿着。

柳子谷两年前带他出来的时候，就说过要对他的今后负责，这话一直记着，只是一直没有合适的机遇，更是没有料到自己这个县长当的时间会这么短。现在听他说打算留下来，想想觉得这也是好事，便问他具体打算做些什么。

柳国多说，想先做点小生意，至于长远如何，只有边走边看。

柳子谷点头表示赞同，又说生意不论大小都是需要本钱的，问他准备得怎样。柳国多说这两年他的薪水除了吃饭零用都存着的。柳子谷说那才有多少啊，要给他12块大洋他却怎么也不肯要，只好作罢。

柳子谷为香港《文汇报》题词

从第二天开始，回家的队伍里便少了一个人。

回到柳村塘尾，村人听说当过县长的习斌回来了，都涌到家里来看热闹，差不多把厅堂都挤满了，板凳不够坐。大家都想看一下，自己村里走出去的县长同玉山的县长有些什么不同？更想看一下，他到底带回来多少金银财宝？

结果，所有看热闹的人都大失所望，习斌根本就不像一个县长，到底哪里不像，也一下说不清楚，反正就是不像。柳子谷看到几乎所有人的眼光都盯着带回来的几个箱包不放，便明白了大家的心思，便一个个打开来让大家看。里面除了蚊帐棉被、换洗衣服、笔墨颜料，别无长物，连字画也没有见到几幅，更是没有人们想看的东西。于是有人嘀咕起来：

"不是说'三年清知府，十万雪花银'吗？……"

"天下还真的有不喜欢钱的官？"

甚至有人怀疑："是真的去当县长不？"

突然，有个眼尖的小媳妇看到屋子角落里还有一个鼓鼓囊囊的靛蓝色拎包，以为发现了什么天大的秘密，指一指那包，说：

"那个，可以让大家开开眼不？"

柳子谷抓抓头皮，说："那个？还是不要看了吧……"

小媳妇嘻嘻笑道："那我们就不看吧。"笑得意味深长，十分善解人意的样子。

父亲柳长华可不想让小媳妇误会下去，过去提起那拎包，打开来，把里面的东西全都翻出来——一叠一叠的，全是破床单撕成的婴儿尿布。

……

柳国多的父亲也来了，问自己的儿子怎么没有一块回来？柳子谷按照分别时柳国多交代的回答：

"他在那里干得好，接任的县长要他留下来，他就留下来了。"

——柳国多需要在家乡继续保持官差的身份，为家里兄弟继续免除丁赋。

长孙柳河观看先生作画

第七章

前路漫漫

1. 受聘洪江中学

两年的县长，当得非常辛苦，与国民党中央党部的闲职不可同日而语；如今卸任回家，肩上的担子没了，顿时觉得无比轻松，悠闲自在。可是时间一久，却又感到心里空落落的，当县长时虽然紧张繁忙，但是日子过得非常充实，再看看回家以后的日子，整天不是画几笔画，就是到村前村后遛遛弯，分明是在打发时间，虚度光阴。不知不觉，素来性格温和的他变得焦躁起来，动不动就发脾气。尤其是几次三番传来某某地方又沦陷了的消息，柳子谷的情绪更是坏到了极点，有一次还把一只宜兴紫砂茶杯摔得粉碎，叹道：

"我现在成废人了！"

妻子当然知道他在想些什么，安慰他道："你不当县长了，不在其位不谋其政，不该你考虑的事情就不要去想。"

柳子谷更是生气："什么事情是不该我考虑的？'匹夫有责'，我现在就没有尽到匹夫的责任啊！"

他决意再不能这样闲散在家，要尽快出去，尽自己的力量为自己的民族做点事情。

老父亲说："你一个文弱书生，冲锋打仗不是你干的事……"

没等父亲说完，他就打断话说："可我有画笔啊！"

家人的劝说并没有改变他的主意。

但是应该把哪里作为人生旅途的下一站，他还是颇费了一番脑筋的。想来想去，他突然想起了柳国多现在栖身的洪江。那地方经济比较繁荣，社会还算稳定，在战乱时期确实是一块难得的立身之地。不由得有了主意：那地方也应该同样适合自己，因为那里有钱的生意人多，去那里当一个专业画家，也就不愁卖画没有市场。只要能够卖画，胸中的抱负就有实现的可能。虽然目前手头上现存的画没有多少，但是去了以后可以找个差事暂且立足，一边做事，一边画画，等到积累了一定的作品，再筹办画展。再说，到洪江去和柳国多又在一起了，可以尽自己的能力照应他一点，再怎么说自己总会比他过得容易一些。

对于这个打算，家人也都表示赞同，认为去洪江的选择还是对的，于是事情便这样定下来了。

挑了一个晴好的天气，一家人就又返身往洪江进发，一路无话。

到了洪江，住的还是原来那家旅馆。

旅馆老板一如既往的热情，一听到柳子谷打算在这里落脚生根，高兴得连叫"太好了"，赶忙说：

"柳先生你先不要出去，等我一下，我去喊个人来！"等不得回答就急匆匆地走了。

柳子谷被弄糊涂了，不知道他要去喊谁来。

过了不多时，旅馆老板回来了，后面还真的跟了一个人。

旅馆老板介绍，这人是镇上赣材中学的学董，也是江西同乡会馆的副馆长，姓李。李学董一来就迫不及待地表明，他们学校有意聘柳子谷为校长，紧接着又说了一大堆"还望先生屈尊"之类的客气话。

洪江的发展，主要是借助于外来的资金和人才。这里的同乡会馆很多，有外省的，也有省内其他府、县的。商贸的发展，经济的繁荣，带动了教育事业的兴起，最多时洪江有29所学校。比较有名气的十大同乡会馆都各自办了学校，其中的江西同乡会馆办了豫章小学，有十多个班，校址设在万寿宫内。1940年，就在柳子谷卸任县长的那个月，豫章小学增设初中班，更名为赣材中学，为洪江三所中学之一。洪江的办学风气算得上比较积极向上，各学校之间似乎隐隐约约存在着一种竞争关系，大家都不甘落后，巴不得自己学校在各方面都能胜人一筹。因此，赣材中学选聘一个能让同行高看一眼的校长，也就自然成了竞争内容之一。学校刚从小学升格为中学，虽然老师已经招聘好了，但眼下的校长暂且还是由原来的小学校长兼着，属于"小马拉大车"。校董事会总是觉得在同行面前底气不足，所以物色新校长的工作就迫在眉睫了。校董事会的成员们这段时间一直都在像勘探队找矿一样找校长，但就是没遇上满意的。

旅馆老板和李学董都是江西永新人，属于小区域的老乡，一直走得比较近。前些天两人在同乡会馆碰到，聊起选聘校长的事，旅馆老板半开玩笑说："通道的柳县长辞职回家了，他也是我们江西人，若是能够把他请来就好了。"由于柳子谷当县长时的一些作为早已为洪江百姓所传颂，又听说他有县长不当，辞官回家，就更是钦佩，若能请得他来当这个校长当然再好不过。但这事未免太过渺茫，因此李学董也就没怎么往心里去。谁知今天旅馆老板突然跑去跟他说，那个柳先生到洪江来了，还打算在这里谋份差事，不禁喜出望外，连忙赶了过来。

柳子谷没料到事情竟然会这样顺利。学校的这份工作，对自己应该还是比较合适的，于是，他就这样成了赣材中学的校长。

校内的教职工宿舍都是小单间，不方便安排柳子谷一家人，李学董便到校外一个姓周的绅士家租了一处较为宽敞的屋子。这绅士听说来住的是柳子谷，就不肯要租金，说什么"能和柳先生相处是我的缘分，我又不靠这份钱过活"。柳子谷的长子明湖当年五岁，据他后来回忆，这房东有钱确实不假，根据是那年他家老太爷去世，丧事办得极其隆重，佛事做了半个月，出殡时纸人纸马排了半条街。

才两三天工夫，国画名家、当过县长的柳子谷先生来赣材中学当校长的消息，就传遍了整个洪江。

大约过了个把礼拜，一天傍晚新任校长一家正在吃晚饭，突然进来一个人。定睛一看，是柳国多，大家自然高兴。寒暄过后，柳子谷听说他现在给一家贸易货栈跑业务，也搭了一点小股，收入还算不错，便放了心。柳国多说，现在他在外面的时间多，回洪江的时间少，今天刚从重庆运洋油（即煤油）回来，过两天又要出去，一去至少是十天半月。柳子谷交代了一些出门在外应该注意的事情，柳国多一一称是。

2. 卖画救急

柳子谷让人在他办公室支了一张床铺那么大的台子，用作画案。公事之余，潜心绘画，为开画展做准备。

赣材中学办得红红火火，颇为同行称道；绘画也进展顺利，作品越积越多。

时间过得很快，一转眼就是一年，看看作品差不多够得上开一次画展了，便开始着手画展的筹备工作。叫人没有半点思想准备的是，就在这个时候学校的资金出了问题，没有钱给老师们发薪水了。

赣材中学和其他同乡商会的学校一样，招收的学生基本上都是自己同乡商会会员的子弟，因而学费标准都定得较低，反正是"肥水不流外人田"。显然，光凭学费收入是没有办法维持学校正常运转的，缺口部分需要全体同乡商会会员承担。各会员每年除按规定缴纳会费以外，还要出一定的办学经费。至于出多少、多久出一次、什么时候出，校董事会则根据具体情况进行调度。本来资金运转一直很正常，从未出过什么差错，只因为前不久突然发生了一个意外情况，才使得事情变得如此被动。

此时抗日战争正处于艰难的相持阶段，前线的仗打得异常艰苦。洪江的进步组织为了支援前线，前些日子在商界发动了一场声势浩大募捐活动。各个同乡商会都积极响应，江西同乡商会的会员们更是群情激昂，很多人只留下吃饭的钱，其余的几乎全捐了。那些在近期需要向学校出资的商家也不例外，因为他们认为已经有一批茶叶发了货出去，用不了多久就会有货款汇过来，不至于误了学校的事。可是人算不如天算，那批茶叶在过江时翻了船……这个损失不可谓不

鹰

大，好几个会员急火攻心，嘴生燎泡，声音都哑了。这样一来，学校的资金链断了，正常的教学秩序眼看就要受到影响，把董事会人员急得团团转。

柳子谷得知情况后，对董事会的人说："你们不要急，老师们的薪水拖上一两个月不会有什么大问题，这工作就由我这个当校长的来做；学校其他的开支，也可以先缓一下。"

大家认为事情不会这么简单，这么一大笔钱可不是一时半会就能解决的，没有小半年缓不过气来，学校的一些日常开销暂时拖一下倒是可以的，但也拖不了很久，特别是老师的薪水，大家都是靠它养家糊口的。

"这事我来想办法。"柳子谷说，"画展我已经筹备得差不多了，只要画展一开，经费就能解决。"

董事会有些人没接触过卖画的事，不知其中行情，不免有些半信半疑。柳子却谷说得很肯定：

"没问题的。"

大家听了当然高兴，都说那就先借一下，半年之后一定还上。

没想到柳子谷却说："还个什么！这次画展卖画的收入，我早就计划好了把它捐到打鬼子的战场上去。上次募捐没赶上和大家一起捐，现在碰上学校急着用钱，就拿来救个急好了。再说，你们要不是把钱都捐出去了，现在也不至于这么作难。我的钱，就算是捐款捐了；你们的钱，就算是给学校办学了。"

没人同意这个说法，都说道理不是这样的，账更不能这样算。李学董说：

"我们的捐款，都是上了登记簿的，还张榜公布了，按照你的说法，捐款可

以不作数了，等于把钱拿回来做了办学经费；而你给学校垫的钱倒反而成了捐款。怎么可以没捐款的人还在大红榜上留有名声，而你真正捐了款的却榜上无名，走遍天下也没这个道理啊！"

柳子谷没把这个当回事，说道："什么道理不道理，你捐我捐都一样，榜上的名字只不过是个形式，我们都不要太在乎这个了。"

大家立马表示反对，七嘴八舌道：

"你不在乎我们在乎，这样做那就太对不起你柳校长了！"

"就是，我们也是要脸面的人！"

"不行不行，这样绝对不行！"

……

这次柳子谷比以往任何时候都要倔，坚持说："你们如果不按我说的，那我不管了，我一分钱也不出，你们自己去想办法吧。"

这一"杀手锏"还真的很起作用，没人再说不同意了。但是大家马上商量好了另一个主意：去找上次的募捐方说明情况，要求把登记簿上的募捐人改为柳校长，并且重新写红榜张贴。

柳子谷知道自己再怎么阻挠也是白搭，便随他们去折腾了。

哪里知道，这个看来不是问题的问题倒成了一个不好解决的问题；募捐方的答复是，捐款人员名单早就报到省里去了，已经无法更改，更何况捐款是件很严肃的事情，不是进菜园薅菜，可以想进就进想出就出的。

虽然事情没办成功，柳校长的名字没能写到捐款名单中去，更没张榜公布，但随着这件事情的传开，洪江百姓的心里却越发记牢了柳子谷这个名字。

画展开幕了。洪江到底是个大码头，懂画的人多，有钱人更多，画展很成功，场面很壮观。所有展品除了非卖品，

红叶翠禽

只剩下一幅山水没出手。这幅还是因为参观画展的人太过拥挤，不小心被挤破了一个角，被柳子谷自己主动撤下，不然也让人买走了。

几乎在举办画展的同时，次子楠湖降生。小家伙选择这个时候来凑这份热闹，更是给画展增添了几分喜气。

卖画所得柳子谷没有留下一个铜板，全部交到校董事会做了办学经费。半年

后校董事会终于有了钱，但是谁都知道柳校长不可能会接受这笔钱，也就不再客套，索性直接以他的名义捐给了抗日前线。

两年以后，到了1943年的秋天，柳子谷又在洪江举办了个人画展，依旧非常成功。卖画的钱熟门熟路，依旧是去了抗日前线。

两次捐款在洪江引起了很大的反响，柳子谷一时间成了当地的新闻人物。以至老百姓聊天的时候时不时地会把他作为一个参照物给抬出来，比如说，某人自称大方，旁边不服气者很可能会这样讥讽他：

"不得了，看样子赣材的柳校长还不如你哩！"

3．创办谷风画院

转眼到了1944年，抗日战争进入了战略反攻阶段。解放区战场和国民党军队在正面战场的滇西缅北都取得了胜利。可是老百姓还没来得及高兴，日军从四月份开始，用了8个月的时间南北贯穿河南、湖南和广西，国民党军队出现了抗战以来的第二次大溃退，这便是抗战史上的豫湘桂战役。洪江虽然没有直接遭受战火的蹂躏，但不时传来大大小小各种各样不好的消息。老百姓人心惶惶，担心哪一天小日本的膏药旗会插到洪江来。已经有些外地客商开始撤离了，学校的学生也像羊拉屎一样，今天走几个，明天又走几个，到放寒假的时候，只剩下一半左右人了。看来，洪江这地方似乎不宜再待下去。

本来，在战乱的大环境中，安定的小环境就只能是相对的、暂时的，洪江的安定眼看不保，战火随时都有可能烧过来。下一步应该去哪里？想来想去——除了陪都重庆，已经找不到更合适的地方了。

1945年春，柳子谷举家迁往重庆。

离开洪江前，特意去找过柳国多，可惜没见到，房东说他还在跑业务，前几天回来过，又走了，这次要多久才能回来不是很清楚。

到重庆后，环境相对安定，于是已经沉寂多年的开办美术学校的念头又重新冒了出来。至于办学资金，他依然是打算通过举办画展来筹集。此举1945年4月7日的重庆《中央日报》有过报道：

画家柳子谷来渝，拟办谷风艺术专科学校，并带杰作200余幅，将公开展览。

对拟展作品，朋友方治先生先行欣赏之后，撰文道：

《柳子谷与其画》（摘录）

子谷善画竹，谈画竹者，都会联想到他，知道他的，也没有不佩服他的写竹。其实他不止于画竹，山水、人物、花鸟等物无一不工。他的山水功力最深……《咏絮》《风雨同舟》《袁安卧雪》《群仙祝寿》，各图都是精心杰构，功力深邃，虽古之马远、夏圭、唐寅、仇英亦不过如此。

（《中央日报》1945年4月11日）

画展于4月13至16日在重庆夫子池励志社举行。

说来也巧，正当柳子谷画展举办期间，适逢画家Q的画展也在重庆举行，地点只隔两条街。柳子谷无意与他"打擂台"，只是碰巧而已。Q的名气应该不在柳子谷之下，可这回却不知什么原因，柳子谷的画展现场人头攒动，而Q那边却要冷清许多……柳子谷为此还在心里直骂自己办事不该这么粗心，若是早知道两个画展时间撞车，自己再怎么也应该推后几天。

四天的画展结束以后，柳子谷怀揣卖画所得，满重庆去相房子，打算寻个合适的地方买下，用作办学。上上下下爬了好几天的石板阶梯路，爬得脚肚子转筋，终于看中一栋较为幽静的两层小楼。将楼买下几天后，"谷风画院"挂牌成立。由于购房用去大部分资金，余下的钱已无力开办面授部，只够成立函授部，故暂时只招收30余人的函授学员，打算以后条件许可时再计面授事宜。

此后，柳子谷的大部分时间都用来打理谷风画院，为学员们备课、修改习作、跑邮局寄发教学材料等，同时也没忘记挤时间进行创作。

1945年8月15日，坚苦卓绝的

翠鸟碧荷

抗日战争终于以日本宣布无条件投降而结束，山城重庆一片沸腾！此时柳子谷的心里，一切都是那么美好，前程一片光明！

1946年初，徐悲鸿也来到重庆。好朋友重逢，自然十分开心。徐悲鸿与蒋碧微的婚姻虽然早就走到了尽头，但直到去年12月才正式办理离婚手续。这时徐悲鸿与廖静文正处于热恋之中，柳子谷夫妇深深为之祝福。几天以后他们在山城举行婚礼，柳子谷高兴地忙前忙后，就像当年自己结婚时徐悲鸿和张书旂那样。

"要是书旂也在这里该有多好！"柳子谷无限遐想地说道。

4. 重回南京

1946年初夏，国民党"还都"南京，大部分机构随之回迁。这样一来，重庆风光不再，艺术氛围也不尽如人意，已经不适宜继续开办画院了。柳子谷只得举家回迁金陵，谷风画院因此停办。

回到南京，柳子谷又到国民党中央党部点卯上班，标志着动荡的日子已经结束，一家人的生活又开始稳定了。

从这个时候开始，由柳子谷负责赡养的除了妻子儿女，还有岳母和二舅子一家。其时二舅子已经不在了，其妻带着两个儿子没有生活来源，就随婆婆跟着二姑子一家过日子，十口人在一个屋檐下生活。一个女婿半个儿，柳子谷的身份除了丈夫、父亲以外，还兼任"半个儿"的职责。二舅子的长子韦文熹长明湖一岁，两人很快成了好朋友。

上班没几天就听到有人在背后嘀咕，说这机关好像是柳子谷家开的一样，想进就进，想出就出。他听了也不生气，反而觉得人家这话说得不无道理，自己确实这样做了，还能封住人家的嘴吗？其实，说闲话的人也只是说说而已，那么多上峰都没谁说半个"不"字，还是和以前一样和他往来，这些小萝卜头操这份闲心做什么？

顶天立地

165

这次回来，虽然位居农工部专员，却仍然秉性不改，还是整日潜心书画，有时也到其他办公室串个门聊个天。偶尔聊得兴起，还会信口将话题从翰墨书画中岔出，聊起其他同事讳莫如深的敏感话题，比如抗战时期国共两党的功过是非。谈起这些问题，他倒是有一说一，不偏不倚。看到没人接茬也不在意，只顾说自己的。有时还甚至直面评说当今内战问题，道：

"日本人都已经跑了，自己人为什么又要打起来呢？这是为哪门子事啊？"

有好心的同事以开玩笑的口气以示提醒："说起来你还是当过县太爷的人，怎么就没一点长进？真不知道你那个县官是怎么当的！"

他听了"嘿嘿"一笑，不置可否。

不过，要说他毫无政治敏感性也不尽然，一谈起汪精卫1938年底逃离重庆，发表"艳电"响应日本首相近卫的对华声明，还有1940年出任伪国民政府代主席，与日本签订《基本关系密约》和《汪日满共同宣言》，他就气愤得很：

"怎么会堕落到这种地步，怎么可以这样，怎么可以这样啊！"

由此看来，他所谓的缺乏政治敏感性，好像仅仅是在有关国共两党关系的问题上。而在民族利益面前，他还是非常较真的，决不会无原则地"和稀泥"。他一直认为同为中国人，就应该像兄弟一样才合道理。也许正因为抱着这种想法，他交往对象也就不分什么党派。只是因为在他周围见不到什么共产党人（就是有也是秘密的，柳子谷哪里轻易见得到），所以他的朋友便大都是国民党人。当时国民党高层的书画爱好人士，几乎都与他过从甚密，其中包括陈立夫、陈布雷、于右任、邵力子、张灵甫等。

说到与国民党高层人士的交往，不得不提到张灵甫。

张灵甫的字写得很好，早在1936年的时候，他因枪杀第二任妻子东窗事发，胡宗南要他自解南京，他从四川出发，路上盘缠用尽，走走停停耗时两个多月，就是靠了摆摊卖字才到的南京。能换来钞票的字，肯定差不了。柳子谷因书法同他相识，继而成为好友。张灵甫只要在南京没外出，就会隔三岔五来柳子谷家里坐一坐。每次来两人几乎都是谈论书法，因为他们之间也只有这唯一的共同话题。有时两人聊得忘了时间，到了饭点，张灵甫也就留下来端碗吃饭，不去讲究什么客套。在这时候，作为女主人的柳夫人便会一展精湛的厨艺。其中有一道菜往往是饭桌上不可或缺的保留节目——卤肉。这卤肉可不比一般的卤肉，它的烹调秘法是柳夫人的先祖从清朝宫廷带出来的，一代代传承下来的。其配料和烧法都极有讲究，色香味俱佳，令人叫绝。柳子谷十分爱吃，便推断别人也一样喜欢，所以每有客人到来都要妻子烧上一份。还别说，客人们果然都很喜好，尤其是张灵甫，尝过之后赞不绝口。没想到两人除了书法之外，在美食方面竟然也有望成为知音。

1947年5月初的一天，张灵甫又来了。柳明湖那时还是个小孩子，据他回忆，当时张灵甫是骑马来的。马蹄有节奏地敲打着路面，"嘀嗒嘀嗒"，一路响过来。

张灵甫进屋后也不用招呼，自顾自在椅子上坐下来，只是落座后却好一会都没吱声。

柳子谷问他怎么了，他说是来告别的，就要去打仗了。

自从抗战胜利之后，柳子谷实在不愿意再涉及打仗的话题，因为打仗就意味着要死人，而死的都是中国人，无疑会败了谈话的兴致。

对于打仗，张灵甫素有常胜将军之称。在徐州会战、武汉会战、上高会战、浙赣会战、鄂西会战及第四次长沙会战等一系列著名战役中，均有骄人的战绩。但那些都是与日本人打，而如今是同室操戈，中国人之间互相打，大不一样。

这次两人的谈话不同以往，有一搭没一搭，时而冷场。柳子谷问他：

"这次去，有没有取胜的把握？"

张灵甫摇摇头说："这次，还真没把握……"

柳子谷又问："那为什么还要去呢？"

张灵甫答："因为我是军人哪。"

接下来两人又是一阵沉默无语。到了饭点，主人要留客人用餐，柳夫人说卤肉都已经快烧好了。客人这次却破例摇了摇头，无言地谢绝了。告别时，柳子谷低沉地说了句：

"好自为之吧。"

十多天后，74师在孟良崮全军覆没、张灵甫阵亡的消息传到了南京。中央党部震动很大，大家议论纷纷，都说党国少了一位精英。柳子谷却好一阵没说话，最后才说：

"可惜，书法界少了一位书法家……"

既然话说到这里，不妨再顺便插一个小故事，从另一个角度来解读当时柳子谷的人际关系。

这故事发生在1948年夏天。柳子谷的侄子柳达典（就是十年前张治中来信相邀柳子谷出山时，去柳村塘尾后山通知叔叔的那个孩子），一个人高马大的小伙子，从老家来南京叔叔家做客，已经住了几天了。这天叔叔到中央党部上班去了，他待在家里没什么玩头，突发奇想，何不去叔叔上班的地方玩一下？于是便去了。报出叔叔的名号，门卫竟然放他进去了。柳子谷看到侄子来了，问他有什么事？他说没事，就是来看一下。柳子谷说那你就看吧，于是只顾画自己的画。过了一会，柳达典说：

"叔叔，我想见一下这里的大官。"

柳子谷觉得有趣，问他："为什么要见大官？"

柳达典说："不为什么，就是想见一下。"

柳子谷又问："那你要见多大的官呢？"

柳达典说："我也不知道，就由你定吧。"

柳子谷想了一下，说："何应钦怎么样？不久前任命的国防部长。"

柳达典听说是国防部长，知道这官够大的了，连忙说："可以。"就要叔叔带他去见。

柳子谷取出一张扑克牌大小的硬纸片来，说："我就不带你去了，你拿我名片自己去就可以。"又告诉他怎么走，在几楼，哪道门。

柳达典懵懵懂懂拿了名片就走，居然畅通无阻，还真被他找着了。

坐在办公桌前的是一个要比叔叔年长十来岁的老头，看不出他有什么特别之处，很普通的一个人。老头一抬头，看到一个憨厚的后生仔站在门口朝屋里张望，便问了句：

"干什么的？"

柳达典连忙上前把名片给了他，附加口头说明："这东西是叔叔给我的，我叔叔是柳子谷，亲叔叔。"

老头看过名片，又问："你有什么事？"

柳达典实话实说："没什么事，就是想见一下何应钦。"

老头被他逗笑了，说："我就是何应钦，已经被你见着了。"

柳达典又仔细看了老头一眼，觉得已经记住了模样，便转身走了。

这种事情，恐怕除了柳子谷再没有谁做得出来。后来何应钦还把这事当作趣闻对别人说了，有人不信，还特地来向柳子谷求证。柳子谷说：

"这有什么，不就是让人看一眼嘛，又不会看少了什么。"

说到底，他就是这么一个人。

柳子谷画了这么多年画，成功地举办过不少次个人画展，但还从未出国办过个人展览（虽然有不少作品在海外参加过展览，那也是综合展览，不属个展）。把中华民族的国画艺术推向世界，到外国去举办个展，这是柳子谷由来已久的心愿。几次跃跃欲试（用他自我调侃的话说，是"几番蠢蠢欲动"），但都由于种种原因未能实现，因而一直耿耿于怀。现在回到了南京，各方面条件都已经成熟，觉得应该考虑这件事了。于是，便开始着手为出国举办个展准备作品。

到了1948年3月底，作品已经准备得差不多了，有了200多件，件件都是千挑万选出来的精品。接下来，筹备工作进入了实质性阶段：确定具体展出城市，制定行进路线。

就在将要成行之际，有人对他说，国大选举在即，不日国大代表将云集南京，你何不趁此机会，先行在京展览？

国大选举，指的是国民政府举行的首次（其实也是最后一次）全国性总统选举，同时又是"行宪"后的国民政府首次（同样也是最后一次）举行的重大政治活动。选举方式是由具有"民意基础"的国大代表进行投票的间接选举，开始投票时间为4月20日。

柳子谷想想也有道理，于是便改变计划，决定先在南京展览，出国展览之事又只好再次搁下。

展览地点选在新街口社会服务处，开展之日定在国大选举开始投票的当日。关于这次展览，南京《中央日报》展前有预告，展中有报道：

画家柳子谷国画造诣极深，写竹尤其特长，技巧精妙，有画竹圣手之誉。柳氏前为发扬我国固有文化，拟办谷风画院，有精品200余件，原定出国展览，以国大盛会在京举行，将先行展览。

（《中央日报》1948年4月2日）

柳子谷画展昨日在新街口社会服务处开幕，到有中委甘家馨、国大代表徐恩曾等六百余人。对柳氏所作《苍生霖雨》《顶天立地》《玉立婷婷》各图，备极赞誉，并有某西人购去柳氏雨竹、雪竹多幅。

（《中央日报》1948年4月21日）

柳子谷画展连日在社会服务处展览，原定本日闭幕。兹因国大代表忙于选举，多未获参观，特延展两天，定二十七日闭幕。

（《中央日报》1948年4月25日）

国大选举时值解放战争胜负几成定局的关键阶段，由于蒋介石和李宗仁在政治理念上的不合，使得选举颇具闹剧色彩。至于总统的选举，当然不会有任何悬念，当选者除了蒋介石不可能还会有其他人，但对于副总统的选举可就有点意思了。蒋介石明的暗的工作做过不少，嘱意要使孙科当选；而李宗仁有桂系军人的拥护，力量也不可小觑。孙李两人成为6位参选者中最具竞争力的对手，选举一开始双方就在暗暗较劲，几成剑拔弩张之势。20日、24日的前两轮投票，李宗仁得票数均居首位，虽然优势不明显，并且两次都不曾超过半数，还得再进行第三甚至第四轮投票，但他却是踌躇满志，志在必得。

李宗仁为了在后面的投票中获得更多的选票，决定开展"公关"活动，于是在4月25日这天去了柳子谷的展览会。

当时柳子谷在展厅接待参观者。柳明湖闲来无事，跟着父亲来展厅里玩。他看到有个皮肤黝黑、军装笔挺的人站在门口不进来，像在等什么人，就跑去叽叽喳喳告诉父亲。柳子谷出来一看，发现是李宗仁，便客气地往里迎。但李宗仁不肯进来，微笑着说，副官去买门票了。

展厅外面有一间小屋子，柳夫人韦秀菁在这里卖门票。展厅门口负责收门票的是柳子谷二舅子的儿子韦文熹，一个13岁的孩子。据他晚年回忆，当时再大的官来看展览都会先买门票，根本没有"蹭票"这个概念。

说话间副官买好门票过来，李宗仁才进展厅。

进得厅来，李宗仁在柳子谷的陪同下，饶有兴趣地把全部展品细细地浏览了一遍。看到不少画作在画轴上的价签旁边已经贴上了红纸条，有的还不止一张。

那时在画展上订购展品有个约定俗成的规矩：若是看中了某幅作品，得先付定金，尔后由画家在该幅作品的价签旁边贴上一张小红纸条，上书订购者姓名，以示该画有主，待展览结束后取画并付清余款。若还有人要订同一幅作品，则再贴上第二张红纸条，以此类推，后由画家照原作复制。至于复制品的水平，由于是出于同一画家之手，一般来说应该同原作不相上下，但也难免存在细微的差别，既有可能高于原作，也有可能不及原作。对这种"风险"，后订购者自然事先都有心理准备。所以，画展上同一幅画作出现两张甚至更多红纸条的现象并不鲜见。

浏览过后，李宗仁对柳子谷说：

"柳先生，我有件事情跟你商量，想请你帮个忙。"

柳子谷见他如此慎重，忙说："有何吩咐尽管开口，不用客气。"

李宗仁说："你的全部展品，除了非卖品和已经被人订购的以外，其余的能不能不要再卖给别人？"

柳子谷有点奇怪："……"

李宗仁又说："已经被人订购的，也请你尽量帮我再复制一份。"

柳子谷说："我冒昧问一句，你一下要这么多，准备派什么用场？"

李宗仁说："我要答谢支持我的国大代表，原来我是准备了一些其他礼品，一来数量不够，二来档次也远远比不上先生的画。"

得知缘由，柳子谷欣然应允。只是由于时间关系，已被订购的画作来不及全部复制。

据柳明湖晚年回忆，他后来从父亲那里得知，当时国大选举的6位候选人大都为支持自己的代表准备了答谢礼品，于右任是用自己的美髯公照片和书法作品，孙科是用美国生产的收音机、自来水笔、玻璃丝袜……李宗仁从父亲这里购得的画作应该不上200幅，而支持他的国大代表有一千多人，缺口部分较大，所以大部分答谢礼品还是他从另外的渠道准备的。

一些支持李宗仁的国大代表，收到了出自柳子谷之手的大礼，无疑是意外的惊喜。

4月29日上午进行第四轮（最后一轮）投票，二取一。投票结束，整个南京大街小巷的收音机都在同步播送选举大会的计票实况，两个男高音在交替唱票。午后，计票结束，尘埃落定，李宗仁得票1438，孙科1295，李以微弱的优势当选为国民党政府第一届副总统。应该说，柳子谷的画为李宗仁的胜出，是起了一定作用的。

多年以后，柳明湖问过父亲，说你帮了李宗仁却没有帮于右任，不担心于老先生怪罪你吗？父亲回答，那时大家脑子里好像都没有这个概念，谁先提出买画就应该卖给谁，顺理成章，于老先生是不会怪罪的。

这次画展一开，柳子谷手头上剩下的画就为数不多了，去海外办画展的计划无奈再度搁浅。

5. 何去何从

从1948年的下半年开始，中央党部的气氛似乎在悄然发生着变化。虽然大家嘴上没说，但心里都明了，总统、副总统选过了又能怎么的，国民政府还不是成了风雨飘摇中的一条破船？柳子谷当然也十分清楚，蒋家王朝的土崩瓦解也就是今年早明年迟的事情。周围的人们表面看起来松弛轻快，上班照常，但内心都有些紧张兮兮，有的人已经开始暗中找关系通门路，打算为自己寻条稳妥的退路。

有个同僚看到柳子谷一直还是如同局外人一般，上班画画，下班回家，有时也应邀外出作画，便好心好意问他：

"你就没个什么打算吗？"

柳子谷好像没听懂："什么打算？"

"你说还能有什么打算！"

"到底什么打算？"

同僚气得不理他。可过了一会还是憋不住提醒他："也该早点考虑一下，以后往哪里去……"

柳子谷不可能再听不懂，一下就把本来还蒙着一层窗户纸的事情捅开来，说道："再怎么改朝换代，我还是画我的画，共产党坐天下也肯定不会不让我画画，我看根本用不着找什么退路。"

同僚吃了一惊，还好身边没人，说他："小点声好不好？"又说："你还以为自己是个没事人啊？从这栋楼里出来的人，共产党会轻易放过？"

柳子谷不解了："为什么？"

同僚说："真是跟你讲不清楚！"

确实没法跟他讲清楚。但他有他的想法，他想，自己对共产党还是有些了解的。其实，他真正打过交道的共产党人才不过两个，一个是林伯渠，一个是张纪恩。但是他认为"窥一斑而见全豹"，从这两个人身上就足以大致了解共产党了，所以才会认为自己根本用不着担心什么，而去找什么退路。

可是，接下来的事情却开始复杂起来了。11月初，上峰派人试探他，问他打不打算离开大陆？开始他还没有明白问话人的意图，没有领会"离开大陆"的真正含义，还以为是问他去不去国外发展，便连想也没想就说没这个打算。事后猛地明白过来，禁不住心里一阵发紧……

11月14日早上，妻子出去买菜，回来时神态一下变得十分紧张，跑到正在刷牙的丈夫身边，报告了一个出人意料的情况：

"外面都在传，陈布雷昨天……自杀了！"

柳子谷一听，顿时愣住了，整个人成了电影里的定格镜头，一动不动，只有嘴里的牙膏泡沫在不停地滴到胸前的衣服上……

　　陈布雷也是柳子谷私交不错的朋友。两人最初的相识交往照例也是缘于书法，而且他的文章更是让柳子谷倾慕。陈布雷年轻时就以"迷津唤不醒，请作布雷鸣"的如椽之笔，横扫千军如卷席。抗战时期，写下了不少激扬民族斗志的文章，柳子谷读后很受鼓舞。1945年春天柳子谷从洪江迁往重庆后，一次在江边码头送客时见到他，向他表达钦佩之情，他回答说，"我们都一样，你用书画，我用文章，武器不同，目标一致"，几句话说得柳子谷心里暖暖的。可是，连做梦都不曾想到，一个国民党的"领袖文胆"和"总裁智囊"，素称国民党内第一支笔的人物，在抗战已经取得胜利以后却突然自杀了。这不能不让柳子谷感到非常震惊，冷静之后又寒心不已。

　　到陈布雷家吊唁回来，柳子谷一言不发，坐在椅子上发呆。一坐就是两个钟头，从陈布雷联想到了自己。他无法想象，自己真要是离开大陆去台湾，前面将会是一条什么样的命运之路在等待自己？又将会有什么样的结局？……他不敢想下去，意识到南京不宜久留，必须赶快离开，到最后落得个"身不由己"就悔之晚矣。

　　这时已经到了1949年的年初，农历尚属戊子年腊月，很快就要过旧历大年了。

　　这年冬天南京的气候似乎特别寒冷，柳子谷的心都是凉的。

　　就在这时，柳子谷又突然接到张书旂从大洋彼岸的来信。张书旂去美国的时间不长，现已顺利受聘于加利福尼亚艺术学院。老朋友在信中说，柳子谷这个名字在美国美术圈里也很有影响，该校很欢迎他前去任教。张书旂唯恐他不去，这样说服道：

　　"你的作品在美国很受欢迎，不少人都为家中挂有一幅你的墨竹而自豪。你不是一直都想把中国的固有文化推向世界吗，来吧，这里一定有你的用武之地！"

　　柳子谷将来信反复看过多遍。

　　把国画推向世界，让外国人都了解我们祖宗的好东西，柳子谷何曾不希望啊！如果去美国定居，那么要实现举办个展的愿望便是轻而易举的了。但又转念一想，难道真的非要定居外国不可吗？我在国内把作品准备好送出去展览不是也能收到同样的效果吗？我是中国人，我的根在中国，为什么非要像浮萍一样漂到外国去？再说，国画是诞生在中国土地上的，有它特定的发展环境和成长氛围，若是长时间地游离开去，到了一个完全陌生的国度，会不会"水土不服"？他曾经听说，在外国连买一支称手的国画笔有时都很困难，在蓝眼睛高鼻子的外国人看来，中国的毛笔都是长得一个模样，仅有长短大小之区别而已。说到宣纸，当外国人听说还要分什么生宣熟宣，甚至还有半生半熟的，就更是懵了，认为简直不可思议，肩膀一耸两手一摊，说："喔，宣纸难道跟我们的牛排一样，还分几分熟吗？"还有，在外国如果要寻一些意气相投的同行切磋交流技艺，那无疑要比登天还难！再说，马上就要解放了，960万平方公里的泱泱大国即将万象更新，将会有多少崭新的有意义的题材值得自己去画啊，为什么非得漂洋过海去寄人篱下呢？当然，美国的生活条件也许会比国内优越，但是那里再好也是别人的，这里再差也是自己的家，儿不嫌母丑，狗不嫌家穷啊！

于是，他谢绝了好友的邀请。

他感到不能再拖，顾不得妻子重孕在身，赶紧辞去公职，举家回迁玉山，在故乡迎接解放。

回玉山的头几天，寄居在县城的天然旅社。该旅社前临七里街，后靠冰溪河，吊脚楼下就是哗哗的河水。儿女们最喜欢趴在窗口，看河里的渔翁捕鱼。竹排上的渔翁头戴斗笠，手撑竹篙，几只鹭鸶在水里钻上钻下。渔翁不时从鹭鸶嘴里取下捕到的鱼，丢进鱼篓。每当这时，几个小孩就大呼小叫：

"又一条，又一条！"分明比得利的渔翁还要高兴。

这时的四弟柳子益，已经在玉山县政府当民政科长已有一些时日了。说起来，他的这个科长完全是因二哥而来。玉山县政府知道柳子谷是中央党部的专员，便心领神会地给他的四弟安排了这个职位。等到柳子谷知道，生米已经成了熟饭。柳子谷为此还专门写过一封信给家里，说民政科长在县里是个有实权的官，千万不可做出欺压百姓的事情来。惹得老父亲回信骂了他一通，说："这个还用得着你教？我们柳家世世代代都不会出这样的现世宝！"四弟见二哥回来，当然高兴，赶紧把县城的房子收拾了一下，让二哥全家从天然旅社搬了过去。

搬过去不多天，小儿子柳岸出生，吃饭的嘴巴由十张增加到十一张。

吃饭从来都是天下第一要务，为了长久的生计，柳子谷必须找一份差事做着，不然终究要坐吃山空。

好在差事并不难找，1949年春季一开学，柳子谷就被玉山县城的日醒中学聘为美术老师。

当时该校学生中有一个是柳子谷的堂侄，叫柳培祥。据他回忆，堂伯父教学态度之认真，是之前所有的美术老师都不曾有过的。本来作为一个名画家，教中学生画画不过是小菜一碟，更何况美术又是副课，随便怎么都好对付，但他每堂课都坚持认真备课，准备好讲课用的大张画稿。为了防止画稿破损，还特意在画稿边沿用一寸来宽的牛皮纸粘贴加固，其认真态度可见一斑。

　　当个中学老师，认真也好，马虎也罢，薪水总是很有限的，要是长期这样下去，养活这么多人必然会入不敷出。于是柳子谷便想到了举办展览会卖画，因为这已经是屡试不爽的老办法了。

　　画展很快开办了，展馆设在国民党县党部内，所展作品两百余件。然而，这次画展却不比以往，形势很不乐观。购画者虽有一些，但却为数不多，大部分人都是只带眼睛不带钞票——看的人多买的人少。只有极少数几个买画人给柳子谷留下了印象。一位是玉山县长，买去了一幅标价三百斤大米的《雾竹》。柳子谷对家人说，这县长是懂画的内行，他选走的这幅《雾竹》确是比较好的。一位是姓平的区长，他看中了非卖品《八仙过海》，那是一幅半工半写的山水人物，十分精妙，愿出一两黄金买下，但还是被柳子谷谢绝了。柳子谷说，若不是迫于生计，这里有好些画他都是舍不得卖的，这幅《八仙过海》再多的钱也不会卖。

　　这次画不好卖的原因不外乎二：一是当时正值新旧政权交替时期，社会动荡，有钱人大都惶惶不可终日，哪里还有买画的闲情逸致？而一般人家就是想买钱包却不争气。二是玉山是个小地方，尚未形成相应的艺术氛围，说白了是识货的人不多。不识货的人买东西时一般都有核算成本的嗜好，据说在展厅里有人看到标价以后啧声连连，说不过是一张纸一点颜料和墨水，本钱撑破天也不会超过三升米，可是却要卖几担米，划不来划不来！

　　薪水有限，画又不好卖，只好动用先前的积蓄。再说老父亲也表示，他手上也还有一些祖业家底，实在不行还可以贴补一二，不用着急的，日子不会过不去。

　　可以这么说，如果是当地的绝大多数家庭面临这种情况，一般都会选择就这样过下去，日历翻过一页，儿女就会大一天，只要一路往前，总会有个柳暗花明的时候。可是，这个家庭却与其他家庭不同，这个不同主要表现在女主人身上。柳子谷的妻子韦秀菁可不是一般的女流之辈，她从小在大城市长大，争强好胜的自尊心往往不输男儿，任何事情都要拼个高低，不肯服输。这回，她看到丈夫空有一身本事，却一时挣不到养家糊口的钱，甚至还要打祖业家底的主意，心里很不是滋味。她考虑再三，毅然对丈夫提出——离开玉山！

　　柳子谷一听，很是意外，说："你怎么想到一出是一出，我们好不容易回到了家乡，才过了几天啊，怎么又要离开？"

　　韦秀菁摆出了她的理由："长久下去，靠你教书的薪水显然养活不了全家，根据我们家庭的现实情况，只有卖画这一条路好走；而在玉山卖画的情况我们已经试过了，显然是不行的；既然这样，就只有离开这里，到大城市去。大地方总要比小地方的机会多一些。"

柳子谷认为妻子主要是因为刚来此地，不习惯小县城的生活，时间久了也就自然好了。现在既然已经回到了玉山，就不妨再等一段时间，只要解放了，社会稳定了，卖画的情况自然就会好转。他还举了在洪江举办画展的例子，说那地方跟上海、南京相比也是小地方，但由于社会比较稳定，就不愁没有人买画。

妻子不大认同丈夫的说法，说："就算这里解放了会好转起来，那谁又知道还要等多久才能解放？"

柳子谷说："应该快了。"

"快了是多久？"

当时解放军从北向南一路推进，势如破竹，玉山解放肯定是为期不远的事。但解放战争毕竟不是柳子谷指挥的，他无法给出具体的答案。

韦秀菁不再多说，当机立断道："不走不行，迟走不如早走！你抓紧些，这一两天就去把教书的差事辞掉！"

柳子谷还有些不大情愿，敷衍道："那总要先想好去哪里吧？"

"随便哪个大城市都会比这里好。"

这时，父亲柳长华的头脑还算冷静，他认为儿媳要去大城市的主意固然有不习惯待在小县城的原因，但思路无疑是正确的，儿子应该回大城市去发挥自己的优势。

柳子谷本来还有点犹豫，看到父亲也支持妻子，仔细想想觉得不无道理，便也同意了，答应马上就去辞职。就这样，美术教师的教龄还不到一个学期就画上了句号。

接着，夫妇俩很快做出了暂且以杭州作为栖息地的决定。理由是杭州离玉山算不得很远，且相对熟悉。

真是天有不测风云，就在全家准备出发的节骨眼上，岳母突然病倒了。病情来势凶猛，把一家人急得一时没了主意。

就在病人开始卧床不起的那天，解放军进了县城，玉山解放了。

那天是1949年5月5日。

柳子谷按捺不住激动之情，当天挥毫作《雨竹》以记之，画上题句：

百年干旱降霖雨
喜得苍生热泪流

　　岳母的病情一直不见有好转的迹象，尽管中医、西医轮番着来。在玉山解放刚满一星期的时候，医生终究无力回天，老人家还是走了。

　　一大家人沉浸在悲痛之中，加上忙于操办丧事，去杭州之事只得暂且搁下。

　　这时，柳子谷的侄子柳达谟(老三兄弟之子)报考了解放军二野五兵团十六军军事政治干部学校（后改为二野军大五分校），准备随军南下。当时家里人几乎都不同意他去，家人奉行的还是"好铁不打钉，好男不当兵"的陈旧观念。再说一个从未离过家门的毛头小伙，哪里放心他一个人远去西南边陲。家里唯一支持他的只有二伯父柳子谷。柳达谟几十年以后还清楚记得，当时二伯父对家中说过的话："年轻人就应该顺应社会潮流，一个人如果从小到大都是待在父母身边，窝在家里，那么眼光和胸怀就会十分有限，哪里会有大的出息？达谟的决定是对的，让他到外面去闯一闯有什么不好呢？……"在他的劝说下，家里终于同意了柳达谟的选择。后来柳达谟一直都说，他之所以能走上革命道路，和二伯父的支持是分不开的。

　　办完岳母丧事的第二天，柳子谷作为文化名人，被邀请参加了县里的一个座谈会。开会回来他很是兴奋，对家人说：

　　"今天这个会开得真好，会上有人发言，说国民党开始也革命，后来就渐渐腐败了，共产党今后会不会像国民党那样？说实话，这个发言也引起了我的共鸣。我加入国民党多年，又在国民党中央机关工作过，对国民党不会不了解。我也觉得国民党开头还是不错的，但到了南京以后，不少人就抢着买地皮，实际上那时候就已经开始腐败了。我也有些担心共产党会走国民党的老路，没想到有人帮我问了这个问题。你们猜那个主持会议的年轻人怎么回答？他说：'不会，因为我们共产党人有一大法宝，这就是批评和自我批评的武器！'看看，共产党就是有办法！"

　　看来，他对共产党执政充满了信心，至于离不离开玉山也就显得无所谓了，坚信共产党像太阳，照到哪里哪里亮。

　　然而，妻子却因为卖画不成和母亲去世这两件事，对玉山越来越没了好印象。操办完丧事，稳定了情绪，她又把去杭州的事情提上了议事日程。

　　柳子谷很理解妻子的心情，只有同意离开玉山，近日就走。

　　经过商议，决定人分两拨走，柳子谷夫妇带几个儿女先走，待到杭州找好了落脚的地方，其他人再去。

　　1949年6月初，一家十口人先后到达杭州，住在灯芯巷。

房东是当地知名的老西医，年轻时在外国留过学，见多识广，对世态万象的洞察力、判断力都非常强。他对柳子谷可以说是仰慕已久，这次得见，十分开心，热情地为柳家免费提供了舒适的住处。老医生有一个硕大的私家园林式大院，里面有九曲回廊，有太湖石砌就的假山，还有游着金鱼的人工湖。湖中的曲桥连接岸上的回廊，又从回廊尽头岔出一条小道来，悄然拐入一片枝叶婆娑的竹林，曲径通幽。柳子谷一家被安排住在人工湖中的一栋两层小楼里，算是很惬意的了。入住这里最高兴的莫过于小孩子，他们无忧无虑，天真烂漫，整日在园林中嬉笑追逐。柳楠湖在攀爬曲桥栏杆时还掉进湖里过，把大人吓得不轻。

落下脚来，第一件事就是筹办画展。这次的个人画展是解放后的第一次，同时也是柳子谷有生之年的最后一次。然而，却是最不成功的一次。

画展一开，就发现事先对杭州卖画形势的预计过于乐观，实际上这里的情况还不如玉山，与之前南京、上海的情况更是不可同日而语。原因很简单，因为刚解放不久，人们对共产党的政策不甚了解，心存疑虑，极少有人敢公开买画。

顾客是衣食父母，没了顾客，柳子谷犯愁了。

在玉山时以为到了杭州什么都就好办了，谁都不会想到来了以后竟然也是这种局面。再不想其他办法，必然坐吃山空，日子就没法过了。但是到底办法在哪里，柳子谷心里却是一点底也没有。

房东老医生是个热心人，有空就会过来串门聊天，和柳子谷聊得比较投机。

这天，两人聊起了有关知识分子的话题。当时，杭州及其相邻的几个城市普遍存在着一个共同的现象，就是大量的知识分子失业。老医生认为，出现这种情况的原因，是这些城市在国民党时期基本上都是人浮于事的"重灾区"，这些城市什么都缺，唯独不缺知识分子。如今解放了，就要建立新中国了，政治体制与原来大不一样，原来的许多岗位已经不复存在，于是知识分子呈现供大于求的现象便是必然的了。而眼下百废待兴，共产党还一时腾不出手来解

人物写生

决这个问题。由此看来，这种现象还会继续延续一段时间，要改变它还得假以时日。于是，老医生提了个建议：

"你与其在这里坐等情况好转，还不如自己主动去找一个急需知识分子的地方，那样可以尽快扬你所长。"

柳子谷觉得老医生分析得入情入理，不禁由衷道："听君一席话，胜读十年书啊！"

"柳先生，"老医生又说，"看得出你是一个安分守己的知识分子，只顾埋头画画，所以我还有几句话想跟你说。如果说得不对，还望不要见怪。"

柳子谷说："感谢都还来不及，哪有见怪之理！"

老医生说："当前正处于新社会的建立时期，肯定对旧社会的一些东西会有一个比较大的冲击。你不妨想一下，在这种非常时期，基层农村如果发生一些过激的行为，我相信没有谁会觉得大惊小怪。我有个亲戚在东北农村，听他说，他村里有个……算了，还是不提那事吧。也许这种情况不会很普遍，只是少数，但对于碰上了的人来说，概率就是百分之百啊！所以我建议你，最好尽快远走高飞，离老家越远越好，并且最好近几年不要跟家里联系。"

雪中归军图·1932

柳子谷听罢老医生一席话，不禁倒抽一口冷气，好一阵说不出话来。

老医生又说："柳先生，你还是听我一回吧，宁可信其有哇！"

这天夜里，柳子谷几乎没有合眼……

第八章

沉重的十字架

1. 远走东北

时间已经到了1950年3月。

即使不把老医生的话当真，就算是为了养家糊口，也得赶快去寻一个能给自己饭碗的地方，不能再拖。但柳子谷在这方面的活动能力素来不强，一时苦于打听不到哪里急需知识分子。老医生启发他说，你有没有这方面的朋友，可以帮这个忙的？

于是，他还真的想起一个人来。

这人就是时任浙江大学校长的马寅初。其实他和马老先生的交往算不得很多，交情也似乎算不得很深，但却知道自己在对方心目中的印象应该不错。马寅初曾在南京中央大学、上海交通大学、重庆大学待过，正好柳子谷在这几个城市均有过书画活动，两人有过接触，他对柳子谷的画品、人品都比较了解。

柳子谷"病急乱投医"，不管成不成，径直找去试试，不成再说。

也没有预约，直接找上门去。没想到马老先生非常热情，待柳子谷说明来意后，满口答应帮这个忙。他说你来得正好，眼下刚好有个机会，我马上就去联系，估计应该问题不大。并让柳子谷不要走，就坐在他办公室里等消息。原来，当时东北一些学校由于师资紧缺，前些日子从沈阳来了一个招聘团，到知识分子扎堆的杭州网罗师资人才。招聘团已经忙碌了一段日子，招聘工作行将结束，眼下正处于扫尾阶段，今天是最后一天。

有了大名鼎鼎的马寅初的倾力推荐，事情不会不顺利。马老先生找到招聘团长，推荐了柳子谷，并且实话实说：这人虽然任过伪职，但还是同情革命的，而且还曾经利用自身的有利条件帮过共产党的忙。招聘团长只听了一个大概，就连忙说行啊行啊。柳子谷去面谈时，招聘团长第一句话就说，柳先生能得到马校长的器重，真是不简单！我们急需你这样的人才，辽宁的教育事业热烈欢迎你的加入！我们决定安排你到大学美术系任教，你赶快回家做好搬家的准备，一两天就要动身的。

就这样，几乎没费什么周折就把事情办妥了，柳子谷十分高兴！

这事可谓两全其美，既可发挥自己所长，又正好与老医生的忠告不谋而合

（尽管他对老医生的话一直将信将疑）。他把事情告诉了老医生，老医生也替他高兴，连连说："这就好，这就好！"又特意交代，这事先不要向外声张，也不要告诉家乡那边。

搬家的具体安排几乎就是从玉山来杭州的翻版，仍旧计划把人分为两拨，柳子谷带妻子儿女先去，待安定下来再把其他人接去。他考虑到自己很快就会有薪水领的，所以动身之前把大部分积蓄留给了二舅子的妻子。

两天后，柳子谷一家七口和一大群被网罗的知识分子及其家属，在招聘团的率领下浩浩荡荡地从杭州乘火车北上，奔赴沈阳。

一到沈阳，有关部门马上对这些远道而来的知识分子进行为期半个月的集中培训。培训中，还顺便履行了一道虽然简单但却尤为重要的手续。之所以称之为"手续"，就是因为仅是走一下程序而已。本来，被招聘人员在杭州时就已经由招聘团进行过初步的政审，到了这里只需象征性地例行公事即可，类似对采购的物品进行"验收"。所谓的手续非常简单，有点像如今高铁进站安检，逐个核对一下人头，再在表格上"啪"地盖个章即可。"验收"工作有条不紊，就像机器上的传动链条，顺畅地转动着。

可是，转到柳子谷这里却意外地卡住了。

由于柳子谷是马寅初推荐的，纯属特例，再加上当时整个招聘工作行将结束，大家都匆匆忙忙，招聘团为了赶时间，把一些重要的程序竟然给忽略了，连起码的履历表都没让他填，更没有像对其他人那样进行政审，只是登记了一个名字而已。并且这个名字还没来得及写到正式的花名册上去，而是由招聘团长记在自己的工作笔记本里。

既然在杭州漏掉了相关的手续，到了这里当然就得补上。补上就补上吧，柳子谷当时也没有想得过多，只想尽快办完这道手续，等培训一结束就去学校报到上课，开始新的工作和新的生活。

履历表这玩意虽然柳子谷原来曾经填过多次，但中华人民共和国成立后还是第一次，便不由得把这当作自己人生旅程的一个新起点，无比虔诚，无比认真，生怕漏填了什么，恨不得从接生婆为他剪断脐带开始，一直填到在沈阳下火车。

培训结束了，大家很快就被急需师资的相关学校"瓜分"了，个个都是香饽饽。

最后，唯独剩下柳子谷"无人认领"。柳子谷急了，赶忙打听是怎么回事。工作人员直言相告，由于你的历史太"出人意料"，有关领导还在会议室召开紧急会议，慎重研究你的去向问题。又说，你也不用急，如果退回原地的话，我们会负责购买火车票的。

这无疑是晴天霹雳！他顾不得许多，急忙敲开会议室的门，向与会的领导们进行自认为理由十分充足、而实际却是毫无作用的解释和辩白。一个脑袋稍有秃顶的领导对他说，事情还在研究，你不用着急，先在外面等着；放心好了，就是退回原地，火车票不要你自己掏钱。——与刚才那工作人员说的几乎一模一样。

除了无可奈何的等待，柳子谷别无他法。

毫无思想准备地冒出来这么一个意外情况，其实也不奇怪。几天前当工作人员看到柳子谷的履历表上赫然出现"国民党中央特别委员会""国民党中央党部"等字眼时，十分意外，连忙报告了领导。当事领导也吃惊不小，觉得这件事情非同小可，自己一个人做不了主。于是，马上一群相关的领导就聚集在一起了。大家挨个把这份履历表传阅了一遍，均不由得产生了一个共同的疑问：这个看来普通得不能再普通的半老头，怎么会和国民党的最高层机关扯上关系？

这个情况实在太特殊了。当时在杭州马寅初也没讲清楚，只说任过"伪职"，谁知这个伪职太不一般，不是可以同伪乡长、伪保长相提并论的，这个问题应该如何处理毫无经验可供借鉴。虽然政策明确规定"历史问题看现在"，但现在人刚到，一时还无法看出什么名堂。大家商量来商量去，谁都不敢掉以轻心，最后一致认为：政审的原则必须坚持，但马寅初老先生的面子又应该给……

会议室外，柳子谷坐不住了，提心吊胆地在原地不停转圈。当转了不下一百圈的时候，会议室内的研究结果终于出来了：由于有不同寻常的历史问题，担任高等院校的老师已经不适合，必须降一个等级，只能去教中学。

看来，有关领导们对心理学颇有研究：若是一开始就说降一个等级，那当事人很可能难以接受；而先说有可能要退回原地，下一步再说大学老师没得当了，只能去当中学老师，这样工作就要好做得多了。

果然，当那个稍有秃顶的领导向柳子谷宣布，分配他到大连中学当美术老师时，他长舒了口气，觉得自己没被退回杭州，已是不幸中的万幸了。教不了大学，是因为自己的历史问题不同一般，这丝毫怪不了别人。再说，去中学工作似乎并没有什么不好，培养中学生的绘画兴趣，为他们奠定美术基础，激发美术潜能，也是一件功德无量的事情。他还认为，同样是当中学老师，但这次与在玉山日醒中学那次有着本质的不同。那次纯粹是以养家糊口为目的的权宜之计，而这次却是在新中国成立以后，人民政府为自己安排的正式工作，不仅仅是给了一个饭碗，更重要的是给了一个可以尽情发挥自己特长的神圣岗位。从这个角度看，这与大学老师其实并没有本质的区别。想到这里，坦然放下了思想包袱，抛开私心杂念，决定开开心心去大连中学，兢兢业业当一名中学美术老师。

2．就职大连中学

决定了柳子谷的去向之后，省教育厅领导特意分别给大连教育局和大连中学挂了电话，交代说柳子谷这个人还是有些真本事的，你们可要把他用好。

就这样，柳子谷去了大连，又一次当上了中学美术老师。

到了第一次领工资的时候，柳子谷终于发现了中学老师同大学老师还是有所不同的。说白了，中学老师的工资标准要比大学老师低那么一截。尽管只是不大的一截，但却是不容忽视的一截，少了它，负担八个人的生活就显得十分的紧巴（一直寄养在外婆家的大女儿柳眉，生活费也必须定时寄去）。至于在离开杭州时答应的等安定下来以后，把二舅子妻子及其两个小孩接过来，继续由他抚养的承诺，现在看来已经无法兑现了。无奈之下，只好通知那边自己另想办法。为了这事，柳子谷心里一连好些年都顺不过气来，总觉得自己很是对不起妻子娘家，莫名的惭愧与理亏。

本来就不多的积蓄，在精打细算中很快贴补完了。经济上的窘迫，此后多年来一直形影不离地眷恋着这个家庭。

直到这个时候，柳子谷才觉得自己小孩生得多了一些，在同事中是最为"人丁兴旺"的，不然经济负担也不会这么重。自然，这觉悟已经来得晚了一些。

一般来说，在经济拮据的家庭中，最感到为难的要算女主人，这个家庭自然也不例外。柳子谷每月领了工资回来，往妻子手上一交，好像就没有了他的事，该干什么就干什么去；妻子韦秀菁可就犯难了，一家人的吃饭、穿衣，还有孩子们的学费，再怎么计划都觉得钱不够用，好比八个坛子七个盖，总有一个盖不上。这种日子，韦秀菁从在娘家当姑娘时算起，至今还是第一次经历，完全是一个崭新的课题。不过，生活是最好的老师，她到底学会了精确地计算出买面粉自己擀面条，要比直接买面条合算，五斤面条的钱可以加工出将近六斤面条来；给老大缝新衣服应该长出两寸，才能保证穿上一两年不嫌短，并能继续往下传……至于柳子谷十分爱吃的按宫廷秘法烹制的卤肉，自然是很难再出现在饭桌上了。

这年除夕，眼看就要吃年夜饭了，外面"噼噼啪啪"的爆竹声都已经响成了一片，而自己家中的年货都还没置办齐。大人过年随便怎么过都好说，可是几个儿女都还小，小孩子早就盼着这一天了，吵吵嚷嚷地闹着要吃大块的肉，还要买"二踢脚"来放。妻子愁得眉头打结，柳子谷倒像个没事人一样，在桌子上摊开纸，提起笔，抄录唐伯虎的《除夕口占》：

> 柴米油盐酱醋茶
> 般般都在别人家
> 岁暮清闲无一事
> 竹堂寺里看梅花

妻子探头看了一眼诗的内容，叹气之余又忍不住打趣道："四百多年前的唐伯虎，家庭境况怎么会和我们这样相像？"

不过，要说柳子谷完全是个"甩手掌柜"也不尽然，他有时还是会积极参与家务活动的。有一天早饭后妻子有事要出门，愁着赶不回来烧中饭，他主动请缨，说饭就由他来烧，今天上午正好没课。可是，等到中午孩子们放学回家，他连米都还没淘。原来他准备淘米时，发现米里有砂子，便临时决定先履行剔除杂质的工作。他在饭桌上清出一块地盘，将米平摊其上，手持一根筷子，细心拨动米粒，一点一点挑出砂子。一直挑到吃饭的人都回家了，他还弯腰弓背、专心致志地伏在桌前，砂子还没挑完。妻子回来看到这般情景，不觉好笑。过来把桌上的米扫拢，装到葫芦瓢里，到厨房去用水淘洗，几下一抖就把砂子沉淀到底下去了。他在一旁看了，恍然大悟道：

"哦，砂子的比重大……"

还有更有意思的，一次家里的葫芦瓢破了，他自告奋勇上街去买过一只新的。东西买回来，妻子问他花了多少钱，他连声说：

"不贵不贵，才三块钱。"

妻子一听叫起来："一块半钱就能买到的东西，你居然有本事花了三块？"

他竟然说："人家种大一个葫芦多不容易，播种、浇水、施肥、除虫。好不容易等它大了、老了，还要一分为二把它锯开。一旦锯偏了，就前功尽弃……"

妻子哭笑不得，从此便取消了他的采买资格。

柳子谷虽然家务能力欠佳，但美术老师却是干得非常出色。没过多久，就由于绘画水平高超，对待教学又兢兢业业，名声就传了出去。大连美术界都在说：小小的大连中学来了一个大大的国画家。以至其他学校爱好美术的学生以及社会上许多业余的和专业的美术工作者，都愿意前来向他讨教，弄得家里常常是人满为患。他在义务辅导这些"编外学生"时，就像在教室里给编内学生上课一样认真负责，使得编外学生个个深受感动，一谈起柳老师就赞不绝口。同时，学生的情感回馈也同样感动了老师，柳子谷由此感到了一种前所未有的满足，觉得天底下最幸福的人非自己莫属！

然而，这种精神上的幸福感却丝毫不能弥补经济上的不足，妻子还是一直在为柴米油盐处处精打细算……

如果仅仅是物质上的短缺，那倒还是其次，因为那个年代各家各户的情况都差不多，周围的同事虽然因为家里吃饭的嘴巴少一些，生活的压力可能会相应小一些，但也小不了许多，大家过的都是"新三年，旧三年，缝缝补补又三年"的日子，相互间高低的落差不至于太大。而使柳子谷难以忍受的是，自己在当地教育部门和学校某些领导的眼里，简直就成了不同于常人的另类。

有一件事对他打击很大。

1951年底的一天，全国各大报纸的头条新闻报道的都是同一件事情——著名豫剧表演艺术家常香玉带领香玉剧社，在半年时间里巡回演出一百八十多场，用全部演出收入为朝鲜战场的志愿军捐献了一架战斗机。

柳子谷看了大受启发，赶快向人打听买一架飞机大概需要多少钱。人家不知道他问这个干什么，开玩笑说：

"你还是买一架玩具飞机，回家给小孩子玩吧。"

甚至有人故意损他："你买飞机干什么？是想飞台湾去吗？"

柳子谷终于明白过来，飞机不比日用品，价格行情老百姓哪里说得上来，再怎么打听也注定是徒劳的。他及时改弦易辙，调整思路，改从香玉剧社的演出场数、每场售票数以及平均票价入手，终于得到了自己想要的数字。他盘算了一下，接着便联络书画家朋友朱鸣岗、罗叔子，谈出了自己一个非同小可的想法：向常香玉学习，三人联合举办一个大型画展，捐出全部义卖收入，也为抗美援朝捐献一架飞机。

三位画家一听，也都热情澎湃，随之兴致勃勃地开始分头准备作品。

一连数月，柳子谷的课余时间除了吃喝拉撒睡，基本上都用在绘画上，而且还将自己多年来积存的作品全部清空（包括一直舍不得出手的非卖品，其中就有在玉山开画展时，姓平的区长用一两黄金也没买走的那幅《八仙过海》）。

经过紧张的筹备，1952年初夏，三位画家的大型义卖联展开幕了。展厅门口，立着柳子谷亲自制作的巨幅海报。

柳子谷十分兴奋，也十分郑重。画展开幕这天，一大早就把头发梳得纹丝不乱，胡子刮得溜光，穿上浆洗干净的衣服，精神抖擞站在展厅门口亲自迎候参观者，不停地向前来的观众拱手致意。

他和朱鸣岗、罗叔子已经商量好了，只等义卖结束，就立即把所得款项悉数捐出，让它早日变成杀敌的战机，飞过鸭绿江，翱翔在三千里江山的长空……

画展到了第四天，他的作品几乎全部被订购。为此，《旅大日报》拟辟专栏予以宣传报道。

可是，人生中，常常会出现突如其来的、不如人愿的"可是"，今天，单纯得近乎天真的柳子谷就碰上这个"可是"了——就在《旅大日报》社记者前来联系采访的时候，展厅进来了两个人，分别是教育部门和大连中学的领导。这两人在两年前柳子谷来大连中学报到时，都曾经接到过省教育厅领导打招呼的电话，也都答应了一定会"用好"柳子谷这个人。尤其是这位分管思想教育的学校领导，由于柳子谷就在自己的眼皮底下工作，就更是不敢马虎，十分认真负责。他先是把柳子谷档案看了一遍，马上就按照自己的理解，对省教育厅领导的交代有了"创造性"的领会：要"用"好他，必须先"管"好他。于是，从一开始就对柳子谷的一言一行进行非常到位的管理，一发现"风吹草动"就及时向大连教育部门的那个领导汇报。那领导非常满意下属的这种工作态度，夸赞说："对，就该这样。旧衙门出来的人有许多坏毛病，不进行脱胎换骨的改造是断然不行的！"

这会儿，两个人一前一后进了展厅。柳子谷向他俩行拱手礼打招呼，可是他们却板着脸，没有理会。柳子谷虽然感觉有点异样，但当时只顾为画展顺利展出而高兴，也没多想。两位领导在展厅里溜达了一圈，四处看了看，就肩并肩出来走了，一边走一边嘀嘀咕咕地商量着什么。柳子谷还特地对他们说了"谢谢，请慢走"，人家也没搭理，一副不屑与之为伍的模样。

紧接着，学校领导一个人又返身回来，非常严肃地对柳子谷说，你的画不能展出，必须立即撤下来！已经订购的也不许出售！

画展夭折！

柳子谷呆了，欲哭无泪！一连几天吃不下饭，睡不好觉。他惊愕，他茫然……

好在这次撤画事件并没有掀起更大的风浪，画撤下来就算完事了，事后也没有谁再来为难他，事情就算这样过去了。

事情既然已经过去了，再耿耿于怀也于事无补，所以柳子谷也就不再去想它，一门心思只顾上课、作画和辅导"编外学生"，日子倒也还算过得充实。

一天，妻子看他整日忙忙碌碌，忍不住说他："你把工作的劲头分一丁点在家里吧，家里大大小小吃饭穿衣的事情，你就不想想办法吗？"

其实，对于当前家庭经济拮据的境况，柳子谷也不是没有想过要去改善。出于专业习惯，他曾经想到了卖画这个办法。但这个念头一冒，便立即被自己否决了，就像夜空里的流星一样消失得毫无痕迹。学校领导下达的禁令还在"余音绕梁"，这个画显然是卖不得的！

卖画无望，其他的办法柳子谷实在想不出来。

现在妻子又提起这事，他只得放下画笔，和妻子合计开来。夫妻两人合计来合计去，最后发现，兜了一大圈问题竟然又回到了原点：他除了会画画，别无所长，也就是说，除了卖画，笃定再没有第二条路可走。

看来这个方程无解。

妻子说，大活人总不能叫尿给活活憋死，你当年在湖南通道智擒匪首时，是那样聪明，怎么现在就这样窝囊，莫非是脑子生锈了不成？

柳子谷被激了一下，心想，是啊，古往今来，峰回路转、柳暗花明的先例不胜枚举，怎么轮到自己就不行了呢？于是，决心要像当年在湖南通道一样，也设法来一个智取。

还别说，他还真的想出了一个绝妙的办法！

他把想法对妻子说了，妻子有点拿不定主意，说：

"这样就能瞒过学校吗？"

柳子谷说："卖画的地方远在北京，这里怎么会知道？"

妻子又说："那我们怎么知道人家卖了多少钱？"

柳子谷说："这你就放心好了，那可是迄今近三百年的金字招牌，凭的就是'诚信为本''童叟无欺'的职业操守啊！"

妻子见丈夫这么有把握，也就没话了。

这办法其实很简单：给北京的荣宝斋写了一封信，同时附上三幅国画样品，墨竹、兰花、山水各一。信中自报家门，表示有意长期委托出售画作，并提出对作品商定一个底价，高出部分利润分成，半年结账一次的合作方案。应该说，这是柳子谷专门为自己量身定制的办法，只要操作得当，神不知鬼不觉，整个大连都不会有人知道他通过荣宝斋在北京卖画。

荣宝斋很快就回了信。原来人家对柳子谷其人其画早有所闻，只不过事先不知道他如今已经落户辽宁大连。荣宝斋爽快地答应接受委托，并表示同意委托方的方案，还报出了还算令人满意的底价，让他尽快将托卖的画寄去。柳子谷自然

亭亭倩影·1948

高兴，因为这意味着很快就用不着再为家庭经济问题发愁了。

接下来的事情按部就班，进展顺利。

很快，半年过去，第一次结账的时间到了，荣宝斋寄来了账目结算清单请柳子谷核对，说如无异议便回信告知，那边即可将卖画款汇出。

到了这个时候，柳子谷才发现自己一直忽视了一个问题。这问题说大不大，说小不小：只要汇款单一到学校，异地卖画这个秘密就再也保守不住了，接下去将会出现什么后果可想而知。

妻子出主意说："在汇款单要到的那几天，我到校门口去等邮差，直接从邮差手里把它拿过来，不让学校的人知道。"

柳子谷想了一下，摇摇头说："还是不行，汇款单上是要单位盖公章才能取到钱的。学校办公室管公章的小伙子人倒是好人，就是嘴巴太快，他知道了就差不多等于全校都知道了。"

一时想不出什么应对的好办法来，妻子忍不住发牢骚道："本来是自己的钱，光明正大的，怎么弄得像做贼似的。"

最后，还是柳子谷想出了一个说不上聪明但却非常实用的办法：他亲自跑一趟北京，去把钱取回来。

于是马上给荣宝斋回信，称寒假即到，正好这个假期他要去北京办事，顺便去取就是，省得麻烦邮汇。

这办法虽然原始，但稳妥性却是毋庸置疑的。寒假的第二天，柳子谷就上了开往北京的火车，下了车就径直去了和平门外琉璃厂西街。一座古色古香、雕梁画栋的仿古建筑大门上方，挂着清同治状元陆润庠题写的大字匾额"荣宝斋"。这座被誉为"书画家之家"的建筑，柳子谷还是第一次登门，并且还是由于这样的原因登门，不禁叫他生出无奈的感慨来。

由于是第一次，柳子谷为了方便对方对他"验明正身"，事先将相关工作做得非常充分，除了工作证、户口簿，连金石印章都带了好几枚，唯恐对方不相信他就是柳子谷。但这些东西几乎都没有派上用场，荣宝斋的师傅们个个绝非等闲之辈，只要看一眼他的签名，无须核对任何有效证件，就能够立马判断他绝非"赝品"。

钱顺利取回来了，夫妻俩决定好好庆祝一番。上街砍了好大一刀猪肉，买了两个大萝卜，和肉一样切成一寸见方的块状，混在一起炖了一大锅。孩子们个个吃得脑门冒汗，连说连萝卜都有了肉味，真是好吃！不用说，妻子没忘记同时烧上一大碗久违的卤肉。

此后，每隔半年柳子谷就要"顺便"去一次荣宝斋。因为每一次不是寒假就是暑假，连假都省得请，学校便无从知道他偷偷在外面"违法乱纪"。

一连几次去取卖画款，每次对荣宝斋的师傅都说是"顺便"来的，后来连自己也觉得这个说辞太无创意，不免多少有点底气不足。好在师傅们根本没有注意这些，只关心他带去的作品。每次去，他都会顺便（这才是真正的顺便）把下一个半年的画作带过去。负责清点登记的师傅把画打开，在场的其他人都几乎无一例外地放下手头上的事情，一起围上来观看，可见荣宝斋对他的作品还是比较感兴趣的。

正当这种如同地下工作的卖画活动进行得顺风顺水的时候，事情突然有了变故。

那是第二年的寒假，柳子谷第三次去荣宝斋的时候，一个老师傅通知他说：从明年开始，委托者必须提供单位介绍信，不然他们就不能接受委托了。因为荣宝斋自公私合营以后，有关部门加强了对它的管理，最近又制定了一套新的管理制度，明年就要开始执行。要见到单位介绍信方可接受委托，便是其中的一项内容。

柳子谷听罢，先是愣了一下，接着沉闷了半晌，最后直言相告，说单位领导一直不知道他在外面卖画，这个介绍信十有八九是开不出来的。

看来这个老师傅是个菩萨心肠，他给柳子谷出了个主意，说居委会也是一级单位，以居民的身份到居委会开介绍信也是天经地义的，他们这里只要见到介绍信就行。柳子谷苦笑着摇摇头没说话，因为他知道，他们学校那个曾经命令他撤画的领导，和居委会主任是亲戚关系……

这种偷偷摸摸的卖画活动只延续了三个半年，紧张的家庭经济好不容易松绑了一段时间，便又复归原样。

正是由于经济方面的原因，柳子谷子女们的第一学历没有谁超过了高中。为了减轻父母的压力，他们很早就出来参加工作。长子柳明湖小学毕业后没有考中学，进入初等师范就读。未满两年，便向校方要求提前毕业。获得批准后，参加了为期三个月的短训班就分配了工作。他白天上班，晚上一面读夜校提高自己，一面又在夜校给低年级学生上课，既当学生又当先生，赚钱交学费，而上班的工资则全额交与母亲，用来补贴家用。小女依依参加工作时才十三岁，个子又小，到了单位，人家还以为是谁带来玩的小孩，根本没把她当工作人员。好在儿女们一个个都是憋着一口气，在工作中先是坚持自学，有机会再进学校深造，后来全都有了大出息，有的成为高等院校的领导，有的成为专家教授……更为难能可贵的是，次女柳咏絮成了父亲的衣钵传人，系中国美术家协会会员、中央文史馆书画院研究员、中国同泽书画院理事、日本东京中国书画院顾问、沈阳市文史馆研究员；历任中国美术教学研究会理事，政协辽宁省委5、6、7届委员，日本神奈川国际儿童画展评委；自1955年以来，作品多次在国内外展出和获奖，成功跻身全国著名画家第一方阵。由于这些不是本书要介绍的内容，还是回到当时柳子谷卖画的事情上来。

画是不能再卖了，但却似乎并没有妨碍柳子谷作画的热情，他还是一如既往地一有空就摊开宣纸，执笔染墨，如痴如醉地埋头其中。一次，妻子忍不住说：

"你画得再好，也等于是废纸一堆，做的都是无用功，可你哪里还有这么大的干劲？"

他头也不抬，答道："农民耕田种地，还能因为担心旱灾、虫灾毁了收成，就不再耕种，把田地撂荒吧？"

妻子又说："我劝你还是先放一放你的画，看看我这个颈椎的问题怎么办，应该去哪个医院治，最近越来越痛了哩。"

妻子的颈椎病已经有好几年了，起初只是有些僵硬，转动不大灵便，可是后来慢慢严重起来了。大连的医院差不多都跑遍了，总是不见有什么效果。柳子谷说：

"这个我早就对你说过，颈椎毛病在医学上应该是没有什么特效药的，恢复会有一个比较长的过程，任凭到哪里的医院也是这样。"

"还过程呢，要是能见到一丁点效果我也认了，现在倒反而越来越严重了啊!"

柳子谷想了一下，认真地说："要不，我来给你治一下试试？"

妻子说："开什么玩笑，你又没学过医！"

"我没学过医，可我学人物画时学过人体解剖，重点学习了骨骼和肌肉的解剖，熟悉颈椎的形状和特点。"

妻子哪里相信，说："凭你早年学过一些鸡毛蒜皮的解剖知识，就能够治颈椎病了？"

柳子谷只管按照自己的思路说下去："我给你做一个合适的枕头，让你每天晚上枕着它睡，说不定一段时间以后颈椎就不痛了。"

妻子越发觉得不可理解，说："换过一个枕头睡觉就行了？天下哪里有这么简单的事？"

"这你就不懂了吧，我跟你说，人的颈椎都是有一个弧度的，也叫生理曲线，现在你颈椎的生理曲线很可能已经有了病理性的改变。你可能不会想到，这种改变与枕头是有一定关系的。我们现在用的枕头，仅仅是'枕'着'头'而已，颈部这一段往往是悬空的。这很不科学，时间久了，颈部的生理曲线由于重力的作用就改变了。我给你设计一个枕头，晚上睡觉时把颈部托住，让颈椎慢慢恢复本来模样，问题也就解决了。我虽然不是医生，但世事万物皆同理，不妨试一试。"

妻子听丈夫说得不无道理，便答应试试。

柳子谷收起画笔，开始按照自己的设想制作特殊的枕头。他找来木条、马粪纸、竹片、棉花等材料，下课回来就把自己关在房间里，外面的人只听到里面叮叮咣咣、窸窸窣窣。几天后，一个形状有些奇怪的枕头诞生了。这枕头在靠近肩部处有一横向凸起，以便睡觉时托住颈部。

妻子当晚睡觉就用上了新枕头。她躺到床上，脑袋枕上去转动几下体会了片刻，连称果然舒服。可是，第二天早上一睁开眼睛却连说不行不行，因为这种枕头只适合仰卧时使用，侧卧就不行了。而睡觉不可能一夜到天亮都保持仰卧的姿势一成不变，一旦侧过来睡那个横向的凸起部位会硌得脖子很不舒服，醒来后就像落枕了一样难受。

柳子谷只得重新修改设计方案。他在枕头正面适当位置设置了两个高度不同的横向凸起，一个用于仰卧，一个用于侧卧。由于设计巧妙，使用时两个凸起之间切换简便，仰侧自如。后来又经过几次精细的调整和改进，一个若是不告诉别人这是什么便没人猜得出这是什么的异形枕头终于完工了。

这种枕头的式样天下绝对没有第二个。式样虽然有点古怪，但作用却非常神奇；两个月以后，妻子的颈椎居然不痛了。后来她一直坚持使用，颈椎病再也没有患过。

柳子谷高兴地说："当初我为画画学的解剖知识，没想到还在这里派上了用场！"

妻子开玩笑说："你这也算是个发明，可以给你颁发专利证书哩！"

3. 调动遭遇失败

1952年下半年，时任中央美术学院院长的徐悲鸿得知柳子谷的处境，决定施以援手。他写信告诉柳子谷，叫他做好来中央美院任教的准备。他采取的是"曲线救友"的策略：先以中央美术学院的名义发函给大连中学，商调柳子谷前去讲学；待人去了以后，造成既成事实，然后再设法办理调动手续。对这步棋，徐悲鸿可谓胸有成竹，自认为是十拿九稳的事情。他这样想不是没有根据：早在1933年，为了帮助家境贫寒的傅抱石去日本留学，他径直去找从未谋面的江西省政界头目熊式辉，要求省政府资助傅抱石，熊式辉买他的账；同时期又向教育部举荐吴作人、吕斯百、沙耆几位小青年赴法国、比利时留学，教育部也买他的账；解放战争时期，北平被解放军包围，他在傅作义召开的京城贤达名流会议上，率先发言，慷慨激昂地力劝傅作义认清形势，顺应潮流，保护古城，傅作义也买他的账；他接掌北平艺专后，在全国范围内杰出画家中点将组阁，接聘来京，共享其盛，当时美术界的各路英雄好汉全都买他的账。现在小小的大连中学，应该没有理由不买他这个账吧？

哪里知道，大连中学还就偏偏不给他这个面子。那个曾经命令柳子谷撤画的领导接到来函，看过之后，往办公桌抽屉里一塞，把这事压了下来。若不是徐悲鸿事先通过气，柳子谷根本就不知道还有这么一回事。

徐悲鸿有些生气，却是无可奈何。只有重新再次发函，措辞也要坚决一些。其实这完全是书生意气，人家执意要严格"管理"你要的人，你就是连发一万次函又如何？说到底你也只能是"商调"，总不能来大连强行把人带走吧？

最后的结果，只能是柳子谷又多了一次失望和打击的经历。幸好事先他就没有对这事抱太大的希望，因为近年来接二连三的歹运，已经在他脑子里形成了一种莫名其妙的思维定式：好事情很难与他结缘。正所谓希望不大失望也就不大，因而对这次调动的失败还是显得比较淡定，情绪上似乎没有出现多大的波折起伏。

倒是妻子有些想不通，觉得老天太不公平。这天夜里躺在床上，她突然对丈夫说：

"我想问你一个事，你能告诉我吗？"

柳子谷觉得妻子今天是少有的郑重其事，有些不解，道："我还有什么事情不能告诉你的？"

韦秀菁问："在我们结婚那年，你是不是从南京宪兵司令部里救过一个共产党，还是一个高级干部？"

柳子谷奇怪了："你哪里听来的？"

"你还真以为我什么都不知道啊？我只是想核实一下，是不是真有这回事？"

"陈芝麻烂谷子的事，不提了。"

"那就是说这事确实存在。"妻子又问："现在这个人还在不在领导岗位上？"

柳子谷反问："你问这干什么？"

妻子说："你这么聪明的人，还不懂我的意思吗？"

丈夫没有答话。

妻子又说："我并不是要去巴结人家，我只是想找一个说话能起作用的人，为你说句公道话。"

丈夫还是没吱声。

妻子碰了一下丈夫："聋了还是哑了？"

丈夫开口了，却转过了话题："我记得原来向你讲过寒食节和清明节的来历，不知你还记得不？"

这哪里会不记得，故事说的是春秋时期，晋国爆发骊姬之乱，公子重耳为逃避迫害流亡国外。在流亡途中又累又饿，跌坐在一处渺无人烟的地方，再也无力站起来。随从们找了半天也找不到一点吃的，正在大家万分焦急时，随臣介子推走到僻静处，从自己大腿上割下一块肉，熬了一碗汤让重耳喝，称是麻雀汤。重耳喝后渐渐恢复了精神，当他知道真相后大受感动，声称有朝一日做了君王，定当好生报答。19年后重耳做了国君，就是历史上的晋文公。他重赏了当初伴随他流亡的功臣，唯独忘了介子推。很多人为介子推鸣不平，劝他面君讨赏。然而介子推鄙视争功讨赏，收拾好行装同母亲到绵山隐居去了。晋文公听说后追悔莫及，亲自带人去请介子推。可是，绵山山高林密，找寻谈何容易。有人献计，从三面火烧绵山逼出介子推。然而，大火烧遍绵山却没见介子推的身影。火熄后人们才发现，介子推和老母亲已经被烧死在一棵老柳树下。晋文公捶胸顿足，悲痛不已。装殓时从树洞里发现一血书，上写："割肉奉君尽丹心，但愿主公常清明。"为纪念介子推，晋文公下令，将这天定为寒食节，全国不得动烟火。寒食节的后一天定为清明节，隐喻"但愿主公常清明"之意。

这个时候丈夫提起这个故事，妻子当然知道是何用意，也就缄口不语了。

丈夫继续说："我没有割股奉君那样的功劳，贡献不能和介子推相提并论，更何况，一个两千多年前的人都能做到鄙视争功讨赏，莫非我还不如一个古人吗？我的意思是，现在事情既然都已经这样了，也就不要去想那些不切实际的事情了。再说，那时出手相救，也不是为了今天有事好去找人家帮忙，再说被救的人自己根本就不知道是被谁救的。"又说："这事，我看就不要再提了吧。我们若是仗着当初出了一点力，现在就去向人家提出什么要求，会让人看不起的。"

丈夫都已经把话说到这份上了，妻子还有什么好说的呢？叹了一口气道："只要你想好了就行。"

柳子谷说："就这样算了吧。只不过，让悲鸿大哥白费了一番心思，感到很是对不住他。"

事情就这样过去了。三十多年后，这事竟然出人意料地又被提起，而且提起者不是别人，而是当初压下中央美术学院来函的那位老兄自己。昔日的学校领导如今也已经是白发皓首，他羞愧地握着柳子谷的手，承认自己当年由于观念过左，做下了不少错事，请求原谅。可要知道，那些"错事"非同一般，硬是把柳子谷的人生轨迹给彻底改变了，不是轻飘飘地说句原谅就能原谅的。然而，柳子谷竟然十分平静，淡淡说道："都这么多年了，还提它做什么……"事后妻子知道了这事，倒是生气了，说："要是我在场，非要骂他几句不可！"柳子谷却说："他今天能够当面说声对不起，足以说明这个人的本质不坏。换个角度说，他如果放不下这个架子，不来认这个错，我们又能怎么样人家？"

这种说法倒也在理。平心而论，这个领导的心眼还是不坏的，他当年对柳子谷并不是一味严"管"，而是"管用并举"，平时也很注意"用其所长"。就说1952年的9月的那一次吧，他郑重地交给柳子谷一项非常特殊的任务。

还有二十来天就是建国三周年的国庆节了，大连中学要参加市里组织的大游行，游行队伍要用的红旗、锣鼓等东西都早已准备就绪，唯独缺一幅巨型的毛主席画像。柳子谷接到的任务，就是画毛主席像。只要不是完全外行的人，都知道游行队伍用的巨幅领袖画像是布面油画，而宣纸画的国画是没法抬着游行的。柳子谷是国画家，现在要他来画油画，肯定路数不对，甚至可以说勉为其难。天地良心，这个领导绝对没有故意为难柳子谷的用心，只不过是个纯粹的门外汉，认为画家就是画画的，至于到底是画在布上还是纸上，那应该是一回事。任务交出去后，也有同事提醒他，说隔行如隔山，让柳老师来画油画似乎不妥。这位领导却坚持说，这正是考验他的时候，一个画家，如果连一幅毛主席像都画不了，那只能说明他徒有虚名。

在这种情况下，柳子谷不便说油画不是他的专业，只有硬着头皮上。

好在当年就读上海美专时到西画系蹭过油画课，也画过油画小品，所以还是有些油画基础的。为了确保万无一失，他又写信向擅长油画的徐悲鸿求教。徐悲鸿回信鼓励说，你对自己应该有信心，凭我对你的了解，你肯定能圆满完成这个任务。还嘱咐了一些应该注意的事项，并寄来了从苏联进口的油画颜料。

柳子谷先是从新华书店买来一幅毛主席标准像作为摹本，用"九宫格"将摹本轮廓放大到绷在巨型画框上的油画布上，再开始上色。经过几天的精心绘制，一幅与摹本同样惟妙惟肖的巨型毛主席画像便宣告诞生了。

围观的师生们无不啧啧称赞。那位学校领导不无得意地说：

"看看，只要正确管理、量才使用，这个人还是能够做些事情的！"

这无疑是一个成功的案例，使得这位领导越发坚定了他的人事管理方法，此后也就更加严格地管理着柳子谷。

一年过后，1953年9月底，突然从北京传来徐悲鸿因病猝然离世的噩耗。柳子谷闻讯捶胸顿足，悲声大作！

这一夜柳子谷没有合眼，通宵伏案，写下一篇追念挚友的文章，用以寄托自己的哀思。可是，这篇曾经被泪水打湿多处的稿件寄往某全国性美术刊物以后，却如同泥牛入海，音讯杳无……他百思不得其解。他哪里知道，当时报刊编辑部给学校来函征求单位对稿件的意见时，那位学校领导又像对待徐悲鸿的来函一样，压了下来。

同样原因，柳子谷创作的美术作品也就不要指望能够公开发表。

渐渐地，柳子谷就连与外界朋友们的联系也随之稀疏起来。

当时柳子谷的文人朋友，除却美术界人士，还有一些作家，其中最具代表性的要算邵荃麟、葛琴夫妇。邵荃麟比柳子谷小4岁，中华人民共和国成立前做地下工作，坐过牢，22岁时出任共青团浙江省委书记和中共浙江省委常委，同时又是一个以一管笔墨影响他人的文化战士。他创作了大量的小说、剧本及文学理论著作。1953年任《人民文学》主编和中国作协第一届党组书记。其夫人葛琴是"左翼文学"作家，抗战时期担任过《青年文艺》等多个文艺刊物的编辑，1937年出版的小说集《总退却》，内容都是描写社会底层人民的苦难和他们的抗争，鲁迅先生为之作序。中华人民共和国成立后历任中央电影局编剧、北京电影制片厂副厂长。中华人民共和国成立前柳子谷就与他们熟悉，成为要好的朋友，以后一直保持联系，遇到他们索画，均一一满足。但是自从通信往来被"严格管理"以后，联系也就断了，永远地断了。

4. 意外重逢

1955年初的一天，柳子谷把漏水的胶鞋送到街上修鞋铺去补，回来路上突然下起雨来，便就近跑进一家商店躲雨。当时在店里躲雨的已经有好几个人，柳子谷进去的时候，发现有一个人盯着他看。开始他没在意，后来觉得这个人有点面熟，好像在那里见过，但就是一下想不起来。两人继续互相看了几眼，柳子谷还是没能想起来，对方却突然叫道：

"你是柳子谷吗？北伐军总政治部的柳子谷？"

"原来你是——陈直……"柳子谷也认出了这位北伐时的战友。

两人自从总政治部解散那年在上海一别，至今已经28个年头没见面了，今日意外重逢，都十分的激动。

"我的画家老师，"陈直没忘记自己曾经拜他为师学过几个月的画，"你怎么跑到大连来了？"

柳子谷说："我是在这里工作啊，你又怎么会在这里？"

陈直说："我就是大连人啊！"

"对对对，你看我这记性！我1950年就到这里来了，那怎么这些年都没碰到过你？"

"我一直在外地工作，前几天老父亲过了，电报把我催回来的。"

柳子谷这才注意到他的衣袖上戴着黑纱。

陈直说："你瞧大家都在盯着我俩看了，我们不能这样站在这里说话，还是去找个地方坐下慢慢聊吧。"

两人来到旁边巷子里的一个小茶馆。一坐下来，双方都有些迫不及待，巴不得马上将分别以后自己的经历全都告诉对方，又把对方的一切都打听出来。

柳子谷尽量详尽地把自己这么多年来的情况说了一遍，接着催陈直快说他的事。

　　陈直那年与柳子谷分手以后回到家里，开头六年是帮父亲打理照相馆。后来为了替朋友报仇，把奸污朋友妹妹的一个恶少揍成了终身残疾。为躲官司，撇下成亲不久的妻子在外逃亡，几年不敢回家。后来改名换姓，在天津卫郊区的一个乡镇小学里当教书先生，才偷偷把妻子接了过去，后来妻子也在一起当老师。抗日战争时期，因为宣传抗日，被汉奸告密，差点死于非命。解放战争时期，他找到解放军招兵的，要求参军。开头人家嫌他年龄大，都四十来岁了，不肯要，幸亏他当年跟柳子谷学过几个月的画，会画宣传画，才把他招去了。后来他随军南下，到达江西玉山时，突发急性阿米巴痢疾，走不了了，部队就把他留在地方工作，他的家也就安在玉山……

　　柳子谷听到这里，连忙打断话说："什么？你到玉山去了？那里可是我的故乡啊！"他已经很久没有听到家乡的消息了，很想从这里知道一些情况。

　　陈直说："我正要跟你说这个事呢。你知道我到玉山后的工作是什么吗？土改开始后，我参加了土改工作组。你更不会想到我的土改工作地点是在哪里，就是在下镇乡，我工作的几个村子中，有一个叫柳村塘尾。"

　　柳子谷叫起来了："啊？世界竟会这么小？柳村塘尾就是我的老家啊！"

　　陈直说："我以前听你说过你老家是在江西玉山，你还说过玉山县是因为境内有'天帝遗玉，山神藏焉'的怀玉山而得名，但具体的村名我哪里清楚啊。进了村子多日，直到听人提起你的名字，才知道那就是你的老家。"

　　柳子谷焦急地问："我老家的情况怎么样？……"

　　"听我慢慢给你讲，"陈直神色凝重起来，"真是一言难尽啊！"

　　陈直所在的土改工作组一共三个人，按当时上级对工作组的"标配"，另两个是经过乡里千挑万选的农村基层干部培养对象，同乡的外村人。之所以选配同乡的外村人，是因为他们既了解当地的情况，又很难与村里的地主老财牵扯上亲戚关系，工作起来也就没有私情可徇，放得开手脚。其中一人担任组长，大小事情都要经他拍板做主。陈直是工作组里特配的唯一文化人，主要负责文件处理、撰写材料之类的工作，因而挂了一个副组长的衔。每个村子还有四五个协助工作组工作的村民，叫作"土改积极分子"。按上级要求，对土改积极分子的人选确定有一个铁定原则，必须是村里最穷的。按逻辑推理，穷人必定与地主老财不共戴天，因而也就一定是土改工作依靠的中坚力量。柳村塘尾的土改积极分子就是这样筛选出来的。其中有一个是一人吃饱全家不饿的光棍汉，已经三十多岁。他之所以成了村里年龄最大的光棍，当然是因为穷。说起他的穷，那可是有口皆碑的。他只有一条靛蓝色的粗布裤，由于没有替换，只好一年四季天天都穿它。

不过这也有一个好处，促使他发明了裤子"干洗法"。即裤子穿久了，有了不大好闻的气味，不用下水洗，只要脱下来撒上一些"六六六"杀虫粉，那种酸臭的气味便立即被药粉的气味驱赶殆尽，可以立马穿回去，省时省力又省水。村里有好事者，据此给他取了个外号"六六大顺"。这外号十分精妙准确，既影射了"六六六"杀虫粉，又因为是喝酒行令时的常用语，故而巧妙地披露了当事人嗜酒如命的酒鬼形象。

土改一开始，柳子谷就成了乡里和工作组内定的"反革命分子"，专政的对象。其依据充分得无可挑剔——倒不是因为他这个家族的大部分家庭被划成了地主，而是因为他当过国民党的大官，大得在周边十里八村无人可比。只可惜，这样一个人却在中华人民共和国成立后突然不见了踪影，一时无法将他捉拿归案。

开头一段时间，陈直都没有把这个"反革命分子"同他的画家老师联系起来，这是因为村里人都是称其为"习斌"，几乎无人使用"柳子谷"的称呼，也就无从知道这两个名字是属于同一个人。直到有一天，他偶尔听有人说出"柳子谷"三个字，心里才不由得跳了一下，开始反应过来。当时他还希望是同名同姓的人，便试探着问是不是那个会画画的柳子谷？答案无疑是肯定的。这下他的脑子有些不够用了，凭他对画家老师的了解，无论如何也难以把他与反革命分子联系在一起。陈直没有暴露自己与柳子谷的关系，先去问组长这个反革命分子到底有些什么罪行。组长愤愤然道，罪行有三，一是曾经任职国民党中央机关，二是当过湖南两个县的伪县长，三是威逼村里一个叫柳国多的穷苦后生去给他当勤务兵，最后还把这人给送到台湾去了，这三条随便哪一条都够得上反革命……

这会儿柳子谷听了陈直转述的情况，半天回不过来神来，对前两条他都认，但对第三条却不知此话何来。陈直说：

"你刚才说起过的那个柳国多，他现在台湾，有人说是你把他送去的。"

柳子谷不由得一阵苦笑，说："他是我带到湖南通道去的这不假，但不是当我的勤务兵，当时的情况就是我刚才说的那样。后来我离开了洪江，两人就再也没联系过，更没见过面。你今天不说，我还不知道他去了台湾呢。"

陈直继续往下讲。

既然工作组长说得这样严重，陈直就觉得这个问题应该弄弄清楚，于是便去向村人了解柳子谷的相关情况。越了解心里就越觉得这事不大靠谱，尤其是核实了其中两个问题以后，就更是认为这顶反革命的帽子戴得不大合适。第一个问题是柳国多跟柳子谷去湖南，当时他家里人高兴都来不及，说从此免了丁赋之虞，绝对不可能是威逼的；再一个是柳子谷从通道卸任回来，村人想看他发了多大的财，却看到一大包婴儿尿布。这两个情况虽属细枝末节，但陈直认为能够以小见大。他试探着对组长说了自己的看法，却挨了组长的严厉批评："你这个同志，思想有问题，大问题咧！"他不服，跟组长顶起嘴来。组长更加生气，就把事情添油加醋向乡里汇报了，害得他在全乡工作组成员大会上被点名批评，说他立场不稳、是非不明，一段时间把他当作革命不坚定的典型，要他在大大小小的会议上做了多次公开检讨。

本来，因为工作组人手紧张，外出抓捕柳子谷的事情一直是今天拖明天，明天拖后天，现在经过这么一闹，反倒促使乡里下了决心，指示工作组赶快抽出人来组成抓捕组，尽快把这个反革命分子抓回来法办。

很快就成立了两个人的抓捕队伍，由陈直带队，队员是"六六大顺"。出发前组长宣布了一条纪律：出去了不能单独活动，两个人必须自始至终在一起，说是为了互相照应，其实是为了互相监督。

要抓捕柳子谷，无疑先要弄清楚他的行踪。柳子谷留下来唯一有价值的线索，就是1949年6月初，一家人从玉山上的火车，买的是去杭州的票。根据这条线索，陈直怀揣乡里开出的介绍信，带着"六六大顺"直奔杭州。在火车上陈直闻到"六六大顺"身上有股难闻的味道，便问他：

"是不是忘了撒六六六了？"

"六六大顺"咧嘴一笑，算是默认。

"你就不能换一条穿吗？"

"我哪里有得换？"

"前几天分浮财的时候，不是分了两条给你吗？"

"嘿嘿……被我换酒喝了。"

——带这样一个活宝出差，陈直简直无语。

到了杭州，两人先找到了柳子谷开过画展的地方。那里的人说，画展以后人去了哪里，就不清楚了。

陈直对"六六大顺"说，线索断了，这么大的杭州，大海捞针一样，我是没办法了，是不是回去算了？

"六六大顺"说，这样回去是要挨批评的，不行。

于是又找，居然找到了柳子谷住过的那个老医生家。老医生说：

"对，是在我这里住过，可是后来走了，全家都走了。"

"六六大顺"问："你知道去了什么地方吗？"

老医生作思索状，说："我觉得他好像有去台湾的意思，对了，是不是人家已经到了台湾？"

"六六大顺"不同意这个推断，理由十分充足："不可能，他水性再好也不敢游过去，因为海边上一定有解放军拿枪守着。就算他游到了半路，只要端起机枪一扫，准能把他打着。再说他一大家人，不是个个都会水的。"

老医生憋住笑，说："游过去的可能性倒是不大，但他可以先设法到香港，据说到了香港再去台湾就不难了。"

陈直忙说："对对对，这完全有可能！"又对"六六大顺"说："你看线索又断了，我们白忙了不是？要是人去了台湾，怎么抓？"

"六六大顺"仍不死心，说还要找找看。裤子"干洗法"发明者的脑瓜子果然不同一般，竟然被他想到了去找公安局帮忙。陈直暗暗叫苦，心想这下坏了！去公安局之前，他对"六六大顺"说：

"你裤子的味太重了，到国家机关去会惹人讨厌的，说不定会妨碍我们办案。"

"六六大顺"被唬住了，问："那该怎么办？"

陈直说："若是我一个人去吧，又违反了纪律，所以我不能叫你不去。现在你自己说吧，怎么办？"

"六六大顺"想了一下，说："我有办法。"

他向陈直借了花边，去一南货店买了一碗高度白酒，先是喝了几口过瘾，然后把剩下的分几次仰起脖子倒进嘴巴含住，再弯下腰对着裤裆、裤腿"噗、噗"喷了起来，把卖酒的伙计弄得莫名其妙。这办法与撒六六六异曲同工，只不过所用材料不同罢了。

柳子谷夫妇与子女

当时的杭州市人民政府公安局和市军管会公安部，两块牌子一套人马，地址在将军路1号。负责接待的公安同志对来自江西农村的两个人很热情，对满身酒气的"六六大顺"也没嫌弃，看过介绍信，马上打电话交代下面有关分局查找，然后告诉说没有这么快，明天上午才会有结果。

这一晚陈直几乎没有睡，听着"六六大顺"的呼噜响到天亮。

幸好，第二天听到的结果，是全杭州市都没有发现叫柳子谷的人。陈直连忙表示感谢，拉起"六六大顺"正要离开，那个公安同志却叫住了他们，说：

柳子谷先生与书画界朋友即兴作画

"你们再等一下，刚才得到一个消息，前不久东北来了一个招聘团，从杭州招去了一大批知识分子，你们要找的人在这批人里面也有可能。我已经打电话去有关部门问了，他们答应马上就查，结果很快就能反馈过来。"

陈直刚刚放下的心又一下提了起来；"六六大顺"本来像快死的瘟鸡一样耷拉着脑袋，一听这话又立刻精神了。

"铃铃铃……"刺耳的电话铃声突然响起。

陈直和"六六大顺"两个人怀着截然不同的心情，紧盯着接电话的公安同志，都想尽快从他的表情和对话中得到自己关切的消息。

看来这个公安同志是个办案老手，脸上几乎没有表情，也不大说整句的话，只是每隔几秒钟就"唔"一声，以表示一直在认真接听。差不多"唔"了七八声之后，才客气地说了声"麻烦你们了"，结束了通话。

"事情是这样的，"公安同志回过头来说，"当时被招聘去东北的知识分子，专门有一本花名册存档。刚才已经有人查过了，里面没有找到柳子谷的名字。也就是说，他没有随这批人去东北。"

……

杭州之行以白跑一趟宣告结束。因为连公安部门出手都没找到人，所以两个追捕者回来也就顺利交差了。追捕工作暂且挂了起来，一时没了下文。

陈直讲到这里，庆幸地说："我当时也不知道你在什么地方，反正没找到总比找到了要好。看来，你得谢谢那个招聘团长，幸好没把你的名字写到花名册上去。"

柳子谷不禁有些后怕，说："要是当时被抓了回去，那还真不知道会有什么样的后果哩。"

陈直一下眼睛睁得溜圆："这就难说了，你四弟柳子益仅仅因为跟你去了湖

好洪流

南通道，后来又因为你的关系当了几年县政府的科长，都被斗得死去活来，你若是被抓回去了还会有好果子吃吗？"

柳子谷道："四弟是被我牵连了！"

陈直安慰说："在一场重大的社会变革中，什么样的意外都是有可能发生的，碰上了或者避过了，都属正常。好在现在事情总算过去了，日子是向前过的，就还是多往前看吧。"

也许是"一朝被蛇咬，十年怕井绳"的缘故，此后多年，故乡在柳子谷心中竟然成了一块不敢轻易触动的雷区。有很长一段岁月，他竟然莫名其妙怕听到来自故乡的消息，以至在众多的家族成员中，仅与走出了故乡的几个晚辈才有书信往来，而且极少主动说起故乡的人和事。

一直到改革开放以后，家族后人千里迢迢从故乡来看他，他才终于憋不住了，压抑多年的故乡感情就像打开了闸门的洪水一样，倾泻而出……故乡的一切，事无巨细他都想知道，问这问那。他还问到，村子后山脚下的那18棵百年巨枫，长势还是不是和以前一样葳蕤？秋天到来的时候，还是不是那样通红一片？当听说那些枫树已经在大炼钢铁的年代，全部被砍了塞到土高炉里烧了，不禁无限惋惜地连连摇头："可惜，太可惜了……"

第九章

跋涉依然艰难

1. 历史问题的结论

就在遇见陈直后不久，大连开展了"肃反"运动。

运动的前期阶段结束后，在等待审查结论的日子里，柳子谷不免有些习惯性的紧张。终于，组织上经过严格的审查、甄别，给出了"一般历史问题"的正式结论。

柳子谷拿到这个来之不易的审查结论，高兴得简直要哭了！

他很看重"一般"二字。也不知道他的国文是怎么学的，他对"一般"的理解，竟是类似"无关紧要"或者"可以忽略不计"的意思。

接下来，学校通知他参加的会议明显比以前多了起来。这无疑是一个重要的信号，代表了一种莫大的政治荣誉，柳子谷不禁从心底感到从未有过的光荣、幸福和自豪！

就因为这个结论，柳子谷对那个命令他撤画的学校领导，在感情上也悄然发生了微妙的变化。原来总觉得这个领导处处都在为难自己，现在一想，又觉得这完全是源于领导者对全局工作的认真负责，自己应该理解才是。

前面提到过的随军南下的侄子柳达谟，后来供职于贵州德江县委机关。1956年上半年，接到二伯父从大连寄去的信和两幅画。信中高兴地说，他的历史问题已经全部查清，组织上对他非常关心，以前一些没有资格参加的会议现在都通知他参加了；还特地告诉侄子，他要好好学习，要求进步，争取早日加入中国共产党，并要侄子多多帮助他。

柳达谟读完信，不禁感慨不已，心情久久不能平静。他既为二伯父有这样的思想境界肃然起敬，同时却又深感忧虑和不安。因为他作为一名在县委机关工作的干部，清醒地明白在当时的政治环境中，像二伯父这样有着"历史问题"的人，要入党不说绝无可能，也是异常困难的。自己实在帮不了他，但是又不能直言相告而伤他的心，只好在回信中写上一大堆原则性的大道理以及鼓励的文字，却又极力回避二伯父真正关心的具体问题，颇有"王顾左右而言他"的意味。信发出去了，心中一直觉得很对不起二伯父，愧疚之情多年一直挥之不去。

但是不管怎么说，历史问题的结论能够冠以"一般"二字，总归是天大的好事。也许正因为有了这个结论，1956年下半年，他才被调到高等学府——沈阳师范学院美术系任教。

当了六年的中学教师，如今终于登上了大学讲坛！这无疑是他内心热切的期盼，高兴的不仅是因为工资上调了些许，更重要的是说明组织上对自己是认可的、关心的，因而十分开心。年过半百的他，工作热情空前高涨，有时高兴起来，还会憋不住哼上两句跑调跑到沟里去的《革命人永远是年轻》。

正在满腔豪情忘我工作时，没想到突然又发生了一件意外的事情，让他悲痛不已！

1957年2月的一天，他正在备课，突然接到张书旂从美国来信。信里说：

弟病已入膏肓，回国已成绝望，至感痛苦。所能欣慰者，病中编写的《画法入门》及《翎毛集》两书，现已脱稿，对后辈掌握技法多少有点帮助，不日连同《书旂画集》寄回国出版，作为弟在世一番对祖国最后一点贡献也。《书旂画集》盼为写序。

信中字字句句辞恳意切，莫不令人动容。这时柳子谷才知道张书旂已经是胃癌晚期，不免肝肠寸断！

受人之托，本当忠人之事，可遗憾的是，挚友的临终嘱托居然无法完成。据说是由于邮局的原因，寄来的东西一直没有收到，几次查询都没有结果，最终落得个不了了之。

书籍的出版也就因此成了泡影，这不能不说是美术界的一大憾事，也使柳子谷抱憾终身，总觉得是自己没有完成任务，很是对不起朋友，愧疚不已。

是年8月18日，张书旂与世长辞。

徐悲鸿、张书旂两位艺术家过早离开人世，是中华民族美术事业不可弥补的损失，同时也使柳子谷失去了两位知心朋友。当年如兄如弟的"金陵三杰"，后期本来就天各一方，形只影单，如今两位又英年早逝，独剩柳子谷一人，怎不叫人伤感无限……

日历翻到了六年之后，柳子谷突然接到张纪恩来信，信中说上海美协将为堂兄张书旂举办遗作展览，并拟将展出作品结集出版，特约柳子谷为其写序。于是，在1963年11月24日夜里，柳子谷在灯下写下了饱含着对逝去挚友的深情厚谊的文字。限于篇幅，此处摘录一二：

《忆挚友张书旂》

书旂性格豪爽，遇友朋有急，恒罄囊无吝色；重真才实学，不追求浮名浮利；埋头苦干，与人无争，常谓"得失眼前不须计，是非历史自分明"。与友宴会，兴来喜作豪语"拳棋烟牌酒，天下无敌手"。是时为国民党反动派腐化黑暗统治时代，内忧外患，危亡日急，书旂非醉死梦生辈，夫何有此豪情！盖书旂对艺术抱负甚高，以为复兴民族，有赖于复兴文艺，复兴文艺必须搞好创作，达到最高地位，所谓"天下无敌手"者，特寓艺术于拳棋烟牌酒耳。

......

1947年书旂在美洲已成家立业，生活极优裕，为祖国艺术教育事业发展计，当伪政府还都南京，书旂即率眷回国，仍在中大任教，并兼安大教授，方期施展夙愿。乃反动政府发动内战，书旂又出国生活。迄全国解放，书旂得知祖国新气象，欢庆为之雀跃三百，急欲回国参加建设。乃帝国主义者，多方阻难，未克为愿。1957年，书旂自知病不起，最后一次遗书于予云……人之将死，方寸多乱，书旂明知命在旦夕，犹能镇定搞好著作，以后学得到帮助为快慰，其胸怀之崇高可以想见。书旂花鸟画艺术之所以有今日伟大成就者，予认为与书旂之志趣及其为人分不开。

书旂逝世前曾将多年心血结晶之遗著及部分遗作邮寄回国，迄未寄到。

......

此刻，柳子谷才觉得对挚友的临终嘱托终于有了一个交代，愧疚的心情总算得到了一丝安慰。

晚年时期，柳子谷还是经常回忆当年与徐悲鸿、张书旂在一起的欢乐时光。80岁那年，他翻出历尽劫难的三人合作的《鹤竹相依图》，察看良久，当年的情景仿佛就在眼前，情不自禁挥笔题跋：

三十年代，予与悲鸿、书旂都在南京生活，经常谈诗论画，合作遣兴，是图其一也。今二友去逝已久，风格犹存。每睹此图，不胜神驰！

2.　史诗长卷

1957年，沈阳同全国各地一样，开始了一场耗时半年多的"反右"运动。

在这场被严重扩大化的政治运动中，作为有历史问题的柳子谷居然有幸"脱网"，不能不说是个奇迹。

到了晚年，家族中有人问他，你当时怎么会有先见之明，运动前期那样宣传发动，你竟然都没有向党组织和单位领导提任何意见？他说：

"不要抬举我了，我哪里会料得到后面的事情？说实话，我当时是在心里拿共产党跟国民党比，因为我本身就是国民党员，在国民党机关待了多年，对国民党还算有些了解的，比较的结果，认为共产党比国民党要好得多。不过我也知道，把一个年轻的执政党同一个没落的逃亡党放在一起比较，是不大妥当的，所以就没敢说出来，免得让人误会我的本意，自找麻烦。话说回来，哪个政党都会有缺点，共产党当然也不例外。但完全用不着采取那样大鸣大放的方式，你们见过哪户人家的家长出了什么问题，家庭成员跑到大街上去大喊大叫？大到政党，小到家庭，其实道理都是一样的。我还记得在玉山刚解放时，我参加过一次玉山县政府召开的座谈会，会议主持人说得好，共产党人有一大法宝，就是批评和自我批评的武器，从而能够改正缺点，修正错误。"又说："至于单位的领导，我觉得大部分还是非常不错的，给我印象最深的是有个副院长，那老兄就是个工作狂，生病也不休息，好几次把煎好的中药带到办公室喝，一进他办公室就闻到一股难闻的中药味，很是令人讨厌。这样的意见叫我怎么提？提了人家反而会认为我是卖乖讨好，所以就干脆什么都不说。"想了一下又接上说："当时还有另一个重要原因，就是我正在创作一幅大型的国画长卷，时间安排得很紧，不愿意被打扰，巴不得尽早把事情应付过去。我知道一旦被缠住了就有开不完的会，麻烦得很。"

柳子谷说的这个国画长卷，就是他花费了三年的心血，与满键合作完成的鸿篇巨制、后来在美术界引起轰动的史诗性代表作——《抗美援朝战争画卷》。

事情还得从头说起。1956年初的一天，一个年轻人带着一大卷画稿草图找上门来。

来人名叫满键，是不久前从朝鲜战场归来的志愿军战士，也是一位战地美术工作者，参加了抗美援朝战争的全过程。在战火纷飞的日子里，他就有了要用美术作品把这场波澜壮阔的战争表现出来的想法，因而拍下了五百多张战地生活的照片，并画了大量的速写。战争结束以后，根据回忆以及照片和速写，勾画了一幅15米长的《抗美援朝二次战役歼敌图》草稿。时任志愿军政治部主任的杜平将军看了以后，认为这是一个非常好的重大题材，指示他"一定要好好完成"。但满键知道自己的笔墨功力尚欠火候，难以膺此重任，便有了寻求名家合作的打算。经寻访考察，得知沈阳师范学院有一位叫柳子谷的国画家，功力不凡，若是能请他出马，完成这个任务保准没有问题。

满键上门的时候心里多少还有点忐忑，心想自己是一个名不见经传的普通美术工作者，而对方是名家，况且彼此素昧平生，他能答应合作吗？因而说话时显得格外谨小慎微。没想到柳子谷略一思忖，就爽快地答应了，当时第一句话就只说了一个字："好！"就是这个"好"字，令年轻人喜出望外。

据满键后来回忆，柳子谷对志愿军十分敬仰和爱戴，多次赞叹说，志愿军的装备那么差，却打败了武装到牙齿的美国佬，真是了不起，这只有中国军人才做得到。谈起志愿军战士邱少云、罗盛教、黄继光、杨根思的英雄事迹，如数家珍，钦佩之情溢于言表。他说，志愿军官兵的英勇献身精神，一定要在作品中得到应有的体现。满键1996年写过一篇纪念柳子谷的文章，对这件事做了追述，现摘录于下：

《浩卷存正义　彩笔留丹心——怀念柳子谷画师》

……在合作中，我深深感到了一位在旧中国生活近五十年的知识分子，对祖国、对人民、对党和对事业的爱；也清晰地看到了一位在艺术上奋斗了几十年，在创作上正处于丰收时期，有着旺盛的精力并对这次创作的成功充满信心的画家；更真切地体察到他虽然遭受着"历史问题"的伤害，但却不因这种不公平的对待而怨天尤人。柳老的一言一行时时激励我夜以继日地绘制草图，反复修改。经过两个多月的努力，终于完成了草图……

（《美术》1996年第9期）

满键当然不知道，柳子谷对抗美援朝战争的情结，早在这场正义战争开始不久就已经结下了。当年他联合画家朋友朱鸣岗、罗叔子举办大型义卖画展惨遭夭折的情景，始终还在脑际盘桓，他一直为未能实现向志愿军捐献飞机的愿望而心有不甘，总觉得欠了志愿军的一笔感情债。这次有人主动上门，寻求合作完成抗美援朝战争题材的作品，真是喜出望外，觉得内心的愿望总算有了一个弥补的机会，于是很爽快地答应下来。

1958 年，柳子谷在潜心绘制
《抗美援朝战争画卷》

柳子谷拿到草图，又一张一张认真看过满键画的战地速写和拍摄的战场照片，同时仔细询问了朝鲜战场上各方面的情况，便开始创作构思。

谁都知道，美术作品是一种静止、凝固的视觉形象，无法像文学、戏剧、影视作品那样表现事件的动态进程；而整个抗美援朝战争，毫无疑问有一个动态的发展过程。何况这场战争场面恢宏，人物繁多，时间跨度长，其中的战斗样式多种多样，如何利用传统的绘画形式，将发生在不同时间、不同空间的事物表现在同一幅作品之中，其困难程度可想而知。

画家经过深思熟虑，决定采取全景式的构图，通过丰富多彩的联想与想象，运用革命的浪漫主义和现实主义相结合的方法，进行高度概括的艺术设计。按照战争进程，将整个画面分9个单元，每单元为一个相对独立的场面，却又互相联系贯通，似断实连，使其成为一个有机的整体。

构思结束，即着手绘制。

各单元的山川、房屋、桥梁以及风、云、雨、雪等背景一经画出，在人物、道具尚未着意刻画前，画卷仅仅还是初具规模的半成品，就已经呈现出恢宏磅礴的浩然之气。凡见过这件半成品的人，无不为之震撼。

画作落墨期间，正逢"反右"运动的紧张时刻，那段日子时不时地有人被宣布划成"右派"，弄得学院里人心惶惶。柳子谷心中无底，无法预知厄运到底会不会落到自己头上。但他却没有因此耽误创作，反而觉得时不我待，更要抓紧手上的工作，因而每天都像上足了发条的钟表，夜以继日，不知疲倦地转动不停。实在困了，就和衣倒在床上小眯一会。他甚至多次在心中暗暗祷告：即使要划我"右派"，也千万保佑放到最后一批，好歹先让我把这幅作品完成再说……

柳子谷怀念徐悲鸿、张大千、张书旂

室外是如火如荼的政治运动，室内是悄无声息但同时又是激情满怀的艺术创作，两种场景反差太大，简直叫人不可思议，但却又实实在在地同时发生着。看起来二者是那样格格不入，但却又是这般和谐统一。这恐怕只有在那种特殊的历史条件下，恰巧遇上柳子谷这样特殊的画家，才有可能出现的特殊现象吧？

幸好"反右"运动在当年底就结束了，不然在那种环境下，长时间的、高压力的、超负荷的创作，非把这个年过半百的画家累趴下不可。

创作中还遇上了一支有意思的小插曲。那是1958年初夏的一天，他正在家中埋头画卷的最后落墨，突然听到屋外有人敲门。连忙放下画笔，起身迎接客人。来人一身戎装，是位解放军少校军官，他自我介绍说：

"萧克将军派我来看望先生。"又从提包里拿出两包茶叶，说："这是萧将军特意挑选送给先生的。"

柳子谷记不起来自己什么时候与萧克有过交集，还以为是来人找错了人，不禁好生纳闷。

客人说："先生记不记得20年前在湖南绥宁的时候，曾经为萧将军的部队筹集并运输过粮食和药品？那次你帮了萧将军很大的忙，他一直铭记在心，只是后来由于战事频繁，又断了先生的消息，无法联系。直到前不久才偶然得知先生在沈阳，所以就派我来了。萧将军说，为我党做过贡献的朋友，就不该忘了人家！"

这么一说终于勾起了柳子谷遥远的记忆，只是没想到当年做了一件自己该做的事情，却让一个解放军将军铭记在心20年，一时感动得不知说什么才好。

客人看到画家正在创作的国画长卷，深深地被画面宏伟的气势所吸引，振奋地说："我回去一定要向萧将军汇报，他也一定会高兴的！"

1958年9月，这轴长27米、宽38厘米的画卷终得杀青。画卷真实而又深刻地表现了抗美援朝战争波澜壮阔的战斗生活画面，将朝鲜战场一幕幕的战斗场景艺术地展现在读者面前。

哈尔滨师范大学教授、文艺学硕士生导师、文艺学硕士学位授权点学术带头人张松泉先生在《国画长卷抗美援朝战争画卷的美学阐释》（《谈画未敢忘予谷》，内蒙古人民出版社，2000年版）中，对画卷九个单元画面的内容做了精辟而详尽的阐述，大意如下：

第一单元为"渡江图"。画面主体是横跨中朝边境线上的鸭绿江大桥，画面处理为夜色茫茫，防空部队探照灯的光柱划破长空。左岸是中国丹东市江岸，灯火管制下的城区楼影幢幢，高压线拱架排成长列隐隐伸向内陆。桥下波涛滚滚，桥上志愿军战士犹如钢铁洪流，奔赴战场。右岸江畔，一架刚被击落的美军飞机残骸还在冒着浓烟，表明战争的烽火已经燃烧到中国的边境线上，中国出兵抗美援朝势在必行。右岸桥头附近，朝鲜父老子弟与人民军战士列队欢迎志愿军战士。右岸背景山石耸立，秀木成林，显示出三千里江山的壮丽景色。该单元为长卷基本情节的起点，具有高屋建瓴的开篇功能，是全面展开作品内容的网索。

第二单元为"行军图"。画面主体是渡江部队行军在蜿蜒的山路上，向前沿阵地前进。队伍从画面下方走出，前面是炮兵部队行进在崎岖的山路上，一辆辆马拉人推的炮车向山坡上突进，转入山后。在远山的另一侧又转出一列步兵向山巅挺进，隐没在雪山冷雾之中。山巅上的行军队伍点墨成阵，笔意精确，具有"笔未到意却到"的审美效应。画面突出了自然条件的险恶，衬托出志愿军战士不畏艰险的豪迈气概。夜色、雪景与清雾的氛围，暗示长途急行军的隐蔽性与艰苦性。画面布局繁富、宏伟和绵密，巧妙地显示出绘画艺术的叙述功能和艺术节奏。恰到好处的画面视点的处理、人物和道具造型的隐显，突破了传统绘画的静态叙述方式，巧妙地表达了高速急行军的审美意蕴。

第三单元为"强渡图"。描绘各路行军部队在清川江（画家并未明确点出江名，读者可以自由意会）支流的一座铁路桥边会合。铁桥已被美机炸毁，为了不误战机，部队开始了抢修、抢运、强渡的战斗行动。画面的情节内容实行多条线索并进，纵横交错，跌宕起伏。画面左侧，从山口和大道上源源不断地转出后续部队，急需过江。面对铁桥的桥体以及三座桥墩完全被炸毁的情况，工程兵多管齐下，争分夺秒抢修铁桥。简易桥面已经铺成，并将三座桥墩修复一座，一座已接近完工，另一座尚有半人高的桥墩未能合上，几个高空作业的工程兵正在抓紧施工。此时，部队并不是停止行军等待铁桥修复，而是兵分三路各有任务。第一路是步兵、挑夫、辎重兵通过刚铺好的简易桥面抢运战略物资。针对桥面负重有限的状况，辎重兵把三节车厢拉开一定距离，用人力逐一推向对岸。第二路为工程兵，继续用枕木加固桥墩，实行紧急修复，突出表现他们高空作业的惊险场景。第三路是江面摆渡，有两个大型木筏来回摆渡炮兵、炮车和马匹。江面波涛汹涌，撑筏的战士紧张而吃力地把木筏驶向对岸，筏上的马匹却安详悠闲地望着江面。构图新颖别致，画面层次分明，表现出一种热烈、惊险却又井然有序的战斗氛围与情感基调。情节线索的分列、生活事件的推进与场面的转换、过渡，多重穿插，非常自然、紧凑，衔接毫无生硬、造作之感，艺术铺陈极为精细，耐人咀嚼。

第四单元为"基地图"。集中表现了志愿军在崇山峻岭中建立后方基地和物资集散运输的战斗生活。画面有如电影镜头，由近景、中景推向远景，人物逐渐推小，生活场景渐次由清晰变得模糊，最终隐没在云雾迷蒙的雪景里。远处有一支急行军的部队，也渐渐地消失在云雾里之中。这个单元犹如一支抒情歌曲穿插于此，把上一单元繁忙、紧张的艺术环境转换成舒展、从容不迫的轻松气氛，构成张弛相济的艺术节奏。前单元画面雄浑、宏伟、崇高而又热烈，这单元则宁静、清丽、雅致而又优美。最妙的笔墨在收束处，画意归转到志愿军的基地山洞口：从山脚下转出一条铁路，辎重兵把一列列车厢的辎重都推向可以容纳一切的山洞之中，此为向心的笔墨；后勤兵用马匹驮运物资走向四面八方，此为离心的笔墨。二者有机结合，以最精练的笔墨表现出丰富、深邃的生活蕴涵。

第五单元是"营救图"。生动地表现了志愿军战士抢救朝鲜人民生命财产的英勇行动。正向阵地前沿挺进的志愿军队伍，路遇一个村庄惨遭轰炸，火光冲天，浓烟滚滚，到处是残垣断壁。几个战士冲向火窟，一个战士从燃烧的房屋里背出一个朝鲜老人，另一个战士身背长枪，抱出两个儿童，还有一个战士担水救火，几乎每座燃烧的房屋门前都有实施紧急救援的志愿军战士。通向公路的村口，有一处用铁丝网围成的警戒线，里面有一个嵌入土中尚未爆炸的炸弹，旁边竖立一块小木板，上面用中朝两国文字写着"危险"两字。在村外的山路上，无尽的大部队连绵不断地向蜿蜒的远山走去。构图以营救活动为轴心，笔墨凝练集中，主次分明，烟雾也由浓转淡，留有艺术空白。

第六单元为"宿营图"。画面左侧是一支部队在密林宽阔地带开联欢会。近旁有些士兵在搭宿营帐篷，已搭好的一排排宿营帐篷连绵不绝。密林深处一顶帐篷门口挂着红十字标识，表明这是部队的简易医院。有几位战士正在帐篷外接受医生治疗。医院的右方是后勤生活区域，几个战士在一棵大树下排练节目，正在吹拉弹唱，一个战士在晾衣绳上搭晾洗过的衣服，旁边一个战士在给战友理发，近处还有两个战士抬一个箱子走向一处帐篷。远处有一个隐约的村庄，几个朝鲜妇女、儿童和行人来来往往。右方有一队肩扛给养的战士正在穿过山路、村庄向宿营地走来。宿营生活是战争生活的一个侧面，是长卷题材一项不可或缺的内容。

第七单元为"迂回穿插图"。画面天空显示为暗色，为夜景。作者用了大量的篇幅表现志愿军战士长途迂回插入敌后的战斗生活。大雪覆盖山路，战士身披白色伪装，沿江边的山路进行夜间远距离的迂回穿插。两个通讯兵越过激流，在江心岛上架设电话线。山峦上的树木已经被炮火毁成了半截树桩，掩映在雪雾中。穿插部队跨雪原、跃山涧、穿林海、越深谷，来到大同江支流的石桥。桥面已被炸断，桥体坠入江中，剩下半截桥墩立在水里。战士们顾不得江水刺骨，蹚着没过膝盖的水流过江。之后部队穿过一个市镇时，遭遇敌机轰炸，市镇到处硝烟弥漫，爆炸掀起的砖石飞向天空。部分战士立即冲上前去，掩护朝鲜群众转移。画面下方，用近景表现山路上的美军以坦克辎重开路，步兵随后，向我方正面阻击部队逼近。画面上方，用远景展现我军正面阻击部队且战且退，诱敌深入，掩护主力部队从两翼向敌后运动。近处用笔工细，形象逼真；远处点到为止，以神似见长，真实生动地再现了朝鲜战场二次战役的历史场面。

第八单元为"敌军施虐图"，着重表现美军占领朝鲜北方市镇对人民施暴的罪行。画幅从上至下分为三个层次：上方为远景，山巅密林中依稀可见志愿军长途奔袭的战斗风姿；中间部分为中景，表现市镇郊外公路，美军的坦克、装甲车、运兵车排成一字长龙，络绎不绝地向北进发；下方为近景，集中笔墨勾勒敌人在群山环抱的市镇施暴的场面，其构图自左向右又可划分为三个横向的艺术空间。左边街区广场，一个穿马裤蹬马靴的军官在指挥放火。一处建筑已经着火，浓烟冲天。荷枪的士兵押解民众，在广场刑讯。遍地横尸，有些群众匍匐在地。中间街区路无行人，多处房屋正在燃烧，同样浓烟滚滚。右边街区一处小学校的操场上，秋千架已改作绞刑架，上面已吊着四位朝鲜爱国者的尸体。站在滑梯架上的美军官正在举手发出命令，指挥一队美军向对面排成一列的5个爱国者开枪射击。爱国者已有一人倒在血泊之中，两人振臂高呼口号，另两人互相搀扶、鼓励。被押解到现场观看的群众不忍目睹，掩面而泣。画面采用内敛式的叙述方式，空间分割层次分明，却又相互关联，既冷峻地揭露了敌人的残暴，又热情地讴歌了人民群众的反抗精神，因而有力地拓展了传统绘画语言的叙述功能和表现力量。

第九单元为"歼敌胜利图"。表现中朝两国军队成功穿插敌后，摧毁了敌军前线指挥机关，截断了敌人退路，对敌军实施多层次分割包围，全歼美军主力的胜利场面。画面左下山口冲出的朝鲜人民军主力，与右上从山巅上冲下志愿军主力，形成钳形攻势，向敌人发起猛烈冲锋。手榴弹、掷弹筒、炸药包和炮火都指向敌人的坦克、运兵车，打得敌人鬼哭狼嚎，一片混乱。断链的坦克、脱落的车轮、遍地的美式冲锋枪，从坦克塔口钻出来举手投降的美军坦克兵等等，刻画细致，形神兼备。描绘我军的浩然正气、英勇善战，以及敌人的惊恐慌乱、落花流水，处处笔到意随，造型准确。画幅结尾部分，是我军岗哨威武地屹立在路口，目送战友押送俘虏缓缓远去。胜利的旗帜迎风招展，天际霞光万丈，一轮红日冉冉升起，照耀着一望无际的壮丽河山。

画卷的右上方，是画家那古朴的行书：抗美援朝二次战役歼敌图 柳子谷 满键合作 1958年9月于沈阳

这部以传统笔墨表现现代战争场景的长卷，是画家从艺数十年来第一次极为成功的尝试，开创了中国画战争题材的新意境、新高度，堪称史诗般的代表作。当时的逆境并没有使画家走向虚无，他的感情始终关联着国家和民族的命运，以深切的家国情怀去拥抱时代，去弘扬民族精神。正是缘于这种人文的传承，画面的意境是自然的，是传统山水意境的一种绵延和深化。在宏大的叙事主题中，画家精湛的技法、深厚的底蕴得以充分展示。画家的创造意境突破了小我，进入了时代洪流的大我，发出的是民族的最强音，显示了一个画家强烈的时代忧患意识，具有主流民族艺术家的典范意义。在内容建构上，超越了历史现实而进入了更深层次的审美空间，既具有史诗般的纪实性，高度真实地再现了当年抗美援朝战争的历史风貌，是那场正义战争过程的缩影，又是对中华民族在世界历史重要关头所表现出的爱国主义与国际主义精神的由衷礼赞。

合作者满键对这幅画卷的艺术感受，在他的纪念文章《浩卷存正义 彩笔留丹心——怀念柳子谷画师》中是这样描述的：

在27米山水人物并重的画卷中，那碎尸与弹片齐飞、血光同战火交映的画面，使人如临其境；那灵与肉的厮杀、你死我活的拼搏，叫人心灵震撼；那山川的壮丽、中朝的友谊、胜利的欢欣，让人精神振奋；还有柳老那娴熟的画技、笔墨的韵味、物我相融的境界，更是无不令人陶醉。阅完画卷，我由衷地为他那高超不凡的功力叫绝，更为他坚忍不拔的意志赞叹……

1959年，在"辽宁省庆祝建国十周年美术作品展览"上，这幅长卷成为整个展览最震撼人心的一幅作品。

宽阔的展厅里，每天从开馆到闭馆，参观者到了这幅画前莫不驻足，以至展区经常长时间出现近三十米长的"人满为患"地带。展览主办单位不得不专门安排两个工作人员，随时对该区域拥挤的人群进行"疏通"和"引导"，才能使参观路径不被堵塞。一个展览馆的老员工说，在历次展览中还从来没发生过这种情况。

在举办展览的同时，省美协还附带进行评选晋京参加第三届全国美展作品的工作，由参观者对参加展览的所有作品进行直接投票。毫无悬念，这幅长卷得票数一路飙升，位列前茅。

在展览的第五天（或许是第六天？），新华社辽宁分社的记者前来采访画家，计划发稿扩大宣传。

可是，就像七年前那次夭折的三人义卖联展一样，这次又碰上了一个十分不如人意的"可是"——一天展厅里来了一位中学老师，他在这幅长卷跟前浏览了一个来回，突然冒出一句：

"这不是公开为彭德怀树碑立传吗？"

声音也不小，展厅里很多人都听到了。立刻，就像一瓢冷水浇到了开水锅里，周围立刻一片安静，刚才还为画作叫好的人们也不敢再吱声了……

说话的那位老师发表完"高论"，拍拍屁股走了，留下来的后遗症却把这幅画的命运彻底给改变了！

后来，新华社拟好的电讯稿没有发出，画卷不但无缘参加第三届全国美展，就连这次省内展览也到此为止，当天就被撤了下来。

柳子谷义愤填膺，却又无处诉说。书生也只有用书生的办法，只见他提起画笔，在长卷卷首题下一首抗争诗：

战争正义全无敌
画卷长存此理真
弱能胜强小胜大
中朝血肉万年春

虽然这次问题不是出在画家身上，与自己的"历史问题"牵扯不上，但他的心情却一点也不轻松……没想到付出了三年心血的鸿篇巨制，竟然落得了这样一个结果。

说是"结果"还未免早了一点，因为这幅画的故事还没有真正结束，还有柳暗花明的后话。

此时画作的题目还是叫《抗美援朝二次战役歼敌图》，《抗美援朝战争画卷》的名字是后来改的，个中缘由，也到后面再叙。

不过，虽然这幅画命运多舛，但三年的创作过程却成就了一桩美满的姻缘。合作者满键与柳子谷的次女柳咏絮因这幅画相识相知，最终喜结连理，成就一段佳话。

3. "柳子谷现象"

1959年深秋，长卷事情过去不久，国家林业部突然来了邀请函，邀请柳子谷赴北京作画。当他接到学院领导转来的邀请函，并被告知单位已经研究同意他赴京时，激动得眼眶都湿润了。

他当然不会知道，这次林业部为了宣传林业工作，要挑选一批全国顶尖名气的画家来北京作画，在圈定人选时，对他入不入选的问题也是费了一番周折的。最后还是刚上任的林业部长刘文辉拍了板，他说：我还当过国民党的省主席呢，柳子谷旧时的官比我小多了，现在我都能当共产党的部长，为什么他就连画几幅画都不行呢？这不是笑话吗？

到了北京，发现傅抱石和关山月也在被邀请之列。

柳子谷与傅抱石自从1923年在南昌分别以后，由于各种各样的原因，两人在漫长的36年中联系不是很多，见面的机会就更少，只是在1947年3月中华全国美术会主办的"现代美术习作展览会"上见过一面，且是来去匆匆，没得工夫好生细聊。这次重逢，当年的翩翩少年都已经成了头发斑白的老人，两人不禁百感交集，紧紧相拥，许久才得松开。谈起别后的情况，都有许多的话要说。

关山月还是第一次见到柳子谷，傅抱石这样向他介绍自己的老朋友：

"柳先生可是国画界的老前辈啊！"

关山月激动地说："这我何尝不知道，只是一直无缘相见啊！"

这次的北京之行，差点促成了柳子谷的一次工作调动。事情是这样的，傅抱石在了解柳子谷的工作环境等情况后，萌生了要帮他换一个工作地的想法。从北京一回去，就急着与担任内蒙古自治区党委第一书记的乌兰夫联系，凭借自己与乌兰夫私交不错的有利条件，推荐柳子谷到刚成立不久的内蒙古大学工作。乌兰夫倒也爽快，当即答应把柳子谷安排到内蒙古大学美术系当主任。傅抱石马上给柳子谷来信，报告了这个好消息。柳子谷收到信当然十分开心，可是妻子却高兴不起来。因为她生来碰不得牛羊肉，一闻到那种膻味人就像生病了一样，若是去了内蒙古，不可能不沾牛羊肉。尤其是听到有人说从大草原上刮过来的风都是带膻味的，她就更是担心，几乎是"谈牛羊色变"了。于是，为了顾及妻子的生活习惯，柳子谷只好谢绝了老朋友的一番好意，继续待在沈阳，权当这件事没有发生过。

没过个把月，各高等院校进行院系大调整，柳子谷被作为重点教学力量，调到辽宁大学美术系任教。

此时他的心情格外舒畅，决心加倍努力工作，好生报答共产党和人民政府的知遇之恩。

当年，他就整理出了教学课稿《书法函授教材》《子谷画竹》《子谷画八哥》，摞在一起快有30厘米高了。

柳子谷到辽宁大学不久，1960年初又被调到辽阳鞍山师范学院任教。调入单位许诺说，到我们学院去，是要让你发挥重大作用的。

那几年，在辽宁美术界出现了一种很有意思的现象，被业内人士戏称为"柳子谷现象"：尽管谁都知道柳子谷背有无形的历史问题包袱，属于只可意会不可言传的"控制使用"人员，但是一旦哪里需要高水平的绘画人才，相关单位却又毫无例外地愿意把他"挖"过去……

柳子谷来到辽阳鞍山师范学院时，正值全国各高等院校轰轰烈烈地开展教学改革。学院领导不甘落后，交给柳子谷一项"光荣而艰巨"的任务，要他"发明"一套符合"多快好省"原则的教学方法，让学生在较短时间内掌握国画艺术，在全省乃至全国发挥引领作用。

柳子谷接到任务，既高兴又为难。高兴的是学院领导对自己是信任的、器重的；为难的是实在不知道这个任务该从何处下手。回顾自己从艺几十年的经历，每一点心得和进步，都是历尽辛苦得来，还从来没发现过在艺术的道路上，有什么捷径可走。可是，既然学院领导如此看重自己，总不能让他们失望，任务还得想办法完成。这几乎成了逻辑学上的"二难推理"，他真的被难住了。

一连几个不眠之夜，柳子谷终于想出了一个"折中"的办法。

学画画要想同工厂出产品那样，加一下班，打一下突击就大功告成，这样的

"多快好省"显然是做不到的；但却不妨努力往这上面靠，尽量使教学方法科学一些，便于学生接受掌握，增强教学效果，加快学习进程，这似乎也可以马马虎虎算得上"多快好省"了。

主意打定，他便开始精心编写教案。他在总结以往教学经验的基础上，选择了不同著名画家的代表作为示范教材，抓住教学中的重点内容，实行重点突破，同时又将画面按运笔、用墨的不同特点分成若干局部或层次，分别消化。根据这种"抓住重点，掌握要领；化整为零，各个击破"的教学方法，深入浅出地向学生讲解，不厌其烦地进行示范。这个方法果真收到了预期效果，学生进步很快，"发明"获得了成功。比如举世公认的齐白石大师的虾，他仅用五个课时，就使大部分学生掌握了画法要领。有些习作酷似原作，与原作摆在一起，不仔细分辨还真容易弄混。不过他并没有忘记提醒同学们：你们对自己要有一个正确的认识，千万不要以为自己就已经是大画家了，把尾巴翘到天上去，因为你们的成绩还仅仅是刚达到形似，离神似还有不小的差距；要想在艺术上有所作为，没有捷径可走，必须经过长期不懈的努力和艰难困苦的磨炼。

第二年（1961年）初，辽宁省教育厅举办了一期全省教学改革成绩展览会，柳子谷学生的作品，多被入选展出，在当时的教育界和美术界均引起很大反响。他本人也因此受到了学院的表彰。

教学改革的成功，也极大地激发了柳子谷的艺术创作热情，顿时迸发出强烈的创作冲动。是年，创作完成了反映新农村建设的《山村新貌》。

这是一幅堪称《抗美援朝战争画卷》姐妹篇的全景式巨制，长7.5米宽50厘米。该画的创作缘起1958年夏，当时柳子谷随沈阳政协参观团到辽阳参观新农村建设，感触很深，回来以后即开始创作构思。整个创作过程，无时不在尽情地表达对社会主义新农村的展望，以及对当代农民穷则思变、积极向上精神风貌的歌颂。画面山水与人物并重，亦工亦写，明快靓丽。著名学者、书画家冯其庸评论说："《山村新貌》就是一曲和平建设的赞歌。这幅画用笔舒缓，画面开阔平坦，农村建设的诸多新面貌在画卷中次第出现，一派欣欣向荣、热火朝天的新气象。拖拉机、收割机、卡车、手推车、耕作的农民、牲口饲养棚、建筑测量队、文化宫、养猪场、牛马畜牧、群众的集体活动、俱乐部前的群众舞蹈、在河边洗衣的妇女、成群的鸡鸭等，一派欣欣向荣、忙忙碌碌的新气象……这部与《抗美援朝战争画卷》内容完全不同的作品，画面却是同样的逼真，浓郁的生活气息只要稍一展卷就会扑面而来。"著名美术评论家王鲁湘说："我觉得《山村新貌》这幅长卷，不管是山水、场景、人物的安排，还是水墨和色彩的运用，在五十年代能达到这样的水平是个奇迹，在他那一辈画家中是罕见的，柳先生是一位兼善山水、花鸟的通才。"该画也得到身边画家朋友的一致好评，都说堪称当代版的《清明上河图》，并建议尽快向社会推出。

可是，就在与出版社联系出版的时候，作品主题却遭遇了一些人的质疑，认为画面内容与现实生活似有脱节，有"浮夸风"之嫌。

最终，这件寄托了作者无限希望的作品，命运似乎还不及之前的《抗美援朝二次战役歼敌图》，连与观众见面的机会都没有。但画家却像对《抗美援朝二次战役歼敌图》一样对它充满了信心，坚信这件作品一定会迎来云开日出之时（后来果然得到了事实印证：随着改革开放和思想解放运动，这幅画终得面世；2007年4月，山东电视台拍摄《笔墨展时风　丹青留史册》电视片，重点介绍了该画；同年10月，《当代中国画》第5期全图刊出此画）。

就在《山村新貌》刚刚被打入冷宫的时候，柳子谷又有一次工作调动。这次调动，可以说是最为"兴师动众"的了。

张书旂的堂弟张纪恩，这时已经是我党的高级干部，在上海工作。自从1936年的"营救事件"以后，他一直与柳子谷多有过从。近些年，他有意要帮柳子谷换一个能够大显身手的工作环境，总想把他调到各方面条件较为优越的上海，却又总是苦于没有合适的机会。到了二十世纪六十年代，他感到这事不能再拖，得抓紧进行。心想既然一步到位调入人才济济的上海有困难，那就不妨先落脚与上海同属中共华东局管辖的山东省，先行过渡。于是，便给时任山东省委第一书记的舒同挂电话，联系柳子谷的调动事宜。

舒同，江西东乡人，少时就有"东乡才子"之称。他发明的"舒体字"，早在二十世纪三十年代就被社会广泛认可。在战争年代他被誉为"马背上的书法家"，毛主席称他为"红军书法家""党内一支笔"。他在中共华东局任宣传部长时，张纪恩就已经落户上海，两人工作中多有交往，相处甚好。对于江西老乡柳子谷，舒同虽然没有直接打过交道，但早就听说过，也见过他的书画，并且知道他的人品和画品一样让人佩

山东艺术学院校园内的先生铜像

服。现在又是好友张纪恩向自己倾力推荐，十分爱才的他当然没有二话，满口答应。可是，就在调动工作准备"走程序"的节骨眼上，舒同却因故被调离了省委第一书记的岗位，离开了济南。但他在离任时并没有忘记这事，移交工作时还特地交代，说柳子谷是个不可多得的人才，应该好生爱护和大胆使用。还说，柳先生虽然任过伪职，但是他一贯倾向革命，任内为我党做过不少好事，所以这个情况不应该成为调动的障碍。又说，张纪恩是个很稳重的老同志，他和柳子谷有过较长时间的直接交往，对柳子谷的具体情况应该是非常了解的，不然也不会向我推荐，因此我们完全用不着前怕狼后怕虎……但由于某些原因，"调柳入鲁"的事情还是暂时"停摆"。

这个时期，在毛主席提出的"双百方针"和《在延安文艺座谈会上的讲话》精神鼓舞下，全国的文化艺术事业开始有了蓬勃的发展。但山东省却由于种种原因，这方面的工作相对滞后，偌大的省城济南，只有一所成立于1958年的山东艺术专科学校，且门类不全，师资力量薄弱。1961年，刚上任担任省委第一书记的谭启龙萌生了要将山东建成文化强省的想法。他多次与分管文教的副省长兼文化部长的余修、精通书画的副省长兼建设部长李宇超商量后，做出了两个决定：一是将山东艺术专科学校逐步提升为山东艺术学院，除从本省调入有能力的教师外，还要从全国各地招聘人才；二是建立山东画院，集中画坛精英形成齐鲁画派，使画院在全国崭露头角。

决定是做出来了，但实施起来却遇到了一些具体问题。首要问题是人才奇缺，数遍山东所有的画家，找不出一个像上海画院的丰子恺、江苏画院的傅抱石那样有影响的大家。

在这种情况下，由张纪恩和老书记舒同发起却已经"搁浅"的"调柳入鲁"工作，自然又重新摆上了议事日程。李宇超副省长也是极力主张将柳子谷调来，他说："解放前我在南方做地下工作时，就听说了柳子谷的名字，当时他的名气很大，美术界没有谁不知道的。若是能够把他调来，由他牵头组建画院，那山东就肯定不会比其他省差，完全有可能成为全国一流画院。"

出于稳妥，谭启龙书记亲自给张纪恩打去电话，了解柳子谷的详细情况。

张纪恩接到电话，喜出望外，马上向谭书记详细地介绍了柳子谷，并极力推荐，还说沈阳方面事情就交给他了。

事情定下来后，张纪恩一连三晋沈阳，为柳子谷调出鞍山师范学院四处游说，打通上下关节，并说服了不愿频繁搬家的柳夫人韦秀菁。

1962年5月6日，李副省长借公出东北的机会，绕道沈阳把柳子谷一家接来山东。

到了济南，安顿下来，柳子谷就开始焦急地等待组织发文对自己的工作正式做出安排，好尽快开始组建山东画院。

等到7月中旬，没等来发文，倒等来了以李宇超、余修两位副省长的名义发的邀请函，邀请柳子谷与国内三十多位著名画家，赴青岛参加国画创作研讨活动。中华人民共和国成立后柳子谷还是第一次参加这样的大型书画活动，加上认为不久后就要开始领衔组建山东画院，心情很是激奋，欣然应邀前往。这次在青岛众多画家的聚合中，发生了不少趣闻轶事，成为美术界脍炙人口的佳话。

然而，柳子谷却怎么也没有想到，8月下旬创作研讨活动结束回到济南，原定由他负责组建山东画院的许诺却出现变故。也不知这段日子济南这边到底发生了什么事情，反正组建山东画院的工作已经"搁浅"了。接着，经过一番上上下下的折腾，最后山东省决定暂时把人安排在山东艺术专科学校当老师（谁知这个"暂时"，就这样"暂"了下去，几年之后"文化大革命"开始了，一切时过境迁，柳子谷到退休也就没有再挪过窝）。

碰上了这样的事情，当事人柳子谷纯属无奈：事已至此，欲回无路，欲罢不得，除了服从安排，还能怎样？好在柳子谷本来就是一个随遇而安的人，很快就调整好了心态，稳定了情绪，老老实实地站到三尺讲坛前，兢兢业业地继续当他的老师。

这次，柳子谷竟然又很快就进入了老师这个角色。

当时山东艺校"国画班"教花鸟的老师较缺，于是这个任务就交给了他。国画班有学生21人，对花鸟画均属初学阶段。当时，正赶上省城济南要举办国画展览，在向全省征集展品。柳子谷打算利用这个机会，检查自己的教学效果：即通过一个单元的教授，使学生基本掌握任伯年的花鸟技法，争取创作出优秀作品参加展出。当他把这个想法讲出来时，不少人持怀疑态度，甚至有人认为这是异想天开，就连学生本身也认为不大现实。但是柳子谷有了前面在鞍山师范学院"多快好省"的成功经验，因而显得信心十足。他想，要想在短时间成为任伯年第二，那当然是违反客观规律的，但是让学生尽快掌握任伯年花鸟画的基本运笔方法，肯定要比他们自己摸索少走很多弯路，可以更快进步，早出成绩。他认真分析了教材特点和学生们的实际水平，采取因材施教、因人而异的方法，将工笔、写意、半工半写三种不同的画法逐一教授……预定的一个单元教学过后，全班同学创作的作品竟然全部入选画展，无一例外。不少人看过展览后评价说："还别说，真有点任伯年的风骨。"直到今日，他的学生们每每谈起这段往事，对老师的教学方法和为师之道仍然赞誉不绝。

1964年，学校开办为期一月的美术干部训练班，学员是全省县级文化馆的美术工作者。当时山东省县级文化馆美工人员的专业水平参差不齐，技艺高的不多，有不少还是刚从其他行业转过来的业余美术爱好者，仅仅是对这一行感兴趣，没有经过系统的学习和训练，基本功一般。报名参训时，很多人是冲着柳子谷去的，因为柳子谷画竹名声在外，大家都想学。但是要在这样短的时间内，把他钻研了几十年的画竹技艺学到手，显然不现实。面对这种情况，柳子谷为了满足学员们的愿望，编写出一套"画竹速成教学法"。他把竹子分解成竹竿、竹枝、竹叶等若干细部，每个细部都列举出几种具有典型意义的形态造型，然后对运笔的方向、力度、平侧、曲直，以及着墨的多少等等，一一向学员交代清楚。俗话说"会者不难，难者不会"，看似寥寥数语，却把画竹的关键方法阐述得明明白白。可又有谁知道，这里面可是凝结着他多年的探索和心血啊！在他精心的指导下，学员们由浅入深，循序渐进，终于在20个课时之后，绝大多数人都达到了预期的学习目标。学员们非常高兴，训练班结束，大家回到各自单位后，不少人还与他保持联系，成为他永远的弟子。

4. 现代版的"兰亭会"

当时柳子谷调至山东，消息一经传出，对国内文化艺术界产生了很大的震动。有关组建山东画院的前期工作也颇有声势地开始了，在青岛举行的国画创作研讨活动便是其中一项重要内容。

该活动的规格之高前所未有，具体方案系经省领导研究拍板，并决定由副省长余修亲自领队前往，旨在利用暑假期间邀请京、沪、苏、浙四省市的著名画家，赴青岛聚合，从而展开三方面的工作：广泛听取意见，研讨打造齐鲁画派的相关问题；组织画家们观景写生，为山东留下一批墨宝；同时从中物色一些人才留在齐鲁大地，以充实山东的美术力量。

1962年7月15日，在余副省长的带领下，柳子谷以及山东艺专的关友声、黑伯龙、于希宁、刘鲁生、张彦青、王企华等十多位画家，以东道主身份提前赶到青岛交际处，迎候外地客人。至17日，除浙江的潘天寿、诸乐三、吴茀之等人因特殊原因未到之外，其余画家都应邀而至。其中有北京的李苦禅、王雪涛、郭味蕖、娄师白，南京的钱松喦、俞剑华、亚明、陈大羽，上海的唐云、孙雪泥等。

当李苦禅得知欢迎队伍里这个貌不惊人的老头就是柳子谷时，立即上前紧紧握住他的手，激动地说："我们神交近三十年，今天才得以相聚啊！"

经过几天的活动，各地画家们逐渐互相熟悉、交流，有的结为了好友。

一天，李苦禅进入柳子谷的房间，双手递过一幅小品。

柳子谷接过一看，只见画面上三只鹌鹑各具形态，生动鲜活，而题字却是"子谷吾兄教我"，忙说："折煞我也！"

李苦禅真诚说道："早在30年代我看到你的作品时，就有了一定要亲自拜访向你学几招的心愿，如今在青岛相遇，乃天赐良机，我怎能轻易放过！这张画，就是一块破门砖，你就让我圆了这个梦吧！"

凡了解李苦禅的人都知道，他确实有向他人学习的好习惯，不问对方名气大小、辈分高低，只要他认为有值得学习之处，都会虚心求教，何况面前的是自己仰慕已久的名师大家。

柳子谷见他说得恳切，也就不再见外，取过宣纸铺到桌上，先后画了《兰石图》《竹鸡图》《柳枝八哥》，幅幅运笔出神入化，精妙灵动。

李苦禅在一旁连叹带呼："神矣！妙也！"

柳子谷放下笔，说："现在轮到你来教我了！"

李苦禅见躲不过，便提出两人合作的主张。柳子谷也不再坚持己见，欣然应允。于是由李苦禅开笔柳子谷补写，两人合作多幅：写游鱼，补水草；写芭蕉，补雏鸡；写梅花，补喜鹊……两位大师你来我往，愈画兴致愈浓，直到桌上无纸，砚中无墨，床上、地上晾满了画作，令围观者拍手叫好。这时王雪涛从人群中出来，说道：

国画大师王雪涛赠柳子谷《红枫八哥图》

"按我家乡围猎的规矩，见者有份！"说着挑了几幅只管拿走。其他人也都蜂拥而上，像打土豪一般，看中了的就拿。李苦禅大笑："遇上强盗啦！"引得众人大笑。

柳子谷与王雪涛，两人不仅在绘画方面有相似之处，比如画风都属小写意范畴，涉猎的题材也很相似，作品均具形神兼备、雅俗共赏的特点，而且年龄也相仿，性格也相近，都少言寡语，说话从不转弯抹角，毫无避讳。但也有明显的不同之处：柳子谷的小写意，属继承传统的工写结合画风，以传神、灵动见长；而王雪涛的小写意，因受齐白石的影响，有倾向大写意寻求简笔的特点。双方互相仰慕、钦佩已久，都想向对方学习一些绘画知识与技巧。这次青岛相会通过一些日子的接触，在用笔技巧上互相渗透，取长补短，很快成了知己好友。一天，王雪涛画了一帧《红枫八哥图》，觉得这次八哥画得特别成功，不禁高兴异常，等不得落款，就迫不及待拿来给柳子谷看。他说自己对八哥的画法，特别是对背部羽毛的处理，原来一直都是采用逐笔勾勒点缀的画法，但总觉得神韵不足，所以想改用简笔大写意法来处理鸟身，即用大笔头先蘸浓墨再沾少许淡墨或清水，将笔头斜压纸上任其阴湿，然后再勾勒羽毛、尾巴和腹部。但是试过十多次都不满意，没想到这次来青岛居然一下就成功了，画出的八哥羽毛层次丰富，立体感很强。不过，虽然成功了，但是却不知其所以然，不明白为什么在这之前却屡试屡败，到底败在何处？这次成功，原因又是何在？柳子谷在为他的成功感到高兴的同时，又帮他分析说：

"这种画法我原来也研究过，我在南方和大连时都很成功，后来到沈阳、济南就不灵了。你在青岛能画成，说不定回北京又不行了。究其原因，很可能是因为青岛、大连都属海洋性气候，宣纸的湿度高，南方更是如此。所以有些南方的画家到干燥的北方作画，用惯有的画法很难达到原来的水墨效果，特别是那种朦朦胧胧的云雾感。我刚到北方时也一下找不到感觉，后来才悟出了其中的道理。要解决这个问题其实不难，只需提前把宣纸进行吸潮处理就可以了。"

王雪涛一听，茅塞顿开，拍手叫道："对啊，肯定就是这个道理！"

为了表示谢意，他拿起画笔，在《红枫八哥图》上题下"子谷道兄正，壬寅秋雪涛写"，把画送给了柳子谷。

两人越聊越投机，最后禁不住开始合作绘画。正画在兴头上，碰上李苦禅、郭味蕖等人来访。李苦禅见此情景，想起了数天前王雪涛带头"抢画"的事情，心想这不是"报复"的好时机吗？于是便也照样行事，只管上前将画拿起分给众人。王雪涛见状大叫：

"那天还说我是强盗，到底谁是强盗？"

李苦禅笑道："我是跟你学的，要算也只能算是强盗徒弟，你才是强盗师傅呢！"

大家自然又是一阵哄笑。

南京的陈大羽，早在1935年柳子谷在上海举办个人画展时就见过自己的偶像了，距离这次青岛见面时隔27年。这次青岛相会以后，时光又过

国画大师李苦禅赠柳子谷《鹌鹑图》

去了34年，1996年10月5日，陈大羽回忆当年在青岛与柳子谷相逢的情景，深情说道：

"1962年暑期，我应邀随南京团到青岛，柳老出现在迎接我们的队伍中。虽然时隔20多年，但我还是一眼认出了他。他虽年过六旬，却还是那么神采飞扬。我紧紧抓住他的手，向他问好。在青岛，柳老的中心地位再次体现出来，师兄李苦禅、王雪涛，我们南京团的钱松岩、亚明，还有上海的唐云都很尊重他。李苦禅求教及与柳老合作画的消息很快传遍了各团队，我也有意要与柳老交换作品以作纪念，考虑再三，决定为柳老画一幅鹰石图。我觉得柳老是当今画坛当之无愧的英雄豪杰，以老鹰赞美他一点也不过分。为示吉祥，石头用赭石稍兑了一点红色。我与柳老同毕业于上海美专，我比他晚9年，应称其为学长道兄的，故题款时用了'子谷道长博教'六字。画是画好了，可要送给柳老却太难了，来回折腾了4次，才有了与柳老叙话的机会。第一次去柳老房间，李苦禅、王雪涛在场，我不愿打断他们的谈话，那样太不礼貌了。隔两小时再去，唐云所在的上海团那群人又接上了。第二天上午有集体活动，到了下午，李苦禅、王雪涛、郭味蕖等五六人围着柳老，大家谈兴正浓，无奈我又退了回来。晚饭以后，我生怕又被人抢了先，抓紧时间拿了画候在柳老门前，总算如愿以偿。柳老非常热情，看了我的画，高兴地说：'画得很好，有新意。'我还没开口向他索画，他居然主动问我喜欢他什么样的画，要回赠一幅与我。看到柳老这般谦和，我忙说：'你的山水我最喜欢，还有竹子。画山水太费时间，就给我画一幅竹子吧。'我心想这已经是高攀了。柳老说：'我明白了，你住哪个房间？我画好给你送过去。'我忙说：'不用不用，过两天我到你这里来去

取。'第三天午睡后我到柳老那里取画，进门后柳老指着钉在墙上的一帧小品对我说：'你看行不行？如果不满意我再重画。'这是一幅半工半写的设色山水与竹子，竹竿挺拔圆润，枝叶浓淡相宜，竹下山石陡峭，溪水淙淙，作为背景处理的山峦深处，用淡墨及浅青色勾勒皴擦拱染的云雾烟波浩渺，给人无限的遐想，题款为：'大羽老弟法家正之。'我喜出望外，大喊：'太好了！简直画到我心里去了！'得知这是柳老花了4个多小时才完成的，我更为感动。回到住处，钱松嵒、亚明等人看后也都赞不绝口。后来我又画了几幅，拿去向柳老讨教，柳老在其中三幅为我补了雏鸡、八哥、小鸟，这也算是我和柳老的合作吧。"

这次各地画家同聚青岛采风、写生、创作、研讨、交流，谱写了美术史上的新篇章，留下了一段脍炙人口的佳话，堪称现代版的"兰亭会"。

又是一天晚饭后，李苦禅、王雪涛到柳子谷房间来，三人聚在一起聊天。谈起各自的家乡，柳子谷说："我玉山老家的三清山，风景美得简直没法说。这样吧，等我把组建山东画院的工作告一段落以后，我邀请你们二位去那里采风。不过我可是有条件的哟，要你们为山东画院以及我玉山老家多留一些墨宝。"两位画家朋友听了很是高兴，都说那我们就等着玉山之行了。

可是，没料到在青岛时对李苦禅和王雪涛两位朋友许下的诺言，却因组建山东画院之事发生变故而成为空炮，无法兑现。本来，这种"违诺"的根本原因，实属"不可抗拒"，然而对于向来一诺千金的柳子谷来说，却像是自己做下了一件天大的亏心事，心里一直觉得有愧于朋友，羞于见人。

到了1964年夏，北京画院有人持王雪涛的亲笔信来济南向柳子谷索画。未得践行的青岛之诺虽然已经过去了两年，但在柳子谷心里还一直是个疙瘩，耿耿不得释怀。他在回信中真诚致歉："……自青岛回济后，我被安排到山东艺专临时教授花鸟，组建画院之事至今杳无音信，我答应带你与苦禅兄去玉山采风之事亦无法兑现，烦告诉苦禅兄望其原谅小弟一时诳语……"

数月一晃而过，中秋将至。北京文联有人来济南找柳子谷，带来了李苦禅的信件和画作。柳子谷先将画打开，原来是用四尺对开斗方作的两幅画。一幅是《石兰图》，图中兰花是按照柳子谷在青岛时传授的技法所画，题曰："子谷吾兄刀斧修正，苦禅作。"另一幅是《八哥竹石图》，画一打开，柳子谷顿时心头一热，随之眼眶里噙满了泪水，嘴里喊着：

"知我者，苦禅兄也！"

画面上，三只亲密无间、神态各异的八哥站立于雄伟的山石之上，举目远望，一杆勃勃生机的墨竹从右下方横出，与八哥呼应成趣，款题："子谷兄心宽体健。"再将信打开，只见信中都是安慰的话语："子谷兄，不要为没带我与雪涛去你老家游历而内疚了，看了此画，就当我们三人已经到你老家了，三只八哥分别代表你、我、雪涛，站立于玉山的山石之上，观看到了风景如画的玉山美景。"

柳子谷再也无法自制，眼泪夺眶而出……

5．长卷历险

1966年夏天，山东艺专同全国各地一样，爆发了"文化大革命"。

"文革"十年，对柳子谷来说毫无疑问是不堪回首的十年……伤心的事情已经过去，不提也罢，这里只说一件与27米长卷有关的事情。

运动一开始，学校就发生了好几起抄家事件。柳子谷马上意识到自己的家早晚难逃此劫，心想不妨把别人的教训作为前车之鉴，提前把家中有可能带来麻烦的东西清理干净，以便"迎接"抄家。

其实，家中也没有什么可清理的，经过一番翻箱倒柜，所谓涉嫌"四旧"的东西，只清出来自己画的几幅仕女图和一个印着龙凤呈祥图案的泡菜坛子，至于什么反动的东西，就是挖地三尺也找不出来，因为根本就不存在。

柳子谷生怕漏掉了什么，又把家中所有的物件在脑子里过了一遍电影，突然想起来还有半箱子与各地画友们的来往信件。这些东西不处理掉，可能给自己带来麻烦倒在其次，最可怕的是会连累朋友。于是，尽管很是不舍，但还是一封封把它们全都塞进了灶膛。一时间，整个厨房里升腾起一片片飘飘扬扬的纸灰，犹如一群大大小小的蝴蝶。柳子谷失神地望着这群灰色舞者，似乎在努力把对画友们的牵挂融入蝴蝶的舞姿中，珍藏到脑海里……

接着又再次仔细想了一遍，觉得现在家里已经十分"干净"了。

然而，他还是犯了一个致命的错误。幸好妻子心细，她往房梁上一指，压低嗓门提醒道：

"那个东西怎么办？"

柳子谷马上反应过来，一拍脑门，骂了自己一句："看我，真是老糊涂了！"

原来，在房梁下顶棚上，还藏着一件不一般的东西，那就是曾经耗费了翁婿两人三年心血、堪称史诗性代表作的《抗美援朝二次战役歼敌图》。这东西的体积有点大，卷起来如同半截草席，几次搬家都把它当作重点保护对象，分外爱惜，不敢有丝毫的闪失。来到山东以后，打开过一回，用对待文物的保护措施进行防霉、防蛀处理后，又包了回去，把它固定在房梁与房顶的夹角里，下面再用旧报纸糊好顶棚，这样外面就看不出来了。可是这个藏匿之处并非保险箱，抄家的人比猴子还精，到时候不把整个屋子翻个底朝天是决不会罢休的。

夫妇俩马上搬椅架凳，进行登高作业。费了九牛二虎之力，总算把这圆筒状的东西取了下来。下一步，该把它藏到哪里去呢？这东西不比金银细软，找个地方掩埋一下即可，它生性娇贵，不可随处乱塞，一时还真的难以寻到万全的安身之处。

最后，还是妻子想出了办法：将它转移到远在沈阳的女婿满键家里去。

柳子谷一听，觉得这主意不错，因为女婿不但不存在"历史问题"，而且还参加过抗美援朝，扛过枪打过仗，算得上革命功臣，有了这道"护身符"，他家至少暂时是安全的。

不敢耽误，马上就拍电报跟女婿联系。电文有点像当年的地下党人接头暗语，虽然没有使用密码，但在外人看来就是一封普通的家常电报，而满键一看就懂：

"抗叔在我家待不住，吵着要去你家，速来接。"

于是，在一个月黑风高的夜晚，满键长途跋涉而来。翁婿两个里应外合，就像在做什么见不得人的勾当，大气也不敢出，神秘而紧张地把这个不寻常的东西转移走了。

就在第二天半上午时分，一个脸上长着大瘰子的造反派头头，领着呜泱呜泱一大帮人进了屋子，抄家来了。

柳子谷心里连说好险好险！

然而，造反派抄家的战果依然非常辉煌！

多年积攒下来的数百幅精心创作的作品，其中不乏非卖品，还有几十幅国内一流书画家的馈赠之作，包括1936年在南京举办婚礼时诸多名家送来的贺礼作品，如徐悲鸿的《双马图》、经亨颐的《兰》、何香凝的《荷》，以及于右任的题诗等，全被洗劫一空。

后来，满键因为岳父的关系受到了牵连，画卷藏在他家也已经不安全了。幸亏他找到了一个绝妙的藏匿之处，那是一截北方家庭几乎户户都有的取暖用的铁皮烟囱。这东西已经塌皮塌壳，锈迹斑斑，把画卷包装好塞到里面，外面刷了一层以防锈为借口的脏兮兮黏糊糊的废机油，似乎很随意地和煤球堆放到一起。一个抄家的红卫兵刚伸手摸了一下，就被污了一手，气得破口大骂，用废报纸擦了半天的手，哪里还会再去动它？

1972年，血雨腥风的岁月似乎已经过去，形势有所缓和。

单位"革委会"头头们虽然给柳子谷先后戴过"反革命""特务""汉奸"等多顶帽子，但没有一顶落实得了。头头们烦了，决定不跟他耗下去，让他退休拉倒，眼不见心不烦。派人找他谈话，动员他自己申请退休。柳子谷认为自己身体状况尚可，还可以再工作几年。头头们火了，说："看样子你是想下放农村去劳动改造！"

这下柳子谷没辙了，只有服从。

6.8平方米的世界

柳子谷退休了，再不能享受原来的住房待遇了，夫妇俩被安排搬进了一间8平米的小屋。小屋位于共青团路88号，大同剧院的西邻，一居民楼的一楼。这原是堆放杂物用的，又矮又窄，阴暗潮湿。一张双人床、一张三屉桌和一把"吱呀"作响的藤椅，就占据了屋子的绝大部分面积，留下只有侧着身子才能过人的过道。一个烧饭的煤球炉见缝插针，跻身在房内一角，烧饭时须得把它提到门外屋檐下，烧完饭又复归原处。几个大小不一的木箱，委身于桌子下面和床铺底下。"文房四宝"与盛着油盐酱醋的瓶瓶罐罐，联手占领着三屉桌面的一半领地，共同演绎着精神与物质的紧密依存关系。若是有客来访，主人不得不脱鞋上床，腾出藤椅以尽东道之谊。整个屋子，堪称螺蛳壳里做道场的经典案例。

对于当时的居住环境，柳子谷的学生杨耀在20世纪70年代后期去看望老师时留下了深刻的印象，他在纪念文章《厚布教德 泽被艺苑——悼忆恩师柳子谷先生数事》（《谈画未敢忘子谷》，内蒙古人民出版社，2000年版）中，这样记述当时的情景：

当我们叩门允许入室后，眼前的居住环境使我们大感惊诧，原来竟是8平方米的斗室。我们进屋后，先生欲从藤椅中站起，却又偻偻然不得站立；师母则挤立在床桌之间的狭缝中，对不能亲自开门相迎表示歉意，为了能使我们坐下，几经挪动桌椅才勉强挤坐在南窗下的床沿上，然头上已浸微汗……

1984年，柳子谷蜗居8平米陋室的第十二个年头

刚搬进来时，柳子谷还以为这种境况只是暂时的，先过渡一下，待单位住房宽松以后应该会有所改观，谁知这一住就是漫长的12年。

说来简直让人哭笑不得，就是这个8平方米的斗室，还曾经给省有关部门出过一个大难题。那是在1982年，有关部门为了制作对港、台的宣传品，需要拍摄一些柳子谷在家作画的照片。可是，当工作人员扛着摄影器材找到共青团路88号时，不免十分吃惊，同时也十分为难——先不说这地方根本摆不开这些摄影器材，这样的居住条件就是拍好了照片，又怎么能向外界展示？工作人员皱着眉头朝柳子谷叨念着："柳老师您怎么会是这样一个居住环境？怎么会是这样？"最后不知是谁想出了一个好主意，认为作画不一定要在家里，到宾馆去租一个房间，换个场地作画、拍摄有何不可？并且还说不妨把宾馆房间好好布置一下，就像拍电影搭布景一样，营造一个貌似"家"的场景；照片说明隐去地点，让人认为这里就是柳子谷的家，打它一个"擦边球"。大家一听立即表示赞同，都说这办法好，虽然多多少少存在有意误导读者之嫌，但却没有授人以柄。于是，在一番忙乱之后，一阵闪光灯亮过，拍摄工作宣告胜利结束。柳子谷夫妇也有幸在这个特殊的"家"生活了若干小时，奢侈了一回。这件事很快被几个街坊知道了，他们都对柳子谷说，以后遇上这样的事，尽管把作画的家什拿到我们家来画就是了，我们谁的家也要比你家宽敞得多。后来省电视台拍摄关于柳子谷书画活动专题片的时候，还真的采用了这个办法，不仅省去了很多不必要的折腾，而且效果更加逼真。

话说回来，凡事都有正反两个方面。虽然狭小的斗室居住条件欠佳，但自从搬出了单位宿舍，人便成了纯粹的街道居委会居民，成了"嫁出去的女儿泼出去的水"，除了发退休金，单位就不大过问他的事了。他由此成了"自由人"，可以集中精力画他的画，坏事似乎变成了好事。

柳子谷随遇而安的性格特点又一次得到了体现。他就在这种环境中"因陋就简"地坚持创作（只是因受场地限制，这段时期的作品硬是没有一幅大尺寸的）。

对此，学生杨耀在同一篇文章《厚布教德 泽被艺苑——悼忆恩师柳子谷先生数事》中有着这样的描写：

……而权作画案的写字台上，摆满了完成与未完成的画作，静静地散发着恬淡自适的馨香之气。面对眼前的蜗居，我们首先表示了关切与不安。不意，先生却十分坦然，迅即将话题引到刚才所作的一幅画图上，以之大谈艺术的理趣，人生的追求。旋又领我们去看他种于窗外空地上的花草。在赏花漫谈中，他津津乐道于亲手所植的花草给予他的美感享受以及对他创作灵感的生发。谈到动情处，目光往往高视于天际。刹那间，我突然洞彻了恩师的高远胸怀。

"共青团路88号搬来一个国画大家！"这消息在柳子谷搬来以后很快就在周边街道传开了。

随之，社会上的一些美术爱好者便成了这8平方米蜗居的常客。原先居住在单位宿舍时，因为柳子谷老是被一些异样的眼光盯着，学生们为了避免给老师带来不必要的麻烦，很少登门造访，现在没了顾忌，上门拜师的人便一下多了起来。原来在学校教过的一些学生也找到这里来了，要求继续跟老师学画。可是无奈屋子太小，来访者一旦超过两人就容纳不下，有时两人中有一个大块头的胖子，师母也得退避屋外，为客人置换空间。好在来访者虽然众多，但互相之间大都认识，熟人好办事，他们便商议好，人员实行轮换，每次只来两人，时间仅限半天，并且特意每周留出两三天的空档，以免把老师累着了。

柳子谷看到退休了还有这么多学生，不禁十分高兴，乐呵呵道："我不累，一点也不累，你们什么时候来都可以！"

有一天上午，突然来了一大伙学生，怕有十几二十个。柳子谷很是意外，因为这大大地超过了8平方米小屋的接待能力。

其中一个两酒窝的姑娘看来是个领头的，她笑嘻嘻说道："我们今天来，是请老师给我们上大课的。"又说："老师不用担心没有这么大的教室，今天天公作美，气温又舒适，课就在屋外上，门前这块空地就蛮好，老师您就坐在这里讲，我们这些人就站着听。"说着，有人已经从屋里搬出了藤椅，几个人不由分说把柳子谷搀扶着坐下来。

柳子谷被学生们的热情感染，心情很是愉悦，嘴上却说："你们也不先打个招呼，我连课都没备，叫我讲什么好呢？"

酒窝姑娘说："柳老师，学生们都商量好了，今天不要你讲技法，我们已经综合了几个代表性的问题，就请老师逐个给我们解疑释惑，好吗？"

"代表性的问题？这有点意思。"柳子谷觉得有趣，"那好吧，只要我解答得了的，尽量满足大家。"

看来学生们确实经过了商量，几个"代表性的问题"现在已经写在一张纸条上，这会儿正在酒窝姑娘的手里攥着。在酒窝姑娘的指挥下，以老师为圆上的一点，大家围成了一个不甚标准的圆圈，等着听老师的讲授，有的还拿出了笔记本准备记录。近边一些街坊不免有些好奇，也围上来看热闹。

"第一个问题，"酒窝姑娘展开纸条，照本宣科，"对柳老师的门派归类，在艺术界隐隐约约有一种声音，认为是属于'岭南派'。这种观点在我们学生中产生了一些疑惑，我们讨论了很久也辩不出个所以然来，所以很想听听老师自己的看法。"

柳子谷不免笑起来，说："这个问题以前也有人问过我，当时我的回答是，管它是什么门派，画出来的画都要能够让大家喜欢，这才是最重要的。现在看来这个问题是有必要弄清楚，免得引起误解，造成一些观念上的混乱。"顿了一下接着说："要弄清楚我是否属于岭南派，先要明白什么是岭南派。所谓的岭南派，是指由高剑父、高奇峰和陈树人创始、由他们和他们的弟子们发展形成的一个新国画派别。这个派别，最大的特点就是'折衷中西，融汇古今'，在传统中国画的基础上，吸收京都派日本画的某些方法和特点，重视写生，强调表现当代生活，画法上较多采用晕染和'撞水''撞粉'等手法。迄今为止，被称为岭南派的画家一般都是属于下面这两种类型：一种是广东人或者长期在广东地区生活工作的人，再一种是'两高一陈'的亲传弟子。把这些情况理清楚了，再来看我是不是岭南派就容易了。我既不是广东人，也没在广东生活和工作过，又不是

'两高一陈'的弟子，那么，我也就不应该属于岭南派。我这么说，不知大家是不是同意？"

看到学生们会心地笑了，他又接着说："不过我要跟同学们讲清楚，我虽然不属岭南派，但与岭南派画家陈树人、胡藻斌都是朋友，在学术上有过交流，技法上也有一定的相互借鉴。比如说，我有时也喜欢对画面空间作一定的渲染，也爱用熟纸，这和岭南派的作风有些相似。很可能就是因为这些原因，才会被人误归为岭南派。其实，陈树人和我在画法与风格上相似的地方很少；胡藻斌是高奇峰的弟子，虽也擅于花鸟，但内容是以孔雀、狮、虎为主，与我的花鸟不说大相径庭，也是多有不同……"

酒窝姑娘见柳子谷已经把画派的问题解释清楚了，便说："好了，下面开始说第二个问题……"

"等一下，"柳子谷忙说，"在这里我要强调一点：我们没有必要把艺术的门派看得那么重，更不要有门户之见，因为任何门派都有值得大家学习借鉴的地方。要想在艺术上做出点成绩来，一定要博采众长，以便更好地丰富自己、发展自己。"

说罢，朝酒窝姑娘示意，第二个问题可以开始了。

1971 年，柳明湖回济南探望父母

第十章

终有柳暗花明时

1. 枫叶红了的时候

1976年枫叶红了的时候，从北京传来了"四人帮"垮台的消息。柳子谷欣喜若狂！此后很长一段日子，他特别关心报纸上有关平反昭雪的消息。任何地区任何单位的任何陌生人被宣布平反，都能使他高兴得手舞足蹈，他也无时无刻不在期望自己的不白之冤也能得到澄清，盼望党的知识分子政策早日落实到他的头上。

在盼望中，满怀深情地画了一幅《翠竹和小鸟》。画面上竹子浓淡相依，各有意态，最使人神往的是那只天外飞来的小鸟，正落脚在峭壁悬崖上长鸣。画面题词为：

> 春回大地百花放
> 小鸟逢时也一鸣

十一届三中全会之后，祖国各行各业形势一片大好。柳子谷虽然还没有等来望眼欲穿的给自己"平反"的消息，但事情总是一步步往好的方向发展，这让他看到了希望，对艺术的前景和自己的前途充满了信心。

1978年的春节，他一连画了好几幅竹子，其中一幅的题画诗是：

> 逢春枯木喜降临
> 激我寻思陈出新
> 多画竹枝作扫帚
> 灰尘扫尽宇寰清

另一幅《新竹图》，画的是在粗壮老竹的衬托下，许多破土而出的新竹显得格外生机勃勃。题画诗是：

> 新竹高于老竹枝

后来居上喜今时

竿头竞进进无止

造极登峰争取之

从这两首题画诗不难看出，此时柳子谷心情很好，他看到了艺术的春天就要来临。

这以后，他又以梅、竹为题材，创作了缅怀周总理、歌颂烈士张志新的画作。还有《白头樱花》《海浪风竹》《长城雄姿》等一大批表达愉悦心情的作品。

同时，他又急切渴望自己的作品能够同观众见面，因为剑不出鞘，徒有其锋啊！

终于，在画坛销声匿迹30年之后，等来了第一次的公开亮相。

那是在1979年11月，经有关部门推荐，柳子谷作品在黑龙江省举办的对外展销会"松花江画廊"同观众见面了。一幅笔法飘逸的《雨竹》，引得日本客

1976年，子谷先生在济南解放阁

人连声惊呼，说在郑板桥之后，就再没看到过这样水平的竹子。日本国际贸易促进会副会长中田庆雄先生一再向主办单位提出请求，希望能够把柳子谷的全部作品运往日本展出。当时的情况在1979年11月29日的《哈尔滨日报》有过报道：

……中田庆雄一走进画廊，一眼就被年过七旬的柳子谷老画家的《雨竹》吸引住了。他连连点头，兴奋地说："太好了！我们希望把柳先生的全部画运到日本展出，我们要学习呀！"

一条短短的新闻报道，却如同一颗石子投入了平静的水面，荡起一阵阵涟漪，在当时的哈尔滨美术界引起了不少人的议论：

"这柳子谷是个什么人？"

"是啊，以前没听过这个名字。"

"怪了，画得这样好的画的人，以前怎么就没露过面？"

由于历史的原因，柳子谷这个名字已经渐渐被人淡忘，尤其是年轻的一代，

很多人还是第一次听说。

不过也有那么几个老资格的美术工作者是知道柳子谷的，他们教训年轻人道："你们没听说过柳子谷，总听说过徐悲鸿和张书旂吧？"

年轻人说："那当然，他俩都是大名鼎鼎的国画名家，一个善画马，一个善画鸽，如果连他们都没听说过，那我们这碗美术饭就白吃了！"

"我告诉你们，早在30年代的时候，他们三人就是齐名的，在南京城里被称作'金陵三杰'。你们不知道柳子谷有多厉害，就想想徐悲鸿和张书旂有多厉害就行了。"

一番话，说得一伙年轻人面面相觑，眨巴着眼睛半天回不过神来。

这件事过后不久，日本另一家友好团体在沈阳故宫参观时看到柳子谷的画，非常兴奋，当即打探画家的近况。当他们得知故宫的画师柳咏絮就是其女儿时，喜出望外，非要同她合影留念不可，并一再说："请代我们向柳老问好！"

看来，虽然柳子谷在公众面前长时间销声匿迹，但他在国内外的影响并没有随着岁月的流逝而消亡殆尽。

1980年1月1日，《人民日报》发表了著名的元旦社论《迎接大有作为的年代》。柳子谷读后深为三中全会所制定的方针政策欢欣鼓舞，心里再一次充满了阳光，坚信自己到底迎来了大有作为的好年华。禁不住集满腔激情于笔端，挥毫作《劲竹》，并在画上题诗抒发老骥伏枥的拳拳报国之心：

> 八十初春画竹枝
> 生逢大有作为时
> 老竿犹有冲天劲
> 揽月九天向往之

1979年，柳子谷为山东省政协作画

他一连给好几位久未联系的友人去信恢复联系，似乎要让大家一起分享他渴望已久的幸福。在给一位友人的通信中，他引用朋友写给他的一首诗以自勉：

> 一闪曙光起蛰龙
> 卅年坎坷遇东风
> 云消雨霁山重现

柳暗花明路不穷

莫为秋深伤翠减

且将春色画更浓

层楼更上老犹壮

祝愿创新立伟功

　　1980年初，全国人大常委会《告台湾同胞书》发表一周年的时候，他创作了一幅《海浪风竹》，表达了渴望祖国统一的心情，画面题诗曰：

众流汇成海

同根竹成林

分害合成利

往事贵取经

　　怀旧，也许是老年人的通病，年纪越大越甚。晚年他想得最多的，是海峡那边的旧好。他多么希望能与昔日的老朋友见上一面，像以前一样，促膝而坐，沏上一壶家乡的茉莉，悠悠然地谈画、论诗……

　　他忍不住把对台湾旧好的思念倾注于笔端，写成文章寄给《中国新闻》。文中辞恳意切，流露出的是一颗盼望祖国早日统一的拳拳之心：

《故园春色好　头白也归栖 ——遥寄台湾旧好 》（摘录）

　　80年代的第一个春节已经来临，值此送旧迎新欢度佳节之际，我谨向远居台湾的老上司、老同事、老朋友们致以亲切的节日问候。

　　祖国在粉碎"四人帮"后的三年来，已是安定团结，欣欣向荣。为了实现四个现代化的宏伟目标，举国上下，同心同德，努力奋斗，飞跃前进。一切爱国人士，群策群力，同舟共济。更盼近在咫尺隔海可望的台湾同胞，万众一心，撤人为的藩篱隔阂，还本来的金瓯无缺。回顾我国历史上过去就有不少高瞻远瞩、顾全大局、大公无私的民族英雄，做出了惊天动地、可歌可泣的伟大业绩。当年国共第一次合作，出现了北伐军势如破竹所向无敌的大好形势；第二次合作，取得了抗战的伟大胜利。抚今追昔，感怀无已，台湾早日归回祖国，必将加速四化建设，实现一个繁荣富强的社会主义的新中国。每念及此，心旷神怡，浮想联翩，因制拙作数幅，遥寄台湾旧好，特别使我怀念的，当年曾蒙关怀提携的谷叔常（正纲）先生和曾惠我黄山大作的张大千画师。偶在报纸上得到点滴佳音，都感到无比愉快。甚盼早日归来，梦境成为事实，热泪映出心花。叙旧谈新，作画赋诗，欢度晚年，幸福何极！如暂时难成归愿，尚希惠我数行，使祖国和台湾从此能得到互通邮电，进而互相了解，这是对祖国统一大业也算迈出一步了。

（《中国新闻》1980年3月11日）

接着，该刊物还发表了记者的采访文章《老画家柳子谷近况》。

1980年3月26日，中央人民广播电台《爱国一家》栏目又播出了柳子谷怀念念张大千的文章：

《怀念画师张大千》（摘录）

张大千先生比我大两岁，是我的好朋友，40多年前我们就认识。记得是1934年初冬，我在南京中央饭店开个人画展，由于当时书画界前辈于右任、何香凝、陈树人、经亨颐及著名画家徐悲鸿、张书旂等平时对拙作的热情支持，所以作品展出后，参观者甚多，从中，我结识了不少名流学者。其中，使我最难忘的，算是张大千和梅兰芳两先生……

解放后，我和大千先生各奔东西，从此失去联系。我先后在东北辽宁大学和山东艺术专科学校任教，生活安定幸福。我的六个子女均已参加工作，有的担任大学教师，有的当工程师和医生。由于心情舒畅，精神愉快，如今我虽是八旬之人，身体仍然健康。

……在此，我拟小诗一首，寄语好友大千：

统一神州势必行，心同此理人同心。顺心逆败有明训，度势审时是俊英。

海峡那边的张大千听到了柳子谷的呼唤，激动万分！故友别离30多年，如今终于有了消息，真是喜出望外！次年，他辗转委托香港"山东同乡会"的人来济南探望柳子谷并索画。

"听说，张大千来向柳子谷索画哩！"这条不大不小的新闻，在当时济南的一些街头巷尾，引发了一阵议论。可以理解，张大千是闻名遐迩的大画家，而柳子谷在当时很多人的眼里，只不过是在菜市场都能见得着的一个普通老头，他们两个似乎不应该有交集才对，张大千怎么会向他索画？

面对张大千的索画，柳子谷喜不自禁，当即绘制了一幅《竹枝八哥图》。画面上一只八哥欢雀跳跃，另一只听到伙伴呼唤正展翅回飞。两只八哥彼此呼应，神态惟妙惟肖。据说张大千收到以后，十分喜欢，也对画中寓意感叹不已，直到临终时还一直叨念柳子谷。

不久，山东《大众日报》在新辟的《画家评介》专栏里，向社会介绍了柳子谷其人其画。《光明日报》《山东画报》《解放日报》《新民晚报》等，也都陆续发表了他的画作。山东电视台和辽宁电视台分别拍摄电视片，介绍他的艺术成就。山东省统战部门将柳子谷肖像及作品印成彩色图片《画苑老翁忆故旧》，用于对港台的宣传。

1982年，粉碎"四人帮"之后的第六个年头，柳子谷终于盼来了一张三行字的十六开纸的《平反通知》。

"反"倒是平了，但是不仅抄家抄去的艺术珍品仍然无法回归（当年的造反派们，一口咬定抄去的东西早就销毁了），而且住房条件还是不得改善。柳子谷并不奢望生活起居能有多么宽敞，只是希望屋里能摆得下一张稍大的画案，不要再在这8平方米的蜗居里搞创作了。他在给一位友人的信中写下了这首《感怀诗》，表达了当时的心情：

1980年，在山东省政协笔会上与同道切磋绘艺

坎坷艺涯实难平
犹有歪风时袭倾
愧我无能说鬼话
美君有骨发金声
诗人不计眼前利
志士应求永世名
报国满腔愁日短
请缨无路乏门行

1982年，济南家中，子谷先生与夫人

1983年，喜看刚出版的《柳子谷画选》

是的，为了追回已经逝去的岁月，已是80高龄的柳子谷已经没有时间和精力纠缠其他了，他必须同时间赛跑，有太多的工作还等着他去完成。

迫在眉睫的第一件事，就是抢救《抗美援朝二次战役歼敌图》。

这幅长卷虽然得益于藏匿在破烟囱中，有幸躲过了毁灭性的厄运，但破烟囱毕竟不是收纳艺术品的理想之所，多年过去，作品已有多处破损，不少画面已经严重脱色，需要先进行画纸修补，再重新勾画、补色。这画本来早就应该抢救了，但是没有正式平反之前不敢将它拿出来，生怕又出个什么意外。现在好了，终于可以光明正大地把藏匿了多年的长卷公之于众了！

可是，却又面临一个大难题：画卷这么大，蜗居里连一张画案也没有，如何进行抢救修补？也真是难为了他，只好把床铺清理平整，将画卷逐段在床上展开，人趴在床沿工作，就像蚂蚁啃骨头一样，逐寸逐寸地进行。但毕竟是老胳膊老腿了，趴不了多久就腰酸背疼，身子直不起来。只好工作一会就直起腰来活动一下，两种体位频繁交替。在古今中外的美术史上，恐怕难以找到这种特殊的作画方法。有一次补色时入了迷，忘了起身活动，一趴就是3个小时，要起身时才发现已经动弹不得，爬不起来了，只好大声喊妻子过来帮忙。妻子架着他的一只胳膊，用尽全力才帮他慢慢站立起来……

经过半年的努力，终于使长卷恢复了本来模样。

2. 跨越半个世纪的聚首

1983年，刘海粟夫妇应山东有关部门的邀请来济南作客。

下榻宾馆后，接待部门征求客人对"行程安排"的意见。刘海粟说："再加一项内容，这次我要见一个人，他叫柳子谷，是我早年的一个学生，就在你们济南，请你们帮我找到他。"工作人员哪里知道刘海粟同柳子谷的特殊关系，以为就是多年不见的一般熟人，想顺便见个面而已。

人倒是不难找，工作人员把电话打到山东艺术学院（山东艺术专科学校于1978年12月开设本科专业，升级为学院），学院派人告诉柳子谷，说刘海粟来济南了，点名要见他。

柳子谷听了，先是一愣，紧接着是喜极而泣！当年在上海美专求学时，恩师对自己器重和关照的情景犹如发生在昨天，一幕幕尽现眼前，不觉一晃已经50多年过去。毕业离开学校以后，虽然两人见面的机会不多，但恩师对自己的关爱从未间断，曾对美术界广而告之："子谷画名远扬海外，其竹鸡无人可比！"自从自己去了东北，联系就基本断了，30多年来只是知道恩师的一些零星音讯。听说过恩师在"文革"时期也是受尽磨难，吃尽苦头……这次恩师要见自己，不禁十分感动。其实，自己也何尝不想念恩师，只是由于种种原因，天各一方，难得一见，这次突然有了见面机会，怎不叫人欣喜若狂！

妻子听说丈夫50多年前的老师来了，也是非常激动。

可是，柳子谷经过一番考虑之后，却做出了一个十分令人意外的决定："这个面，不见也罢……"

妻子大惊失色，忙问："为什么？"

柳子谷摇摇头不搭话，只是掩面落泪。

妻子一再追问："到底是为什么，你说句话呀？"

轻轻的抽泣竟然突然变成了悲声大作。一个耄耋老人，竟然像孩子一样嚎啕大哭，此情此景，令人心颤不已！

妻子惊愕地望着丈夫。老夫老妻了，她了解此刻丈夫心中定然有着难言的苦楚，不然不会做出这样不近人情的违心决定。

过了许久，柳子谷抹干泪水，说："我现在这个样子，怎么好见老师……"

妻子当然知道，丈夫说的"这个样子"，指的是知识分子政策尚未落实到位。别的不说，单是眼前这窘迫的居住环境，恩师要是问起家里的情况，该怎么回答？要是提出到家里

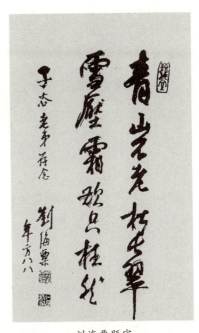

刘海粟题字

为了在老师刘海粟面前掩饰当时的窘境，
柳子谷买了一条新床单装点门面

来看看，是答应还是不答应？不过妻子倒也坦然，认为完全没有必要在乎这些，她说：

"这又有什么，反正老师不是外人，你还怕丢了面子不成？"

柳子谷说："如今我还有什么面子怕丢的？……"

"那你还有什么好担心的？

"我是担心万一老师要来家里看一下，那会给改革开放的大好形势抹黑……"说着，刚止住的泪水又顺着满是皱纹的脸颊往下流淌。

妻子听罢，只有微微一声叹息。丈夫的心地永远是这么善良和宽容，已经到了用书呆子气不能解释的地步了……但是，既然他已经做出了不见面的决定，也就只有依他了。

刘海粟在宾馆里等消息，工作人员向他报告说，柳子谷这段日子去了外地，不在济南。原以为经过这样的"技术处理"，事情就算蒙混过去了，谁知老头子脾气很倔，说：

"那就通知他马上赶回来，就说我在这里等他。"

"去了外地"本来就是托词，现在却要"通知他赶回来"，工作人员不禁感到为难。

刘海粟觉得事情有些异样，却不知其中原委，不禁有些冒火，喝道："这个柳子谷怎么回事？生不见人死不见尸！"

这也难怪老先生发脾气，他对这位爱徒几十年来都一直挂念在心，可是自从中华人民共和国成立后就几乎断了音讯，也没有任何关于他的书画活动的信息。直到改革开放以后，才陆续有了他的一些消息，知道他调到济南来了。如今他却躲躲闪闪不肯来见，到底是搞什么名堂？老先生每到一地，以前的同僚、学生，哪个不是争先恐后地来看他，这个柳子谷到底是怎么了？莫非把当年那段师生情义忘了不成？

工作人员自然不敢怠慢，只好去"通知他赶回来"。

接待部门看到刘海粟如此看重柳子谷，很觉意外。是啊，一个是妇孺皆知的艺术大师，一个是到近几年才听说过的穷困潦倒的画家，至于这样吗？因此众人不免又是一番议论纷纷，似乎在重新定位那个貌不惊人的退休老头。

柳子谷第二次接到了见面的通知。这次说得很明白，一定得去，事情已经由不得他选择了。妻子做他的工作说：

"不是讲究实事求是吗？老师问到什么，我们照实讲就是了；如果要来家里看，就来好了。我现在就去买一条新床单铺到床上，把屋子收拾得整洁一点，也应该不会有什么事的。"

柳子谷也似乎一下子冒出来一股义无反顾的气概，一字一句道："好吧，我——去！"

不过，他还是交代妻子："我们尽量不主动邀请老师来家里，但新床单还是要买来铺上，有备无患。"

头天晚上，柳子谷精心创作了一幅墨竹赠送老师，画面题诗为：

立身正直顶风雨

赋性坚贞抗雪霜

更喜青春葆美妙

千秋郁郁复苍苍

癸亥画祝海翁我师长寿

学生子谷

要去见老师了，柳子谷才发现自己几乎没有一件"体面"的衣裳，平时的穿着和出土的兵马俑有得一比。他把放衣服的木箱从床底下拖出来，像开矿一样，才从里面筛选出一件八成新的铁灰色涤卡上装。

柳子谷穿上这件散发着浓烈樟脑丸味的衣服，和妻子一道去刘海粟夫妇下榻的宾馆。

临出门时，妻子问要不要带手杖。手杖还是在湖南通道时临县县长赠送的那根。柳子谷虽然素来没有用手杖的习惯，也对手杖刻诗中说的"云程锦树花"不感兴趣，但看这手杖工艺考究，灵巧趁手，不免很是喜爱，每次搬家都带着，闲暇之时还常常拿出来把玩一番。"文革"时期，腿在批斗时受了伤，手杖正好派上用场。当时有人阴阳怪气地说，这不就是旧社会资产阶级用的文明棍嘛。造反派为了折磨他，想把手杖毁掉。柳子谷得到消息，便连夜在手杖上刻下"不读毛主席的书，寸步难

1984 年 10 月，柳子谷迁入新居

柳子谷先生浇花，摄于 1984 年新居院子

行"一行字。这一招使得没人再敢说三道四了，造反派也没胆量去毁它。近年来年龄大了，腿脚不大灵便，这玩意儿才似乎真正到了它该发挥作用的时候。

柳子谷回答妻子说："不用。"又解释说："老师大我六岁，我怎么敢在老师面前用手杖。"

两位历经坎坷的师徒画家终于见面了。两人先是对望一阵，突然几乎是同时张开双臂，上前一把紧紧地抱住对方，许久都说不出话来，只是互相抚摸着，端详着……两人尽管都在心里先对对方的形象变化有了一定的心理准备，但到了见面时还是大吃了一惊。尤其是老师看到学生，当年风华正茂的年轻人，这会儿出现在眼前的却是一个年过八旬的老翁，哪里还有半点当年的模样？只是在眉宇之间，还能找出些许记忆中的影子。

夏伊乔和韦秀菁，两位艺术家的夫人看到这般情景，都不忍惊扰他们，悄悄退到一边，让两位耄耋老人尽情地享受久别重逢的激动和喜悦……

按照安排，这天上午一共要约见三位客人，柳子谷是第一位，后面两位在外间候场。

已经到了预定的第一位客人约见结束的时候，但柳子谷没有出来。

又到了第二位约见结束的时候，房门依然没有打开。

秘书进去又返身复出，抱歉地对两位候场的客人说，看来咱们要另约时间了……

据刘海粟夫人夏伊乔回忆，当日晚，刘海粟端详着柳子谷赠送的那幅墨竹，思索良久，几十年的人世沧桑使他浮想联翩……他禁不住挥笔疾书：

青山不老松长翠
雪压霜欺只枉然
子谷老弟留念

刘海粟　年方八八

刘海粟老人说，这两句诗是"文革"期间的自勉之词，今天算是与子谷老弟共勉。第二天，他委托秘书将写好的字专程送到柳子谷家中。

秘书走后，柳子谷对妻子开玩笑说：

"我们的新床单到底没有白买！"

3. 代表作重见天日

1984年夏天，柳子谷夫妇终于告别了8平方米的斗室。

搬进宽敞、明亮的新房子，画家心里也跟着洒满了阳光。住进来的第二天，搬家的东西都还没整理好，就急着把《抗美援朝二次战役歼敌图》铺开，从头到尾好好浏览了一番——先前在蜗居里面是没有这个条件的。

面对这部倾注了自己殷殷心血的作品，他有了一个想法：应该将它捐献给解放军！

之前，曾有人建议他将画送给巴黎东方博物馆，被他拒绝了。他觉得此画的归宿，再怎么样也不应该是中华民族以外的国度。

他当即去信与该画合作者满键商议无偿捐画的问题。得到全力赞同之后，马上给中央军委写信，表达了自己热切的捐画愿望，并请专业人士将画卷录像，随信一并寄出。

没多久，解放军总政治部转来了中央军委的消息，说军委有关领导看到录像即给予充分的肯定，认为该画卷不仅是一件艺术珍品，也是一件极为珍贵的革命历史文物，由此决定由中国人民革命军事博物馆收藏。军委领导还说，这幅画虽然取材于抗美援朝二次战役，但实际上已经生动地反映了整个抗美援朝战争，建议改名《抗美援朝战争画卷》。这便是画卷

1985年，柳子谷在家中接受新华社记者采访

为何改名的由来。

1984年12月，军委主席邓小平观看《抗美援朝战争画卷》及其他作品录像后说："笔墨雄健，功底深厚，造诣精深，国之瑰宝……我们不能辜负柳先生的一片诚意啊！"

1985年1月19日，在济南举行了隆重的《抗美援朝战争画卷》献画仪式。解放军总政治部委托济南军区政治部接受捐献。

在热烈的掌声中，在记者的闪光灯下，柳子谷以作者和献画者的双重身份上台讲话。也许是因为他从来没有在这样隆重的场面正式讲过话，显得一时难以适应，似乎还保持着在8平方米斗室里的习惯性姿势，有些"佝佝然不得站立"。然而，尽管身躯不够伟岸挺拔，但话语却不乏激情豪迈：

"这幅画，是歌颂正义战争和颂扬人民军队的，理应献给解放军。过去我诚心虽在，却欲献不能，如今党的政策恩光普照，这幅长卷终于重见天日！"

《人民日报》《解放军报》《解放军画报》、中央电视台等十余家新闻机构均对献画活动作了报道，称该画卷为"我国最长的、在世界上也是罕见的反映战争历史的巨幅画卷"。

这次捐画，使得沉寂了数十载的画家又重新引起了社会的广泛关注。就在这年3月1日，新华社《内部参考》刊登济南军区新华社社长谭吉安撰写的《著名画家柳子谷要求有关部门查找"文革"中被抄家遗失的艺术珍品》一文，文中提到："先生蜗居斗室长达11年（应为12年。——剑祥注）之久，生活费用不足，不得不卖几幅字画维持。"总书记胡耀邦阅后批示山东省委书记苏毅然："毅然同志，像柳子谷这样的老画家全国已为数不多，望你们认真研究，落实解决好其晚年生活。"在胡总书记的亲自关怀和省委的过问下，柳子谷的知识分子政策终于得到了较好的落实。

同年10月，中国人民革命军事博物馆举行"抗美援朝三十五周年纪念美展"，《抗美援朝战争画卷》安排在显著位置展出。开国中将杜平亲自为长卷题写了"抗美援朝战争画卷"的标题。中央军委顾问、原志愿军政委李志民为长卷题词：

1985年，柳子谷于宿舍区前院小憩

烽火结下战斗情谊

胜利开出和平鲜花

至此，当年强加给这幅画卷的不实之词终于被彻底推翻！

一台十四寸黑白电视机和一台半导体收音机，是有关部门对作者献画的奖励。柳子谷如获至宝，一有空就要搬出来抚摸一番，同时脸上现出无限神往的样子，内心充满着无法表达的满足和幸福！

令人遗憾的是，这种满足和幸福未免来得太迟了一些，柳子谷似乎还没来得及好好地品味和享受，日历就翻到了1986年1月12日。

这天，是一个令人扼腕的日子！

头天晚上，《解放军报》记者来访。柳子谷兴致很高，与记者交谈两小时，毫无倦意。记者离去后，心情依然兴奋，还在盘算着如何在这盛世之年，更好地焕发艺术青春，将创作计划安排得更紧凑一些，把被耽误的岁月追回来，到很晚才上床休息。

然而，天不假人，一代国画名家的生命历程定格在这天凌晨3时。

这天，济南的天气很冷，似乎是近年来少有的低温……

4. 发自"圈子"里的声音

柳子谷先生已走了三十多年。期间，时有各种各样的纪念活动及先生的遗作出版。其中最具代表意义的纪念活动，发生在先生逝世十周年之际，即1996年。当时，由中国美术家协会、中国画研究院、山东省美术家协会、山东艺术学院共同策划了纪念先生逝世十周年系列活动，成立了以程思远、谷牧、萧克、张纪恩、苏毅然、王久祜、梁步庭、王晨、廖静文、夏伊乔为特邀顾问，吴作人为名誉主任，严庆清为主任的"柳子谷先生遗作展暨纪念活动筹委会"。

筹委会拟定的工作计划是：先在北京召开记者招待会；再在北京和济南两地先后举办"柳子谷先生遗作展"及"柳子谷作品研讨会"；同时在北京研讨会上举行大型画册《柳子谷书画辑》首发式，在济南举办遗作展的同时举办"纪念柳子谷先生谢世十周年书画展"。

先生在世时，加入中国美协的愿望一直未得实现。如今由中国美协领衔，为一位故去的非会员举行这般高规格的纪念活动，似乎还没有过先例。

按照筹委会工作计划，1996年10月12日在北京中国美术馆举行了记者招待会。参加招待会的记者来自《人民日报》《人民日报·海外版》及中央电视台、中央人民广播电台、《光明日报》《文艺报》《文化报》《北京日报》、山东电视台等20多家媒体。

10月17日至22日，"柳子谷遗作展"在北京中国美术馆一楼西北厅举行。展出了先生不同时期的作品近百件。遗作展前言由山东艺术学院副院长、山东省美协主席杨松林先生操刀，他对先生的人品和画品作了经典性的概括，此处摘录一二：

《柳子谷遗作展前言》（摘录）

先生修养全面，有诗、书、画三绝之誉。他一生探索，在艺术上卓有成效地解决了传统与创新、生活与艺术、画格与人格、功力与修养，以及山水、人物、花鸟和诗、书、画诸要素的有机融合，而形成自己的独特风格。……先生自50年代至70年代默默无闻艺坛几十年，而潜心艺术教育事业。80年代先生步入耄耋之年，欣逢盛世，和煦的艺术春风，焕发了先生新的艺术生命。晚年仍创作大量珍品，以花鸟、兰草、松竹居多，其意境之深邃、笔力之雄健一如既往，子谷风韵犹盛。

……

先生常以书法与诗词作为绘画的重要组成部分。由魏、赵楷体演变而来的"子谷行书"，力道韵雅、质朴飘逸、潇洒不羁，颇为书家赏识。其诗词，或言志或抒怀或寓理，铿锵上口、雅俗皆宜，与书画熔于一炉。

先生所立画论，见解独到，深入浅出，言简意赅，一语破的。

先生为人平和，心怀坦荡，作风正派；从艺70年，一生坎坷，几度沉浮，早年作品多流传于海外或散失于天灾人祸之中。这里展出的，仅是目前能够征集到的一部分原作，然颇具代表性，可供读者一睹为快。

"人生有限，艺术永恒"，乃先生生前所言所信，极是也。

在遗作展之前，全国人大常委会副委员长程思远，中央军委副主席迟浩田、老将军萧克、洪学智，以及书画界名人关山月、廖静文、刘勃舒、亚明、张仃、孙其峰等分别为遗作展及其作品题词。

程思远题词为：

题赠柳子谷先生遗作书画展
毕生豪情萦祖国
画风书法见精神

一九九六年七月　程思远

迟浩田题词为：

战争正义全无敌
中朝友谊万年青
为柳子谷、满键同志《抗美援朝战争画卷》题

迟浩田　一九九六年七月十八日

萧克题词为：

为柳子谷先生遗作展暨纪念活动题
华夏文物寄丹青

丙子春　萧克

迟浩田题词

洪学智题词为：

为抗美援朝战争画卷题
血火写丹青
铁躯捍正义

洪学智　一九九六年六月

出席开幕式的有邓力群、高占祥、荣高棠、张致祥、赵建民、刘导生、王琦、杨松林、廖静文、张彦青、王企华，先生的学生、子女以及书画界、新闻界的朋友等200余人。邓力群、高占祥、荣高棠、王琦、廖静文、赵建民为遗作展剪彩。

党和国家领导人乔石、姜春云，以及李跃文、王济夫等老领导参观了画展。

书画界、美术理论界、影视界知名人士邵大箴、郎绍君、肖淑芳、王琦、姚有多、朱乃正、钱绍武、刘骁纯、邓福兴、蓝天野、薛永年、王铁成等前往参观。

中国人民大学教授、马列主义研究所所长刘佩弦参观过遗作展，写下了热情洋溢的观后感：

《柳子谷遗作展观后》（摘录）

我作为一个国画业余爱好者，抱着无限崇敬的心情，有幸参观了早在30年代就与徐悲鸿等国画大师齐名的柳子谷老先生的遗作展览。展品以多姿多彩的内容，表现了作者无与伦比的绘画技艺和高风亮节的为人品格。

……由于历史的原因，先生曾在较长的一段时间未受到公正的待遇而默默无闻，但是他的画笔并未停止，而是以满腔的热情歌颂新社会。例如他在1950年创作的《春山图》，以生机盎然的春桃，象征着新生活的到来。又如1956年创作的《瀑布》，其题诗是："千载积污冲刷尽，万方欢颂好洪流。"这反映了作者对新社会汹涌澎湃的革命洪流欢欣鼓舞，和对彻底冲刷旧社会污泥浊水的无比舒畅。

……

在人妖颠倒的十年浩劫中，柳老虽历尽磨难，但"心无芥蒂，未断书画之心"（亚明书中语），仍能保持着清醒的头脑、娴熟的技法，创作了大量的山水、花鸟等珍品。其中有以"已是悬崖百丈冰"为背景的歌颂毛主席《咏梅》的《咏梅图》；有以周总理诗"燕子声声里，相思又一年"为题的《双燕》图。

万恶的"四人帮"被打倒后，柳子谷老人心潮澎湃，欣喜异常，作石兰图，题诗曰："幽兰在空谷，婀娜绝尘寰；更喜东风起，送香到人间。"

老人晚年，以79岁的高龄，画《新竹》一幅，画面上有新旧竹两种，二者枝叶高低不同，题词是："新竹高于旧竹枝，后来居上喜今时。"说明老人晚年是多么希望新的人才辈出！

老人在其许多作品的题词中，不时流露出他高风亮节的心迹。1979年在他创作的墨竹条屏题词中说："立身正直顶风雨，赋性坚贞抗雪霜。"又说："岁寒见劲节，烈火炼真金；日出雪消逝，万古颂长青。"

……老人的作品和他的为人，是诗情与画意的完美结合，是精湛技艺与亮洁品德的高度统一。

　　1996年10月17日上午开幕式过后，随即在中国美术馆贵宾厅举行"柳子谷先生作品研讨会"。参加研讨会的有书画界、美术理论界大咖以及主办单位代表和先生的子女、学生、朋友等60余人。

　　徐悲鸿纪念馆馆长、徐悲鸿夫人廖静文率先发言。由于徐悲鸿的关系，在20世纪40年代她与柳子谷先生夫妇多有接触，彼此感情很深，她在发言中谈道："柳先生生前是悲鸿的老友，我们馆还收藏了他的作品。我觉得柳先生这么多年来，有些被人遗忘了的感觉，现在重新展出他的作品，让大家认识他是很有必要的，这既是对逝者灵魂的一种安慰，也是对生者的一种鞭策和鼓励。"

　　中国美院教授、中国美协中国画艺委会主任姚有多对柳子谷先生作品多有推崇，参观过后深有感触："先生的画既吸收了传统的东西，又借鉴了西画的一些表现形式和长处，很自然地揉进去，揉得那样完美，不露痕迹，表现出了深厚的功力，非常难得，确实是我们晚辈学习的榜样。看了展览，我有一种感觉，就是他的画明显充满着一股朝气。我认为这个朝气是他思想情感的一种表现，如果没有对生活的热爱，没有对这个国家、这个民族的热爱，那是不可能创作出这样的作品来的。"

　　中央美院教授、《美术研究》主编邵大箴由衷说道："过去对柳先生不大了解，前几天杨院长（指杨松林。——剑祥注）和先生爱女柳咏絮送来了先生的画册，看了以后非常敬佩。今天看了画展，更是激动。画得确实是好，这不是说客套话，真不是客套话！就像刚才姚有多先生讲的那样，柳老的风格很鲜明，传统很深厚，但又不拘泥于传统，看得出来，这中间从宋代、明清画里面有继承关系，但不是机械地重复古人，而是画得很有新意。这是非常了不起的啊，同志们！他在那一代人里面，是画得非常好的。主要是格调很高。展出的每幅画格调都高，竹子、山水、花鸟虫鱼，画得都非常到位、精彩，给我们美感。在他的画作前面，我们不可能冷漠，而会情不自禁地产生热情。他的诗和书法也很好，诗、书、画非常全面，而且达到很高的水平。郎绍君专门研究中国画，把它分成承传派、中西融合派。在承传派里柳子谷先生应该占有自己的位置。现在有新文人画，但文人画必须有文人的心思在里面，修养不到，格调不高，这个文人画就没有味道。所以柳先生的画给了我们很大的启发，就是挖掘传统，在传统的基础上创新。中国画领域，以古开新、借古开新还有很大的余地和潜力。这次山东艺术学院，还有他的后人，把这块埋在地下的瑰宝挖掘出来，把他的作品展示于大众，我表示非常感谢！我还有一点感想，这位老画家是从旧社会走过来的，由于历史的种种原因，担任过名誉上的职务，这使他后来受到了一些不大公正

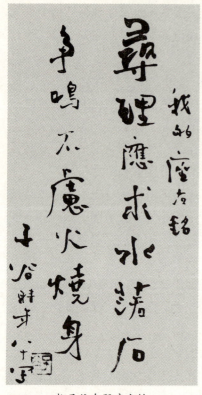

柳子谷自题座右铭

的待遇。但是他能够忍辱负重，一直对这个国家、这个民族、这个社会充满着正能量的感情。他画的抗美援朝长卷就充分说明了这一点。说老实话，用长卷表现战争题材，画得这样生动的还真不多见。这里面不但有生活的真实，而且还有很高层次的艺术真实。毛主席讲，艺术要源于生活，高于生活。现在很多画家，光是'源于生活'，艺术上高不起来。结果艺术格调不高，气度不高，修养不高，仅仅是离生活表象很近而已。这个抗美援朝长卷画得非常有味道，是很不容易的。我认为，对这位老画家不仅在政治上要恢复名誉，在艺术史上也应给予一定的位置。其实，他自身的艺术价值就已经摆在那里。大家看了他的展览，都会认为他在中国美术史上应该占有不可忽视的地位。所以，我觉得这次我们把他的作品挖掘出来并展示于大众，对于承认他是新时代几十年来的一个非常重要的、有代表性的画家，以还历史的本来面目，是非常有意义的！"

中国美协艺委会秘书长、美术理论家孙克接着发言："柳子谷先生在三四十年代的画坛上是相当活跃的。当时在上海、重庆和徐悲鸿先生一起开过画展，很受社会各界尤其是上层的瞩目。但是这位老先生后来被埋没了，在我上学的时候没有听过这位老画家的名字。直到80年代后期，继黄秋园、陈子庄以后，柳子谷的作品才被他的子女拿出来……当时我在《中国画》编辑部工作，只见到柳先生不多的画照，没有见过原作，所以没能像黄秋园、陈子庄那样展开大力的宣传。这次通过画展看到先生大量的原作，这就和看照片、印刷品的感觉很不一样，有了较为深刻和完整的印象。他的艺术功力十分深厚，他的山水画师法宋人，看得出有马、夏的影响，他也曾临过夏圭的《风雨水阁图》，但是他的风格更为湿润明澈，十分清雅。他在花鸟画方面成就也非常高，造型写意的能力很强，形神兼备，生动传神，鹰、鸡和鸟，都画得意态灵动。他对物象观察认识很准确、很深刻，颇具写生的直观生动感，而且又注意用笔的骨力于潇洒，技法非常到家。

由此，我感到他是继任伯年之后，在造型能力上非常突出的一位画家。这次柳子谷先生的亲属、山东艺术学院的领导下大力气来搞这个展览，使得我们可以看到这位老画家不计荣辱得失，而献身艺术的崇高精神和他多年艺途探索的成果，这让我们对艺坛前辈的敬佩之情油然而生。他的艺术正如邵大箴先生说的，会在中国近代美术史上'留下一定的地位'，因为他曾在这里不倦地献身劳动过。"

陈立夫题词

北京遗作展闭幕后，展品运到山东，于1996年10月31日至11月4日在山东美术馆展出。同时，由100多位省内外书画名家、先生的弟子精心创作的书画作品也参与展出，展览会谓之"柳子谷遗作展暨纪念柳子谷先生谢世十周年书画展"。希宁先生为展览会撰写的序言说：

子谷先生一生的经历，是艰辛又坎坷的，然而事业却是辉煌而不朽的。正如柳公生前所坚信的"文章不计一时利，丹青应求千载名"。此情此境，柳公当欣慰含笑了。

展览会开幕式由山东画院院长王奎章主持，先生生前友好、学生、子女等300余人参加。20多位海内外书画名家为遗作展题词祝贺。台湾的国民党元老陈立夫闻讯特地寄来两幅题词：

艺成名高
永为世范

5天的展览，每日观者盈门，大家都为先生精湛的画技和高尚的人格所折服。4日下午3时，到了原定闭展撤画时间，但是展厅里还是人头攒动，观众流连忘返。准备撤画的工作人员见此情形，不得不临时决定把闭展的时间推迟到5点以后。据美术馆的同志说，参观画展的人数之多，直到最后还有这么多的观众，是多年来很少见到的。

展览会闭幕的第二天，主办单位邀请了省城书画界、美术理论界、宣传媒

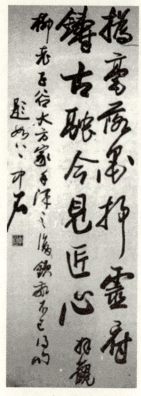

1995年，书法大家
欧阳中石为柳子谷题词

体，以及先生的子女、学生、友好40余人，在山东艺术学院举行先生作品研讨会。由于会议是在先生生活了数十载的泉城济南举行，与会者中自然有不少人与先生有过直接的交往，大家在发言中免不了谈到与先生零距离接触的切身体会。

山东艺术学院院长刘玉晨率先发言，他说："先生不仅画品好，在教书育人、职业道德等方面，也是很高尚的。在当时条件比较困难的情况下，他不辞辛苦地手抄讲义给学生上课，画了很多的范画。现在他的学生们只要一提起先生，都是敬佩得很。"

山东新闻美协主席刘晓刚就两件小事谈了他对先生的印象："柳老在晚年，我和他有所接触。记得有一次他到《大众日报》社找我，当时他都已经那么大年纪了，行动不是很利索，却是自己坐公共汽车来的，我很感动。后来又有一次，他亲自送来一幅给我画的小品，但把我的名字写错了一个字，我当时没说话，其他的同志在一旁说写错了，柳老听了之后就又重新给我画过一幅。仅这一点，就让我难以忘怀。所以说除了画品，我还非常敬佩他的人品。"

谈到先生的人品，山东工艺美术学院教授杨耀十分赞同，插进来说："关于这方面我有切身的感受，因为我是柳老的私人学生，当时每周要去他那里两到三次，是黑伯龙老师点名让我拜柳老为师的。柳老对我的言传身教，无不充满着中国知识分子典型的传统美德，可以说是非常高尚的，令我难忘！"

山东艺术学院教授、研究生导师谭英林接着也从教书育人的角度作了发言："柳老是在1962年为了我们山东组建画院，增强省内美术力量，才被请来山东的，临时安排在我校任教。当时学校山水教师较多，需要有人改任花鸟课，柳先生没有二话，愉快应承改教花鸟。黑伯龙先生看过柳先生的作品后对我说，子谷先生北宋山水画得好，功夫极深，并要求我们课余投师柳公。因此，我有幸受惠于先生教鞭，获益良多。先生讲课有自己的方法，他把墨竹、八哥、小鸟绘制成挂图，成濡墨到运笔步步推进，技法程序一目了然。临摹的范画，多为课堂示范之作，边挥洒，边口述，重点、难点反复演示。课余我们去请教，先生总是热情接待，尽量满足同学们的要求。先生精神抖擞，嗓音洪亮，开口是学问，提笔皆文章。他敬业重道，为人师表，对我们影响极深。"

山东艺术学院教授、省女画家协会副主席陈凤玉，以女性特有的细腻谈了对先生的印象："柳老几乎每天都在作画，无论你什么时候去他那里，都看到他在画案前。你去请教，他马上就停下自己的事情，给你示范。画石头，石头有几个不同的面；画竹子，有几种不同的用笔动态，他都一一给你讲得详详细细、清清楚楚……"

山东师范大学教授、研究生导师张联珠则从中国画创新方面作了发言："现在有些画家的创新走进一种误区，认为创新就是在表现符号上和别人不一样，却忘记了最根本的一点，体现一种什么样的风貌、一种什么样的思想感情。关于这点，我认为可以从柳老的作品中得到很好的启示。他的绘画语言非常朴实，感情非常细腻，诗书画结合得很好，是先立意后作画。现在一些青年画家在这方面的涵养不是很高，他们往往是先把画画好再来找诗，有点本末倒置了。柳老的竹子作品很多，但每幅要表达的感情都不一样，虽然画的是同一个题材，但每一张都有不同的立意在里面，这一点我认为是非常可贵的。所以我要说，在北京和山东举办的柳老画展，这笔财富的意义是难以估量的！"

济南市文联主席、市政协副主席吴泽浩的发言有些按捺不住的激动，他说："我感到像我们这样50来岁的人非常幸福，今天的条件很好，我们的画家有别墅、大房间，出门有卧铺、有小车。十年前柳老离开我们的时候，再往早，那都是不可想象的。但是我们却画不好画，因为我们太功利了，我们太不清苦了！"清了清嗓子，接着说："柳先生在山东住了那么多年，我们都熟，他那8平方米的小屋，我们也都常去，他那一张小桌，我们也经常看着他在那上面画画。不知同志们注意到没有，这次画展的作品有很多是小画，这是因为当时条件限制了他。不妨设想一下，如果那时有个20几平方米的大房子，摆得下一个大案子，那今天我们看到的柳先生的作品展览，又会是一番什么景象呢？……"

原山东美协驻会副主席毛云之不无遗憾地表示："我曾在美协做了十七八年的驻会工作，在那个时候，柳先生和柳夫人到美协找过我。那时我们对柳先生认识非常不足，也是我们的无知。我们对柳先生的过去，以及他在历史上的成就不了解，在当时没有引起美协的重视。如果当年我们能够为柳先生做一些宣传工作，我想境况会比现在好的。……这从我个人来讲是非常遗憾的。"

山东画院一级画师刘如朴曾经是先生的学生，当年先生诲人不倦的教学态度令他终生难忘，他说："有一次我们写生画向日葵，柳老很认真地指导我们怎样观察角度，把握透视关系，真的是手把手地教。回到课堂整理画稿，又认真教我们修改，就像对待自己的孩子一样，不厌其烦。晚自习我们临摹刘继卣的连环画，柳老还跑到课堂，很工细地为我们示范，亲自临了一张人物。"

……

5. 历史不会忘记

"路漫漫其修远兮"，先生以其经得起时间检验的画品和人品，默默地走完了他的人生之路，给他来过的这个世界留下了一行清晰的脚印。然而，由于各种各样的原因，也留下了太多的遗憾，使得脚印变得不再清晰，以至几乎被淹没了。好在历史是公正的，正所谓"该留下的，谁也抹不掉；不该留下的，谁也救不了"。先生走后的这些年，一系列的遗作展览、作品出版，以及各种纪念活动的开展，便是最有力的证明。

是的，历史没有忘记，也不会忘记，她正在用金色的大字，把不该忘却的故事书写在民族的记忆里……

后　记

柳子谷是我从未谋面的堂伯父。

我来到这个世界的时候，他已经去了遥远的东北。他一去就再也没有回过故乡，虽然故乡的一草一木都是他永远不能释怀的乡愁，据悉他在迟暮之年，还念念不忘村子后山脚下那18棵大枫树……

我从发蒙读书开始，家族长辈对淘气得近乎顽劣的我进行训斥时，往往会把这位堂伯父作为激励我用功读书、发奋上进的榜样而屡屡提起，不厌其烦地给我讲述关于他的故事。可以说，我的成长是在这个楷模的鞭策下开始的。不过那时听到的有关描述，尽是一些琐碎、模糊的小片段，以至我在脑海里为堂伯父描绘的形象总是不能完整、清晰。诸如他从幼年起就不顾一切地迷上绘画，纵使被戒尺抽打手心也不肯回头；年仅13岁就胆敢向闻名乡里的"画师傅"叫板，并使之输得心服口服；20世纪30年代，一个姓梅的京剧大佬为了参观他的画展，特地从上海坐火车赶到南京；他画的兰花卖价多少，得先数一数它有多少片叶子，单价乘以数量……从这些故事片段里，我只悟出了他由于学画刻苦，所以画出来的画便特别好，其他心得似乎没有。

后来随着年龄的增长，得到的有关堂伯父的信息渐渐多了起来：早在北伐时期，作品就受到过部队领导的夸赞；从20世纪30年代开始，与徐悲鸿、张书旂并称"金陵三杰"，与诸多的名人大家亦交往颇深，引为知己好友；在南京时与国民党军政界不少上层人物私交颇好，并利用该条件从宪兵司令部营救过共产党人；因捐款救灾获得过南京赈灾组织颁发的"急公好义"锦旗，受到社会民众的敬仰；抗战期间，湖南省主席张治中执意邀请他去湘西任县长，一人掌管两县；在通道卸任县长时，老百姓自发夹道欢送，情景感人；20世纪60年代初，耗费3年的时间和心血，创作出27米长的史诗性代表作《抗美援朝战争画卷》，后为中国革命军事博物馆收藏……可是，没想到掌握的材料多了，心中却反而生出疑问：所有的这些，难道仅仅是因为他有着高人一筹的画品吗？显然不是，那么更深层次的原因又是什么呢？

为了寻找答案，我一边艰难地采访健在的当事人，一边埋头于故纸堆中。

在采访与查阅史料的日子里，我始终被震撼着、感动着……

我终于发现，在堂伯父身上，还有着比画品更为可贵、更加重要的东西，即为人称道的人品。构成其人品的基本内容，除却他那厚道、守信、正直、善良的人格魅力，便是融入骨髓里的家国情怀，对脚下这片土地无比深沉的爱恋。他毕生都在用手中的画笔，为诠释它而不懈地努力着、奋斗着……

于是，关于堂伯父先前那些琐碎、模糊的故事片段，便渐渐在我脑海里变得完整、清晰起来，形成了看得见摸得着的画面。有时，画面如同电影镜头，缓缓地由远景拉成中景、近景，最后成为特写，定格在我面前……

结束了采访和故纸堆里的沙里淘金，我掩卷思索，心中不禁生出无限的感慨：早在20世纪30年代就扬名大江南北、在全国画坛咏叹高歌的堂伯父，在后半辈子漫长的岁月里，由于种种原因竟然遭遇孤独淹没，以至渐渐淡出了世人的视线，甚至连美术界都没有多少人知道他！我不由得设想道：假如在历史的进程中，没有那些令人痛心的岁月；假如那蜗居了12年的斗室能够稍微宽敞一些，摆得下一张画案……那么，"野有遗贤"的悲剧也许就不会酿成。然而，遗憾的是历史没有假设，过去了的就永远过去了，机遇任何时候都不会重来。好在令人欣慰的是，堂伯父的晚年欣逢盛世，艺术青春终得焕发，虽然还是不免有几分"只是近黄昏"的惆怅，但毕竟"夕阳无限好"啊！

我觉得我有责任和义务把这一切都写下来，告诉今天的人们。

我用我的心，写下了这本书。

在写作和出版过程中，得到了王一木、李蓉、柳培祥、曾有进、张丽琴、柳达光等老师，以及先生子女（本书图片均为他们提供）、学生们的倾力帮助；得到了团结出版社领导和编辑老师的大力支持，在此一并表示衷心的感谢！

附 录

1. 柳子谷谈绘画艺术

·　绘画要讲"教化功能"。一千多年前，唐人张彦远便强调绘画的社会功能。其实，作为艺术，绘画与文学一样，在给人美感的同时应有教化作用。

·　爱国主义、人道主义是一切正直画家永恒的创作主题，作品应直面时代，关注社会。

·　人品与画品的统一，是对画家个人修养的基本要求，画家当身体力行，为人师表。

·　中国画讲究诗、书、画、印、裱五统一，其中以"画"为主。中国画重视笔墨，亦即"运笔动态，用墨方法"，此乃中国画之精髓。

·　"神"以"形"立，"形"以"神"贵，二者不可偏颇。

·　中国画当用笔精练，要达到加一笔则多，减一笔则少，疏而不漏，恰到好处。

·　一幅绘画作品能否流传后世，不能靠炒作、吹捧，应当用作品说话，让历史筛选。

·　景真、情真、理真，乃吾作画之所求。

·　中国画要发展，应坚持古为今用、洋为中用。林语堂说得好："守古不变则窒息僵化，知新而不温故则忘本盲从。知今不知古必根底不深，知古不知今必与时代脱节。"我以为，继承与创新是我们的责任。

·　一味强调师承，似有"包装"之嫌。须知，名师未必出高徒，正如大学培养不出小说家。真正卓越的画家，需要独特的悟性和潜质——别具一格的感性、灵性和个性。

·　作画，是画家个人情怀、才智和自由思维在特定时空下迸发的结晶。正所谓"文章自得方为贵，衣钵相传岂是真"，没有一定的悟性，欠缺"点石成金"的功力，是不会画出好画来的。

·　中国画有其自身的艺术规律和理论。对其狂妄、虚无均要不得，盲目否定更是错误、可悲。文化自信是衡量一个画家趣味的标志，应做一个具有强烈民族意识的画家。

·　画画是我的癖好，从小就立志要为之奋斗一生。坎坷也罢，磨难也罢，经过灵与肉的积淀，已成了我生命的养料，让我有了自己观察人生的视角。我以为，艺术贵在真诚。

·　人们称我是"画痴"，我笑之。"文革"游街批斗回来，只要回到画案边，面对笔墨纸砚，什么屈辱、痛楚都抛到九霄云外去了。

·　作画忌只见笔墨程序而无生机。五代荆浩论笔法云："必全其生意。"中国的"生生之道"宇宙观，岂能不在画里体现？生机生意必自笔墨出。

·　中国画的造型追求以意还形，含意于形，意在表现物的天趣、人的精神。《历代名画记》中论述了形神兼备，而传神尤为重要。

·　画，仅停留在庶民百姓喜爱不行，须同时拥有深厚的含意、高尚的境界和形式美的创造。如是雅俗共赏。

·　笔去繁杂琐碎，墨要润泽浑厚。笔为骨，墨为肉，好画当"有骨有肉"。

·　笔墨之功是画家的心力、腕力多年修炼之果。有了这种功力，方能体现和驾驭中国画的美。

·　艺术上的创新不是艺术创作的唯一目标，更不是终极目标。创新是一个渐变的过程，水到渠成的结果。执着传统者，创新难；急于创新者，大多传统底蕴不足。

·　中国画注重写意，不能单凭肉眼的直感。只有默记默画，将形象装在心中，方能驾轻就熟，游刃有余。

·　中国画独有的特点就是具有造型的记忆性、笔墨的书写性、意境的文学性和内涵的哲理性。

·　大章法作小画，要小者不繁；小章法作大画，要大者不空。

·　所谓"此处无墨胜有墨"的奥妙所在，即以白彰墨，以墨彰白，互补互映，为观者提供更多的回味空间。

·　画面上的空白是"计白当黑"，"白"与"黑"有同等作用。"白"，有大块的空白，分散的小块空白，乃至笔迹中的飞白。从而使画面产生虚实对比，虚中有实、实中有虚的效果。如是，画面方显空灵。

·　在有墨与无墨之间，过渡色的调节要靠水。所以，"水墨画"把水字放在墨字的前面，不是没有道理的。墨分五色，主要靠水来"勾兑"，墨法中讲的积墨、泼墨、破墨，也是讲用水的技巧。

· 中国画的点、线、面之形态，就像交响乐中不同乐器的音域、音色一样，是非常丰富多彩的，点、线、面不仅是中国画的造型元素，也是审美对象，既是形式，也是内容。此乃中国画所独有的魅力也！

· 走笔落墨留下的是"线之形"，而"形"所溢出来的是"线之神"，此乃"形神兼备"之谓耳。自古以来，素有"画竹，竿如篆，枝如草，叶如真，节如隶"的说法，可见线走得漂亮不漂亮，多与书法好坏有关。

· 画家和他的作品都是时代的产物。画家的艺术之路是用他的作品铺就的，而作品的生命力是由历史去筛选的：该留下的，谁也抹不掉；不该留下的，谁也救不了。

· 何为真正的艺术家？衡量的标准就是爱国、敬业和创新。爱国、敬业，不必多言。而创新，就是在艺术风格上要有个性。既要"标新立异"，有他人所不曾有；又要有从者，赢得雅俗共赏。

· 我喜欢在画上题诗，也常引题别人的诗句。画与诗在纸上是一种融合。画，可供观赏；诗，可供吟诵。这一观一吟，带给人的感受若是"诗情画意"之极致，那一定是上乘之作。

· "画中有诗"不是单靠题诗使画得到升华，而是应让画面的形象唤起你由此及彼、由表及里的联想。换句话说，画家应具有诗人的眼睛，哲人的头脑。

· 中国画讲究文化底蕴，它决定你是否能发现自然万物的内蕴之美，也是决定你能否体悟人生变化之哲理的关键。一个画家，既要有对至大至美的"道"和"天人合一"的追求，又要有纯熟多变的绘画技法，方能创作出"成教化，助人伦""善性情，涤烦襟"、具有承载人文精神的优秀作品。

· "胸有成竹"与"胸无成竹"是矛盾的，也是统一的。在作画立意阶段画家是"胸有成竹"的，一旦落墨则进入"胸无成竹"的状态。在已有的墨迹上因势利导，笔笔生发，逐渐完善，最后归于"胸有成竹"。

· 大凡高、精、尖之技艺，必是不易掌握的；而粗制滥造的涂鸦之作，却可轻易临仿得惟妙惟肖、真假难辨。艺术的高下、技法的优劣并不难识别，切莫被那些玄而又玄的"理论"所欺骗。

2. 柳子谷年表

1902年元月16日（光绪辛丑年十二月初七日） 生于江西省玉山县柳村塘尾一书香家庭。

1914年 时年13岁，作壁画《祈福图》（后被载入张世彦先生编纂的《20世纪中国美术史·壁画卷》）。

1919年 赴南昌求学，结识同在省城读书的傅抱石。

1923年3月 转赴上海就读大同中学。以给朵云轩、九华堂、九裕堂、五星记等扇面庄绘扇面、画小品维持生计和学业。

4月 参观豫园书画善会画展，初识该会会员吴昌硕、黄旭初、蒲作英、杨了公、马企周、程瑶笙、张善子、王一亭、汪冲山等知名画家。

6月 参观上海美专二院师范科举办的国画展览，初识该校校长刘海粟、教授汪亚尘和学生张书旂。

8月 参观上海美专二院画展，初识潘天寿、谢公展、许士骐等知名画家。

1924年3月 参观江苏省第一届美展，得以目睹汪冲山、雷家骏、莫延禧、高剑父、贺天健、黄宾虹、钱化佛、高剑父等知名画家作品，并结识仰慕已久的高剑父，得其指点。

9月 考入上海美术专科学校就读。师从刘海粟、潘天寿。课余常去画家王冲山、程瑶笙等家中做杂役，不为报酬，只为学画。

1925年2月 在徐园参观"时人书画展"，得读任伯年、吴秋农、颜若波等名家之作。

4～12月 在校内外参观画展时得识朱屺瞻、王济远、钱瘦铁、王陶民、杨东山、唐吉生等书画名家；6月有多幅作品参加全校美术展览。

1926年初 先后结识书画名家徐悲鸿、张聿光、唐家伟、关良、潘绍棠等。

5月 多幅作品参加上海美专旅杭师生写生作品展，获广泛好评。

9月 因成绩优异，提前一年从上海美专毕业。

12月底 奔赴九江投身北伐，在国民革命军第六军总政治部任美术干事，深得林伯渠赏识。从军期间，认识了后来成为妻子的战友梅芳。

1927年下半年 因大革命失败总政治部被迫解散，回到上海。年底定居南京。

1928年 与梅芳结婚。

经于右任推荐，任职国民党中央特别委员会。

自该年起，与徐悲鸿、张书旂三位挚友画家在南京聚合达十多年，长期以书画和友情相互往还，彼此影响。"金陵三杰"之美誉不胫而走，传遍大江南北。

1929年 参加美术社团"蜜蜂画社"，为首批会员（该社由郑午昌、王师子、张善子、谢公展、贺天健、陆丹林、孙雪泥等人发起）。

长女柳眉出生。

1930年 妻子病故。悲痛之余，立下"金榜无名，决不再娶"之宏愿。为此辞去公职，专心书画。

1931年2～3月 与周曙山等发起筹建美术社团"首都白社"，拟创办艺术刊物并被推为主编。后因刊物报批未准而夭折。

夏末 加入在上海成立的全国性美术团体"中国画会"（由叶恭绰、钱瘦铁、郑午昌、孙雪泥、贺天健、陆丹林、谢公展、马孟容、黄宾虹等人发起），为第一批会员。

12月 加入"南京市书画研究社"并当选候补理事，负责具体日常工作。在中央党部任职的柳亚子、于右任、何香凝、经亨颐、陈树人等也加入其中。研究社一经成立，遂办筹助马占山军饷书画展览会，柳子谷义捐作品多幅。

同月 在江苏省民众教育馆赈灾书画展举办期间，与吕凤子、齐白石、徐悲鸿、秦仲文、张书旂、王东培、舒石父、龙铁岩、胡小石、张大千、肖方竣等皆有作品义捐。

1932年9月 中国国民救国义勇军后援会筹备名家艺术展览，与徐悲鸿、陈树人等为筹委会委员。

1933年4月 与徐悲鸿、张书旂均有作品参加在江苏省民众教育馆举行的"援助救国义勇军书画义卖展"。

夏秋之交 江北水灾，作画义卖赈灾。捐大洋两千，获"急公好义"锦旗。

11月 参加在南京成立的"中国美术会"，为首批会员。会员均为全国著名画家、美术理论家、美术教育家和美术鉴赏家。

同月 应徐悲鸿、张书旂之邀，赴中央大学图书馆参观艺术科西画组旅杭作品展，并当场作画竹示范，获一致赞誉。

12月 结识画家钱云鹤、王梦白。

1934年 在辞去公职4年之后，经于右任推荐又供职于国民党中央党部，仍潜心书画。

4月 把近作交南京书画杂志《艺风》（月刊）发表，其中有《风雨归村》《一重寒树一重山》等。

5月 与何香凝、陈树人、经亨颐发起成立"中央党部书画研究会"。

6月 在中央党部书画研究会第一次举办的"中央党部书画展览"上，有多幅作品参展。

7月 《艺风》杂志发表文友的评论文章《中央党部书画展览的观感》，文曰："国画以柳子谷的作品最为精彩……"

12月6~10日 在南京举行第一次个人画展。《中央日报》《新民报》《朝报》均全程跟踪报道。展览期间，前往参观并买画的有：何应钦、孔祥熙、林森、张道藩、宗白华、徐悲鸿夫妇、冯玉祥、何香凝、叶楚伦、柳亚子、高剑父、经亨颐、张书旂、张大千、蔡元培、梅兰芳、德国驻华大使陶德曼、日本总领事须磨等。

1935年9月25~30日 赴上海举办第二次个人画展（由上海教育、社会两局联合主办），展品300余件。展前于右任联合25位社会名流在上海各报连续刊登通栏广告一周。展出期间，《申报》《新闻报》《晨报》《星夜报》均全程跟踪报道，评价甚高。

该年 南京的诸多美术展览均有其作品参展。

创作《后湖印象》等作品。

有作品远赴英、美、日、印等国展出。

在上海《美术生活》第20期发表《水灾图》《月竹》《山水》等作品。

上海《美术年鉴》将其列为"当代知名画家"。

《中国第一届美展作品选》及《上海古今名画选》均辑入其多幅作品。

《艺风》《良友》等刊物载文称其为"板桥第二"。

上海古今名画出版社印行其彩色单幅作品，供机关、家庭悬挂张贴之用。

上海金城工艺社出版《子谷画存》第一集（山水册），于右任作序。此为首次将作品结集出版。

1936年元旦 与韦秀菁结婚。

上半年 利用与国民党高层人士私交较好的有利条件，成功营救一位共产党人。

8月8~22日 力社书画展在上海大新公司举行，先生与何香凝、陈树人、徐悲鸿、汪亚尘、张书旂、胡藻斌等有作品参展。

11月　在南京艺苑流通社举办的京沪名家首届书画联合展览会上，有多幅作品参展。参加者还有于右任、王一亭、王遽、汪采白、周伯敏、梁鼎铭、张小楼、张书旂、许士骐、杨缦华、谢公展等名家。

1937年4月　在南京国立美术陈列馆举办的"全国第二届美术展览"上，有作品《竹》《独酌》参展。展览结束后被收入《现代书画集》出版。

5月　中央党部书画研究会举办书画展览会。先生参展作品颇受好评。

11月　遂辞公职，回故乡闲居。

1938～1940年　应张治中之邀，出任湖南通道及绥宁两县县长，深得百姓爱戴。

1940～1944年　辞去县长，迁居洪江，被聘为赣材中学校长。其间举办个人画展两次。

1945年春　为避战乱，举家迁至重庆。

4月13～16日　在重庆夫子池励志社举行个人画展。随后用卖画所得购两层小楼一栋，用以开办谷风画院，招函授生30余人。

1946年初　与徐悲鸿、廖静文相聚重庆。

春末　举家回迁南京，谷风画院因此停办。回到国民党中央党部任农工部专员，与国民党高层爱好书画人士陈立夫、陈布雷、于右任、邵力子、张灵甫等常有过往。

1947年3月　在中华全国美术会主办的"现代美术习作展览会"上，与徐悲鸿、齐白石、陈之佛、傅抱石、汪亚尘、陈树人、谢稚柳、赵少昂等书画名家共有画作300余件参展。

5月初　与书友张灵甫最后一次见面。

1948年3月　受邀出席在南京文化会场召开的第十届美术节纪念大会。

4月20～27日　在南京新街口举办个人画展。25日李宗仁亲临展览会，订购了非卖品以外的全部画作，用以答谢支持他竞选副总统的国大代表。

11月14日　吊唁书友陈布雷。

年底　收张书旂从美国来信，邀其赴美定居。经考虑，决定留在大陆，遂辞公职返回故乡迎接解放。

1949年春季开学　受聘于玉山县日醒中学，担任美术教师。

5月　辞职举家迁居杭州，举办解放后的第一次、也是一生中的最后一次个人画展。

1950年3月　经马寅初推荐，赴东北工作，分配在大连中学任美术教师。

1951年2月18日　在《旅大日报》发表漫画《华尔街的两个伙伴》，对帝国主义的侵略行径进行辛辣的讽刺。该年尚有其他作品发表于《旅大日报》。

1952年初夏　为向抗美援朝筹款，与画家朋友朱茗冈、罗叔子举办义卖书画联展，被责令停止。

下半年　徐悲鸿两次从北京致函大连中学，邀先生赴中央美术学院讲学，意在调其入京，未能如愿。

1953年9月　闻徐悲鸿猝然离世，所作纪念文章不得发表。

1955年　参加肃反运动，组织上对其做出"一般历史问题"的审查结论。

1956年初 ～ 1958年9月　与满键合作完成27米史诗长卷《抗美援朝战争画卷》。

1956年下半年　调沈阳师范学院美术系任教。家随迁沈阳。

1957年2月　张书旂在病榻上致函先生，嘱托先生为自己病中所编《书旂画集》作序。却因所寄书稿被邮局遗失而无法完成好友所托。

1958年初夏　萧克特地派人来沈阳先生家中探望，感谢20年前先生在湘西任职时为解放军部队筹集并运输粮食、药品。

1959年　《抗美援朝战争画卷》参加辽宁省建国十周年美展，却被污"为彭德怀歌功颂德"而被撤展，无缘参加第二届全国美展。

与傅抱石、关山月等画家应国家林业部邀请，赴北京作画。

调辽宁大学美术系任教。整理出《书法函授教材》《子谷画竹》《子谷画八哥》等系列教学课稿。

1960年　调辽阳鞍山师范学院任教。家仍居沈阳。

创作歌颂社会主义新农村的7.5米长卷《山村新貌》。

1962年　调山东艺术专科学校（山东艺术学院前身）任教，家随迁济南。

应中国美术家协会山东分会的邀请，与李苦禅、王雪涛、郭味蕖等全国著名的三十多位画家赴青岛参加国画创作研讨活动。活动结束后，主办单位从三百多件作品中选出32件出版《国画作品选集》，先生的《春雨》入选。

1966 ～ 1976年　十年浩劫，受尽屈辱，所藏字画损失殆尽。

1972年　被迫退休，自此蜗居8平方米陋室12年。

1979年11月　在画坛销声匿迹近30年之后，经有关部门推荐，其作品参加黑龙江省举办的对外展销会"松花江画廊"展览，重新引起画坛注意。

1980年　遥寄台湾旧好的文章与记者的采访文章在《中国新闻》先后发表。

作座右铭"寻理应求水落石，争鸣不虑火烧身"。

1981年 应聘出任安徽省皖南画院名誉院长。

张大千托香港"山东同乡会"来济探望先生并索画。

山东省统战部门将其肖像及画作印成图片用于对港台宣传。

1982年 接到《平反通知》。

《中国艺术家词典》（湖南人民出版社）辑录先生的条目。

1983年 刘海粟应山东有关部门邀请来济南做客，执意约见先生。

山东美术出版社出版《柳子谷画选》。

《山东画报》《大众日报》《光明日报》《解放日报》《新民晚报》《济南日报》陆续发表文章介绍先生其人其画。

1984年夏天 告别八平方米的斗室，搬入新居。

12月，军委主席邓小平观看《抗美援朝战争画卷》及其他作品录像后说：笔墨雄健，功底深厚，造诣精深，国之瑰宝……我们不能辜负柳先生的一片诚意啊！

1985年1月19日 《抗美援朝战争画卷》由中国人民革命军事博物馆收藏，在济南举行隆重的献画仪式。《人民日报》《解放军报》《解放军画报》及中央电视台等十余家新闻机构均对捐赠活动进行报道。

10月 《抗美援朝战争画卷》在中国军事博物馆"抗美援朝三十五周年纪念美展"展出。23日，辽宁电视台以"浩卷丹心"为题播出了长卷的内容和展览的盛况。28日，中央台进行转播。

该年 为《玉山县志》（江西人民出版社）题写书名并题词。

山东电视台、辽宁电视台分别拍摄、播出电视专题片《柳子谷的绘画艺术》。

香港《文汇报》、澳大利亚《海外风》均发专刊介绍先生。

挂历《柳子谷作品选》出版发行。

《中国日报》等新闻文化单位陆续向其约稿、索画。

作《巨松图》送军委主席邓小平。画面为一棵枝繁叶茂、郁郁苍苍的巨松，粗壮的枝干犹如一只巨臂，托住空中的云层，气势宏伟壮观。题跋曰：天欲坠，赖以柱其间。

1986年1月1日 向边防将士献画的消息见报。

1月4日 云南老山前线解放军某部派代表专程来济南柳子谷家，接受画家赠送给前线将士的一幅《报喜图》。画面右方的题画诗是：

顶天立地岁寒竹，卫国保家英杰人，喜报顽寇夜遁去，和平顺利万年春。先生对部队代表讲解画面内容："粗壮挺拔的南天竹，顶天立地，象征着战斗在老山前线的英雄将士；喜鹊登枝，表示捷报频传；盛开的杜鹃花和破土而出的春笋，寓意和平美好的幸福生活是前线将士用鲜血和汗水换来的。"

1月12日午夜　一代国画大家走完了他的人生之路，安详辞世。

3. 柳子谷先生谢世之后

1987年　《人物》杂志发表王晨（时任《光明日报》群众工作部负责人，后任该报总编，现任中共中央十九大政治局委员）所撰纪念文章《画家柳子谷》。

1989年　江西人民出版社出版纪念文集《画家柳子谷》。

1990～1991年　浙江、陕西出版的《美术家辞典》和河北人民出版社出版的《民国人物大辞典》均辑录先生条目。

1992年　人民美术出版社出版《柳子谷画辑》。

1994年　辽宁美术出版社出版《柳子谷画辑》。

1995年　在山东省举办的第二届书画拍卖会上，先生的一幅《松鹰》图以5.5万元被上海的一位收藏家拍得，其价位当时居山东当代书画家之首。

1996年 2月21日　《光明日报》刊登王向峰先生《画外心音——读柳子谷先生的题画诗》，从"诗言志"的角度对先生人品进行了解读。

10～11月　在先生逝世十周年之际，由中国美术家协会、中国画研究院、山东省美术家协会、山东艺术学院共同策划了先生的遗作展览及其纪念活动：在北京召开记者招待会，在北京和济南两地先后举办"柳子谷先生遗作展"及"柳子谷作品研讨会"；在北京研讨会上同时举行大型画册《柳子谷书画辑》（北京，朝华出版社）首发式，在济南举办"柳子谷先生遗作展"同时举办"纪念柳子谷先生谢世十周年书画展"。

该年《美术》《美术观察》《美苑》《光明日报》《济南日报》《中国书画报》等报刊相继刊登纪念先生的文章。

1997年　先生的家乡玉山县拟在名胜风景区三清山筹建柳子谷书画院（后因种种原因，未能实施）。

4月18日　《北京晚报》刊载刘建伟的纪念文章《埋没的咏叹》。

1998年3月2日　《人民日报》（海外版）刊载李绪萱文，谈到一个很少有人谈过的话题——先生用印。文曰："没听说柳先生会治印，就算他的常用印章为别人所刻，可他钤印相当讲究，大小圆方的组合、朱白主谐的互映、高低位置的经营，无不匠心独运，与他的画作、款式相得益彰。"

该年　人民美术出版社出版的《中国现代美术全集》山水卷和花鸟卷均收入先生作品。

《柳子谷画集》在人民美术出版社再版。

《柳子谷作品选》挂历出版。

《人民日报》（海外版）、《光明日报》《江西画报》等报刊相继介绍先生及其作品。

山东电视台拍摄专题片《画家柳子谷》，并于11月17日、22日在中央电视台播出。

山东美术出版社出版《柳子谷画竹课徒稿》。

长虹出版社出版的《梅兰芳藏画集》收入先生作品两幅（1934年购于南京画展）。

1999年　红旗出版社出版的《现代传世名画鉴赏》收入先生的《抗美援朝战争画卷》（局部）和《花鸟》等9幅作品并做评介。

2000年　辽宁美术出版社出版先生的《中国画教学画稿》。

为纪念先生诞辰100周年，内蒙古人民出版社出版综合文集《谈画未敢忘子谷》。

2001年　荣宝斋出版柳子谷、柳咏絮父女合著《写意竹兰画范》。

人民美术出版社出版的《百年中国画集》收入先生画作。

《传记文学》发表冯其庸纪念文章《为柳子谷先生诞辰一百周年作》。

2002年　河北教育出版社出版的《中国现代山水画全集》《中国现代花鸟画全集》均收入先生作品。

2004年　方志出版社出版的《上饶人物》辑录先生传记。

2005年　《艺术》杂志第9期刊登《抗美援朝战争画卷》，此为该画卷首次全图出版。

人民美术出版社出版的《现代鲁籍中国画名家研究》，将本属赣籍的先生辑录其中。

鞍山师范学院建立"柳子谷纪念室"。

玉山县政府认定先生为建县一千三百多年以来的县域四大文化名人之一，将先生大型浮雕像塑于县城中心广场的文化墙，并将县城一主干道命名为"柳子谷路"。

2006年　荣宝斋出版《柳子谷花鸟画谱》。

泰山出版社出版的《中华名门才俊：柳氏名门》辑录先生传记。

2007年4月　山东电视台拍摄《笔墨展时风　丹青留史册——柳子谷和他的两部鸿篇巨制》，重点介绍《抗美援朝战争画卷》和《山村新貌》。

7月　辽宁美协在大连举办柳子谷、柳咏絮父女画展。

8月　大连现代博物馆举办"空谷幽兰——柳子谷画展"。

10月　《当代中国画》第5期刊登《山村新貌》，此为该画首次全图出版。

11月　鞍山师范学院为子谷先生举办遗作展《百年孤独》，并在校园塑立先生半身铜像，同时出版《柳子谷画选》。

2008年8月　大连艺术展览馆举办"空谷幽兰——柳子谷画展"。

该年　先生半身铜像（室内）在鞍山师范学院落成。

2012年　先生故乡玉山下镇兴建"柳子谷文化园"，园中塑先生半身铜像。

2013年11月　鲁迅美术学院举办"谷风墨韵——柳子谷作品高校巡回展"。

2014年11月　山东艺术学院举办"谷风墨韵——柳子谷作品高校巡回展"。

2015年8月16日　山东艺术学院校园先生半身铜像落成揭幕。

8月20日　先生抗日老档案手书面世。

2016年8月　黑龙江美术出版社出版《柳子谷画集》。

11月　先生故乡玉山县筹建"柳子谷纪念馆"。

2017年11月9日　济南举行"走近大家·领略辉煌 柳子谷遗作精品展暨茂庐艺术空间开业仪式"。

参考文献

（为方便读者阅读，书中已将绝大部分参考资料的出处在叙述时顺便做了说明，这里仅将未曾说明的列陈于下。此外尚有部分资料系朋友帮忙从网络中查找而来，有的已经几易其手，以至无法确定具体出处和原作者，故此处未将其列入，特向原作者深表歉意和谢意！）

［1］《兰竹精神——柳子谷艺术论》，张荣东，北京，群言出版社，2008。

［2］《只留清芬在人间》，楠湖，《谈画未敢忘子谷》，呼和浩特，内蒙古人民出版社，2000。

［3］《柳子谷与他所参加的美术社团》，王震整理，《谈画未敢忘子谷》，呼和浩特，内蒙古人民出版社，2000。

［4］《柳子谷和他的绘画艺术》，郎绍君，《谈画未敢忘子谷》，呼和浩特，内蒙古人民出版社，2000。

［5］《柳子谷书画辑》序，杨仁恺，《谈画未敢忘子谷》，呼和浩特，内蒙古人民出版社，2000。

［6］《柳子谷先生遗作展及纪念活动筹委会名单》，《谈画未敢忘子谷》，呼和浩特，内蒙古人民出版社，2000。

［7］《谈画未敢忘子谷》，李绪萱，北京，《人民日报·海外版》，1998.3.2。

［8］《画家柳子谷》，王晨，《谈画未敢忘子谷》，呼和浩特，内蒙古人民出版社，2000。

［9］《中国缺少一味药，名字就叫马相伯》，牛皮明明，网络《苍山夜语》，2018.1.10。

［10］《徐悲鸿是靠这"三斧子"打天下的》，陈丹青，网络《画史钩沉》，2018.2.5。

［11］《婚礼画展传美谈》，迟言，网络《画史钩沉》，2018.1.5。

［12］《柳子谷先生作品研讨会（北京）纪要》，谭逸冰整理，《谈画未敢忘子谷》，呼和浩特，内蒙古人民出版社，2000。

［13］《柳子谷先生作品研讨会（济南）座谈纪要》，谭逸冰整理，《谈画未敢忘子谷》，呼和浩特，内蒙古人民出版社，2000。

［14］《柳子谷先生其人其画》《李苦禅青岛圆旧梦》《王雪涛异地开新篇》《陈大羽心目中的柳子谷》，牧遥口述，宋絮飞文，《羲之书画报》，北京，《羲之书画报》社，2011.10.19。

［15］《走近柳子谷——见识大家，领略辉煌》，济南，东方既白美术馆，2014。

［16］《寻访柳子谷——走进绥宁，感动间深感责任在肩》，马慧新，中国网，2017.8.30。

［17］《画界传奇·柳子谷与他的两部史诗性巨作》，凌鹤，《辽宁日报》，2018.8.6。

［18］《20世纪上海美术年表》，王震，上海书画出版社，2005。

［19］《通道抗日档案为"红色旅游"添薪丰羽》，杨臻、肖国梁，通道新闻网，2015.12.14。